勝ち馬がわかる

競馬の教科書

改訂版

鈴木和幸 著

JN055062

Ⓘ 池田書店

　競馬は、いうところの「ビギナーズ・ラック」——、初めての人でも馬券が的中することはある。そこから競馬にのめり込む人も少なくない。しかし、当てずっぽうに馬券を買いつづけても、そうそう当たるものではなく、そうなると競馬との付き合い方が変わってくる。

　たとえば、無茶な買い方をしてお金がなくなった人、負けつづけて馬鹿らしくなった人は、競馬というステージから退場していくしかない。長く競馬と関わってきた私から見ると、これはとてももったいないことだ。

　馬券を買うからには的中させたいし、高額配当を手にしたい。それは誰しもが願うことであり、儲からなければおもしろくない。そんな心理につけ込んで、馬券指南書の類が数え切れないほど世に出てきた。本書はそういう本とは一線を画し、競馬を長く心地よく楽しむための、一助になればと執筆したものである。

　競馬の醍醐味は、予想した馬券を的中させることにある。それを味わい尽くすためには競馬新聞を読み解き、パドックで馬と直接対峙し、返し馬で確認して最終判断を下すというスタイルが理想的と思える。異論はあるだろうが、少なくとも私はそう考え、そうしている。

　競馬場に足を運ぶ人が減り、手軽に馬券を買えるネット派が主流になるのは仕方ない。だが、サラブレッドそのものの美しさやレースの迫力は競馬場でしか味わえない。だから、私はいつも人に会えば、「競馬場においでよ」と、誘いつづけてきた。年に数回でもいいから競馬場に行こう。走っているのは生身の馬であり、数字ではないことがおわかりいただけるはずだ。

　それからもう1つ、競馬新聞をもっと活用しよう。誕生日や電話番号から連想した馬券が的中することはあるが、思い入れや直感で馬券を買っていては、競馬の本当のおもしろさはわからない。競馬新聞に詰め込まれた膨大なデータを自分なりに分析し、読み解き、「これだ」と思った馬が勝った瞬間の興奮と喜び。それをできるかぎり多くの人に体験していただきたい。

　かつての競馬新聞には着順、走破時計、簡単なコメント程度しか掲載されていなかったが、最近では予想に十分すぎるほどのデータがそろっている。競馬新聞の進化に工夫を重ねてきた者の1人として、競馬新聞をもっと勝ち馬予想に役立てていただきたい。

　付け加えれば、予想とは自己主張のかたまりであり、おいそれと正解に結び付けられない。私の予想が外れることは珍しくないが、それを間違ったと思うことはほとんどない。結果が間違っているのだと、編集長とケンカしたこともしばしば。結果が予想と異なる（外れる）＝予想の誤りではない。そこに予想を覆すどんな要素が働いたかを検証し、次の予想に生かすことを何度か試していただきたい。きっと私の言いたいことがわかっていただけると思う。

　競馬記者として仕事を始めてからどれほどの時間がたったのだろう。数えるのも恐ろしい。それでもこれだけ長くつづけてこられたのは、単に仕事だからというだけでなく、私が馬（競馬）に魅せられているからだ。そう、サラブレッドでなければ、こうも毎週毎週を新鮮には迎えられない。その魅力の一端でも本書に表せていれば幸いである。

鈴木 和幸

プロローグ　勝ち馬予想のための１週間

第１章　競馬新聞はココを見る

勝ち馬がわかる競馬の教科書　Contents

第2章　パドック・返し馬で激走馬を見抜く

第3章　競馬番組とコースを知る

勝ち馬がわかる競馬の教科書　Contents

第4章　現代競馬の傾向と対策

第5章　勝負を分ける馬券の買い方

勝ち馬予想のための
1週間

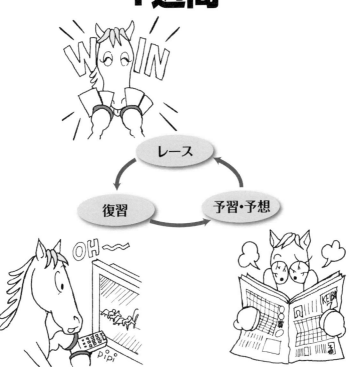

勝ち馬予想のための1週間

競馬を知らない人でも競馬はできる。たとえばパドック（→152ページ）を見て気に入った馬を買えばいい。だが、馬を見ただけで勝ち馬を当てるのはかなりむずかしい。馬の能力と調子を見きわめ、馬券の勝率を上げるためには、予想を導くデータが欠かせない。競馬予想の1週間はそのデータを得て分析する、いわば予習と復習のためにある。それには競馬新聞など、さまざまな情報ツールを使いこなすことが大切だ。

月	火・水	木
復習	予習	予習
前週の結果を確認する	次の重賞（じゅうしょう）やメインレースを展望する	調教をチェックする
キーワード	キーワード	キーワード
	レース概要 →30ページ	追い切り →118ページ
	レース条件 →32ページ	調教コース →110ページ
	コース →204ページ	調教時計 →124ページ

金	土・日
予想	レース
土曜日のレースを 検討する	当日の調子を見て レースに集中する
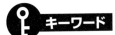 キーワード	 キーワード
競馬新聞 →24 ページ	パドック →152 ページ
馬柱（うまばしら） →38 ページ	返し馬（うま） →180 ページ
近走成績（きんそう） →74 ページ	馬券の買い方 →288 ページ

勝ち馬予想のための1週間

本気で馬券の勝率をアップさせたいと思ったら、実はレース当日である土日の予想だけでは時間が足りない。月曜日から時間を有効活用しよう。馬を見る楽しみ、予想するおもしろさもグンとアップするはずだ。そうすれば、きっと毎週のレースが待ちきれなくなるだろう。

月曜日

復習

前週の結果を確認する

　前週の土日に行われたレースの戦績を確認する——いわゆる復習だ。まずは**外れたレースの敗因を自分なりに分析**しておこう。スタートの出遅れ、レース中の不利などの敗因ならわかりやすいが、そればかりとはかぎらない。競馬週刊誌やスポーツ紙に掲載された関係者のコメントなどとあわせ、**次のレースで巻き返すと思われる馬、狙える馬をピックアップ**しておきたい。

　また、**勝因も大切**。馬券が的中したという記憶だけにとどめるのはもったいない。**どういう展開で勝てたのか、どういう馬体で、どういう調教パターンのときに勝ったのか**を覚えておくことで、次に同じ馬が出走してきたときの大きな判断材料になるのだ。

次の重賞やメインレースを
展望する

　頭を今週モードに切り替える。復習さえ終われば、とりあえず前週の土日のことは忘れてもいい。今週の重賞や特別レースの登録馬にざっと目を通そう。どの馬が登録されているかについては、JRA のホームページなどで確認できる。**過去に馬券を取れた馬、買ったのに凡走した馬が登録されていれば、そのときに得た情報・教訓を生かす**ことができる。

　新聞でもスポーツ紙・夕刊紙（→ 24 ページ）とも、その週の重賞レースの出走予定馬、特に有力馬の動向を中心に掲載する。新馬戦情報やその他の有力馬の情報なども、この日に掲載されることが多い。ハンデ戦（→ 51 ページ）のハンデも火曜日の紙面でわかる。

調教をチェックする

　追い切り（→ 118 ページ）は通常、水曜か木曜の早朝に行われる。そのため、調教タイムは夕刊紙では当日、スポーツ紙では翌日に掲載される。**調教タイムだけでなく、調教時の馬場状態や前走時・好走時との比較など**は、この時点でやっておきたい。

勝ち馬予想のための1週間

金〜日曜日編

金曜日（夕方頃）

予想

土曜日のレースを検討する

　開催前日、いよいよ競馬新聞（→ 24 ページ）が発売される。ここで本格的な予想モードに入る。競馬の予想はとにかく、レース前に徹底的に考えること。ここで重要なのは**各馬の勝ちパターン、負けパターンを見分ける**こと。レース条件（→ 32 ページ）、距離・コース実績（64 ページ）、調教過程（→ 130 ページ）などが勝ちパターンと近い馬がいれば、好走する可能性が高い。

OnePoint Check! 想定表

　出走馬の枠順（わくじゅん）はレース前日の午前 11 時に発表されるので、それより前に発行される競馬週刊誌やスポーツ紙、前日の夕刊紙の早刷り（はやず）り版では、出走予定馬を原則として五十音順に並べて掲載する。つまり出走予定馬の一覧表だ。早い段階で相手関係を把握するのに役立つ。

レース

当日の調子を見て
レースに集中する

　細かなデータの検討は前日にやっておくことが望ましい。当日は**パドックや返し馬で、馬の当日の調子を見抜くことに神経を使いたい**からだ。ただし、馬場状態（良、重など）や時計の速さなど、土曜日のレースで得た情報と反省は、日曜日のレースにできるだけ生かそう。

日曜日

反省

1週間の集大成、
結果はいかに!?

　土日の成績次第で日曜日の夜の気分は大きく変わるだろう。**的中の喜びを噛みしめる**もよし、ズブズブに落ち込むもよし。そんなときでも、次週の出走登録馬名を見て、すぐに気持ちを切り替えられるようなら頼もしい。

OnePoint Check! 出馬表

　「でんまひょう」ともいう。各レースの枠順が決まった後に出されるもので、枠順を表示した出走馬の一覧表。競馬新聞やスポーツ紙、夕刊紙の競馬欄に、データや予想とともに掲載される。またこれらを購入しなくても、各競馬場では当日の出馬表を無料配布していて、中央競馬や大井競馬場では「レーシングプログラム」という小冊子になっている。

にくいほど強い女傑を負かす馬は？

デアリングタクト、ジェンティルドンナ／桜花賞

2020年で第80回を数えた桜花賞。私の大好きなGIである。2019年までに5頭もの3冠馬が誕生し、2020年にはデアリングタクトによる無敗での3冠達成という大偉業があった。その3冠達成の6回すべてに立ち会えた倖せが私にはある——。

桜花賞といわれて真っ先に思い出されるのは、1975年のテスコガビーをおいてほかにいない。この馬には、腰が抜けるほど驚かされ、ド肝を抜かれた。

ゲートが開いた次の瞬間にはもう先頭に立っていたこの馬が、直線半ばに来たとき、テレビの実況アナウンサーが絶叫している。「テスコガビー先頭、テスコガビー先頭、後ろからはなんにも来ない——」

2着に1秒7という、大差ぶっちぎり。勝ち時計は桜花賞レコードの1分34秒9。初めて1分34秒台の記録が刻まれたのである。それから20年後の1995年まで34秒台が刻まれることがなかったことに、テスコガビーの偉大さがわかろう。

あれから半世紀近くが過ぎ、桜花賞の数々の名勝負を見てきたが、私はどちらかといえば桜花賞との相性はよい。2020年も▲デアリングタクトに勝たれはしたが、◎レシステンシアが2着を死守してくれて、本線で的中させている。

心の底で誓った
ジェンティルへのリベンジ

桜花賞では、テスコガビーとは別の意味で忘れてはならない馬がいる。いや、忘れようとして忘れられないにっくき（？）牝馬がいる。2012年の勝ち馬ジェンティルドンナである。あの桜花賞から私は、ジェンティルドンナを負かしに挑んでいかなければならなくなったのである——。

2012年の桜花賞で、私はデビュー戦から2連勝でGIの阪神JFを勝ったジョワドヴィーヴルに◎を打っていた。トライアルのチューリップ賞では3着に負けていたが、3ヵ月の休み明けだったし、自信をもっての◎だった。ジェンティルドンナはチューリップ賞で4着にとどまっていたこともあり、4番手評価の「注」まで。こちらも、それなりの自信をもっていた。その結果はジェンティルドンナに大外一気を決められ、我がジョワドヴィーヴルは馬群に沈む6

着……。この大恥をかかされた張本人（馬）が、ジェンティルドンナだったのである。

そんな悔しさというか、私情を断じて予想に持ち込んではいけない。そう心に念じてはいる。いるが、次のオークスでジェンティルドンナを◎にまでしか評価しなかったのは、あの桜花賞の結果を自分の敗北と認めたくない思いがあったのだと思う。幸い、◎を打ったヴィルシーナが2着に頑張ってくれ、なんとか予想は的中できたのだが……。

夏を越して、ローズSも秋華賞もジェンティルドンナに◎を打つことができた。どちらの2着馬にも○を打っており、予想的には◎○の第一本線。桜花賞の悪夢も忘れられたと思ったのだが、どうやら私はそんなに潔く過去を忘れられる性格ではないらしい。いつも心の底には、恥をかかされた桜花賞のリベンジとばかり、人気のジェンティルドンナを負かす馬を見つけて必ずや大ヒットを——、そんな思いを心のどこかに残していたようだ。

"デキ"のよさで勝負！デニムへの◎

ジェンティルドンナは牝馬3冠、ジャパンカップの連覇、有終の美を飾った有馬記念など、格調高いGⅠを6勝もした女傑だった。いたく気

が強く、3冠達成後の最初のジャパンカップでは、凱旋門賞2着帰りの最強馬オルフェーヴルを向こうに回し、直線の叩き合いでは外のオルフェーヴルに嚙みつかんばかり、外へ外へと押しやるように競り勝ったド根性の持ち主でもあった。

それほどの馬に挑んでいくなんて、あまりにも無謀といえば無謀ではあった。それでも予想をなりわいにしていると、誰もつけない馬に◎を打ちたくなり、自分だけ的中の心が働くのである。打倒ジェンティルドンナを意識して1年半あまり、この間に何度かましても恥をかくこともあったが、これぞ最後の最後。今度こその感触を得て挑んだのが、2013年のジャパンカップである。

ずらっと◎が並んだジェンティルドンナを○に落とし、敢然と◎を打ったのは3歳牝馬のデニムアンドルビー。その根拠は、前年の勝ち馬ジェンティルドンナから得た教訓で、重量が53キロと軽いこと、東京コースだとGⅡフローラS1着、GⅠオークス3着と、びっくりするような脚を使うことの2点。それでも秋華賞4着、エリザベス女王杯5着と、牝馬同士のレースで善戦どまりのデニムアンドルビーに◎を打つには度胸がいった。同時に、またしても大恥かもの不安があったのは事実である。それでも◎に踏み切ったのは、

最終追い切り時のデニムアンドルビーが弾んで見えたから。決してオーバーではなく、生涯最高のデキに思えたのである。"デキ"のよさで勝負できる!! と。

最後までにっくきとしか いいようのなかった女傑

レースが始まれば、ジェンティルドンナは苦もなく好位3番手をキープ。ペースが前半の5F62秒4と遅かっただけに、この位置どりは理想的。対して、我が◎デニムアンドルビーは後方13～14番手。一緒に観戦していた若手アナウンサーが、「鈴木さん、あんな後ろで大丈夫ですか」と叫ぶ。

いよいよ直線、エイシンフラッシュの内にコースをとったジェンティルドンナが見えた。デニムアンドルビーは、後方馬群で進路を探している様子。あきらめかかって坂下にさしかかったとき、ぱっくりと前があいたではないか。必死でムチを振るう浜中に応え、デニムがジェンティ

ルを追い詰めてきた。普段ならここで「浜中、浜中」と大声を出すところだが、なぜか私は無言で身を乗り出すだけである。2頭が並んでゴールし、写真判定に持ち込まれた。

しかし、私もプロの端くれである。アタマ差だろうが、ハナ差だろうが写真判定なんかしなくてもどっちが勝ったかくらいはわかる。ハナだけジェンティルドンナが我慢し、ハナだけデニムアンドルビーは届かなかった。痛恨の負けである。

デニムアンドルビーの上がり33秒2はメンバー最速で、ジェンティルドンナより0秒7も速かった。通ったコースを考えれば、勝ちに等しい内容と言い切れるだろう。しかし、競馬は結果がすべて。善戦しても、もう少しのところまでいっても、負けは負け。それにしても渾身の勝負をかけた2013年のジャパンカップ。最後くらい、私にいい思いをさせてくれてもいいものを……。やはり"にっくき"としかいいようがない、女傑ジェンティルドンナであった。

阪神11R　第72回**桜花賞（GI）**				（芝1600m・良・18頭）			※上位5頭	
着順	枠番	馬番	馬　名	重量	騎手	タイム 着差	調教師	単勝人気
1	❺	⑩	ジェンティルドンナ	55.0	岩田康誠	1:34.6	石坂正	②
2	❼	⑮	ヴィルシーナ	55.0	内田博幸	1/2	友道康夫	④
3	❻	⑪	アイムユアーズ	55.0	N.ピンナ	1/2	手塚貴久	④
4	❼	⑬	サウンドオブハート	55.0	松岡正海	1 3/4	松山康久	⑤
5	❼	⑦	メイショウスザンナ	55.0	武豊	クビ	高橋義忠	⑪
単勝490円　複勝180円 300円 270円　枠連970円　ワイド720円 740円 1180円								
馬連1850円　馬単3150円　3連複5110円　3連単2万4020円								

歩かせるより走らせてこそ

ハードバージ、オルフェーヴル／皐月賞

　2008年、私があるテレビの競馬番組「ケイバ de ブレイク」に出演し、栗東(りっとう)に出張したときの話である。

　オークス直前の木曜日の早朝、出走予定馬の調教を見たあと、何人かの注目ジョッキーにインタビューしたのだが、ムードインディゴに騎乗する福永祐一くんもその1人だった。

　ところが、私は彼と面識がない。どう自己紹介し、インタビューを始めたものかと迷ってこう切り出した。

　「お父さんの福永洋一騎手に男にしてもらった鈴木和幸です」

　そういわれても、祐一くんがわかろうはずもないが、私はつづけた。

　「知ってますか、ハードバージという馬を。お父さんのあの馬に皐月賞を勝ってもらって、私は男になったんです」

　緊張していたというか、構えた感じの彼の表情が少しゆるんだのを憶えている。

ただ1頭、東京に入厩した ハードバージに湧いた興味

　あれは1977年、日刊ゲンダイの本紙予想を任される前、必死にその座を狙っていた頃である。なんとか皐月賞の予想を的中させてアピールしたいと考えていると、誰かのこんな言葉が聞こえてきた。

　「なんだか知らねえけど、ハードバージとかいう馬が東京(競馬場)に入っているらしいぞ」

　「これだ！」と膝(ひざ)を叩いて東京競馬場に向かったのは、「なぜ中山じゃなく東京に入ったんだろう」との興味からであった。

　当時はまだ美浦(みほ)トレセンがなく、皐月賞のために東上してくる関西馬は、中山競馬場の出張馬房に入るならわしだった。それなのになぜ、ハードバージだけ東京入厩(にゅうきゅう)なのか。

　ハードバージを連れてきたのは20歳ソコソコの若者。たしか小関くんといったと思う。さっそく東京入厩の理由を尋ねると、

　「詳しいことはわからんわ。ワシの仕事はこいつを仕上げるだけや」

　なんともそっけなく、頼りなくもあったのだが、彼は真剣で、ニコリともせずに寝ワラを竹棒でひっくり返して干している。

　ハードバージは未勝利を8戦目にやっと勝ち、毎日杯の単勝が1890円もついた注目度の低い馬だった。馬

房の中のハードバージは小さくて細く、おまけに船ゆすりなどしてまったく落ち着きがない。

思わず「この馬走るの？」と、問いかけた私に彼はこういった。

「明日の追い切り、見てや。そしたらわかるわ」

恐ろしいくらいの
決め手を直感した

この言葉は、長い月日が過ぎた今でも鮮明に記憶している。

翌早朝、東京競馬場で追い切りを見てわかった。とてつもなく"走る馬"であるということが。馬房ではイラつき、小さく細く見えたこの馬が、馬場に入って走り出すとまったく小ささを感じさせず、ひと回りもふた回りも大きく見えたではないか。フットワークが柔軟で大きく、全身これバネといった、弾むような走りだったからだと思う。

追い切り時計なんか記憶にないが、恐ろしいくらいの決め手を持った馬だという感触を得たことだけははっきりと憶えている。馬場から引き揚げて来た馬上の小関くんに、「明日◎を打つよ。ありがとう」とだけ声をかけて競馬場を去った。

記録を調べていただければわかる。福永洋一とハードバージは、ものの見事にその年の皐月賞を勝ったのだ。それも一瞬、姿を見失うほど混み合う馬群の中、内ラチぴったりから２馬身半も突き抜けてくれた。

"◎を打ったのはオレだけ"と息巻き、狂喜乱舞のあげく、商売道具の双眼鏡をどこかに忘れてしまうほど飲みまくった皐月賞の夜であった。

全紙を見たわけではないが、ハードバージは◎どころか、ほとんど無印だった。にもかかわらず、単勝が1490円にとどまったのは、成績、記録はどうであれ、鞍上が元祖天才＝福永洋一だったからに違いない。

２着ラッキールーラとの枠連②②のゾロ目は7730円。今にして思えばこの大ヒットでまた一歩、"本紙予想"に近づけたのだと思う。

パドックより走らせてこそ
オルフェのすさまじい底力

人間と同じようにサラブレッドの姿、形はさまざまだ。何千、何万、何十万頭の馬を見てきたが、ハードバージの馬体はお世辞にも立派とはいえない。男馬なのに430キロ（皐月賞時）しかなかったのだから。むしろ、華奢で貧弱だった。

そんなハードバージが皐月賞を勝つ（日本ダービーは２着）大仕事をやってのけられた理由――うまく説明できないが、一見貧弱に見えても走るために必要な筋肉は備えていて、いざ走り出すと４つのパーツ（脚）をより大きく、速く回転させられたか

らだと思う。

　歩いている姿からは想像できない瞬発力、爆発力の塊。いうところのパドックより、"走らせてこその馬"である。走らせると"まったくの別馬"になる、こういったらわかっていただけるだろうか。

　その後、久しくこのタイプの馬には巡り合わなかったが、ディープインパクトの東上初戦・弥生賞を見たとき、遠い昔のハードバージが思い出されたのはたしかである。さらには、３冠馬オルフェーヴルもハードバージやディープインパクトのように、走ると一変するタイプだった。

　東日本大震災が起きた2011年の皐月賞は１週遅れ。しかも、東京競馬場で行われることになった。440キロ台の馬体はともかく、成績が安定しないオルフェーヴルをあまり高く評価してはいなかった。

　皐月賞での快勝から、抜群の強さを見せて３冠を達成した姿を見れば、それが見当違いだったことは素直に認めるし、中でも逸走しながら２着に盛り返した阪神大賞典にすさまじい底力を感じた。ラストランの有馬記念の８馬身差を目の当たりにしたときは、1975年にテスコガビーが逃げ切った桜花賞での実況アナウンサーの名フレーズがよみがえった。

　「後ろからはなんにも来ない──」

　長く競馬を見てきた１人として、最大級の賛辞をオルフェーヴルに贈りたいと心から思う。

着順	枠番	馬番	馬　名	重量	騎　手	タイム着　差	調教師	単勝人気
1	⑥	⑫	オルフェーヴル	57.0	池添謙一	2:00.6	池江泰寿	④
2	②	④	サダムパテック	57.0	岩田康誠	3	西園正都	①
3	①	②	ダノンバラード	57.0	武豊	1 1/4	池江泰寿	⑧
4	⑦	⑮	デボネア	57.0	佐藤哲三	3/4	中竹和也	⑭
5	③	⑤	ナカヤマナイト	57.0	柴田善臣	1/2	二ノ宮敬宇	②
6	④	⑦	ロッカヴェラーノ	57.0	吉田豊	アタマ	中村均	⑮
7	⑧	⑯	トーセンラー	57.0	蛯名正義	3/4	藤原英昭	⑤
8	⑤	⑩	エイシンオスマン	57.0	後藤浩輝	クビ	松永昌博	⑯
9	⑧	⑰	プレイ	57.0	松岡正海	ハナ	斎藤誠	⑬
10	①	①	ステラロッサ	57.0	川田将雅	1/2	角居勝彦	⑦
11	⑥	⑪	ベルシャザール	57.0	安藤勝己	1/2	松田国英	③
12	⑦	⑭	フェイトフルウォー	57.0	田中勝春	3/4	伊藤伸一	⑪
13	③	⑥	ダノンミル	57.0	内田博幸	ハナ	藤原英昭	⑥
14	⑤	⑨	カフナ	57.0	丸山元気	クビ	池江泰寿	⑫
15	②	③	ノーザンリバー	57.0	四位洋文	1/2	浅見秀一	⑨
16	⑧	⑱	オールアズワン	57.0	藤田伸二	クビ	領家政蔵	⑰
17	④	⑧	ビッグロマンス	57.0	北村宏司	大差	河野通文	⑱
18	⑦	⑬	リベルタス	57.0	横山典弘	大差	角居勝彦	⑩

東京11R　第71回**皐月賞（ＧＩ）**　（芝2000m・良・18頭）

ハロンタイム／13.0 - 11.7 - 11.7 - 11.9 - 12.0 - 12.3 - 12.7 - 11.8 - 11.7 - 11.8
上がりタイム／4F 48.0 - 3F 35.3
単勝1080円　複勝300円 130円 550円　枠連570円　ワイド630円 3840円 1330円
馬連1260円　馬単3740円　3連複9220円　3連単5万5450円

本書の見方と特徴

特徴1 ‥‥‥‥‥‥ 勝ち馬予想に必要な知識が まんべんなく詰まっている

勝ち馬予想に必要な情報は時計やペース、調教、パドック、コースなどたくさんあります。本書はそのうちのどれか1つにかたよって馬券作戦を組み立てるものではありません。総合的な判断をするための情報をまとめました。

特徴2 ‥‥‥‥‥‥ 知りたい情報を必要なぶんだけ、 すぐに調べることができる

本書は、大きく「競馬新聞」「パドック・返し馬」「競馬番組とコース」「現代競馬の傾向と対策」「馬券の買い方」の5つの章に分かれています。各章ではそれぞれのテーマの基本的な情報とそれを勝ち馬予想に生かすノウハウを解説しています。また、巻末のさくいんを活用すれば予想中に知りたくなったことをピンポイントで調べることができます。

特徴3 ‥‥‥‥‥‥ 買い・消し材料の目安がすぐにわかる

買い・消しの判断基準を述べている部分は、◎や×などで視覚的にわかりやすく表示しています。

印の意味

◎	かなりの買い材料。積極的に狙いたい要素。
○	買い材料。大きな消し材料がなければ好走が期待できる。
△	消し材料。ほかに大きな買い材料があるのでなければ消したい。
✕	かなりの消し材料。当てはまる馬がいたらほとんど好走は望めない。
☆	よく注意したい材料。思わぬ好走・凡走する可能性もあるので、冷静に判断したい。
―	馬券には影響しない要素。馬を見る知識として知っておきたい。

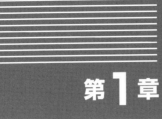

第1章

競馬新聞は
ココを見る

Contents

けいばしんぶんのえらびかた
競馬新聞の選び方

勝ち馬予想は予習と復習、そしてデータにもとづく予想の積み重ねだ。それゆえ、出走馬の枠順、過去の成績、調教タイムなどの情報が掲載された競馬新聞は、馬券検討における必須ツール。いわゆる競馬専門紙のほか、スポーツ紙や夕刊紙にも同様の情報が掲載されているが、どの新聞を使うかはそれぞれの好みや予想スタイルによって決めよう。

1. 専門紙とスポーツ紙・夕刊紙

専門紙

　JRA（日本中央競馬会）が主催する中央競馬は、原則として常に関東・関西の２場開催、あるいはローカル（→ 198 ページ）を加えた３場開催で行われる。そのため、競馬新聞も開催場に合わせて、関東版やローカル版などが発行されている。ただし、他場開催でも重賞や特別レースの情報はしっかり掲載されていて、その他のレースも条件や出走馬名はわかるようになっている。ただし、近年はウェブ版の利用者が増加して休刊や廃刊が相次ぎ、下記の８社のみとなっている。

［全国発行］競馬ブック、競馬エイト、優馬、研究ニュース
［関東のみ］日刊競馬、勝馬、競友、馬サブロー

　上記のうち、「競馬エイト」は日本競馬新聞協会・関西中央競馬専門紙協会に加入していないため、競馬場やウインズではほかの新聞とは別の売り場で売られている。

　一方、地域ごとに開催されている地方競馬の専門紙は地域ごとに発行され、中央競馬版も発行している専門新聞社が出すものと、区域内のみで発売されているものとがある。地域限定紙はデータの記載方法も独特である場合が多い。

スポーツ紙・夕刊紙

　ほかのスポーツやエンターテインメント情報と同様、紙面の一要素として競馬を掲載しているが、中央競馬が開催される土曜・日曜には、専門紙並みの情報が掲載される。競馬情報の紙面だけ抜き取って使え

る新聞も多い。

2. 各紙のメリットとデメリット

専門紙のメリット・デメリット

　馬券予想のための工夫がこらされているだけに、使いこなせば最強のツールになり得る。スポーツ紙・夕刊紙と比べると高額だが、朝から競馬場に足を運ぶつもりならぜひ活用したい。

　なお、データの表記方法には各社独自のこだわりがあるので、慣れていないと読みにくいかもしれない。最初はさまざまな新聞を試してみるのもいいが、いずれは**自分なりに使いやすい新聞に固定しよう**。同じ新聞を使いつづけたほうが過去との比較など、馬券予想に便利だからだ。

スポーツ紙・夕刊紙のメリット・デメリット

　専門紙に比べれば、金額的にはリーズナブル。また、総合的な情報量では専門紙に見劣りするものの、昔に比べればはるかに充実している。重賞や特別競走（→ 33 ページ）については、ほぼ専門紙並みか、それ以上と考えていい。後半の数レースだけ買うつもりなら、十分な内容になっている。また週末のみ発売の専門紙と違い、月〜木曜も競馬の記事を掲載しているので取材そのものは充実している。**中間の情報源としても大いに活用できるツール**だ。

3. 競馬新聞を選ぶポイント

重要なのは馬柱と調教時計

　競馬新聞の中でも、特に重要な情報は**馬柱**（うまばしら）（→ 38 ページ）と**調教時計**（どけい）（→ 124 ページ）だ。

予想陣で選ぶ

　馬柱と調教時計が充実していることが優先されるべきだが、自分の予想スタイルができるまでは、さまざまな新聞を読んでみて、気になる予想陣がいる新聞を使ってみてもいいだろう。

4. CHECK! 実際の競馬新聞(専門紙)を見てみよう

狭い紙面に多彩な情報を満載するため、各紙が表現方法を工夫している。自分にとって必要な情報が見やすいことが大切だ。

（協力　勝馬）

競馬新聞（実績編）の紙面

勝ち馬予想の1週間
競馬新聞（実績編）
競馬新聞（調教編）
パドック・返し馬
競馬番組とコース
現代競馬
馬券の買い方

競馬新聞の見方
けいばしんぶんのみかた

競馬新聞はレース前日の午後に発売され、1日に行われる全レースについて、出走するすべての馬の前3〜5戦程度の成績、距離別持ちタイム、距離別勝利回数、脚質などの情報が掲載されている。特に馬柱には、馬の能力を判断するための情報がギッシリと詰まっている。勝ち馬予想の楽しみの1つは、この馬柱を読み解くことにあるといってもいい。

1. 出馬表と予想印

　まず目を引くのは、出走するメンバーが馬番号順に並んだ出馬表と予想印。ここを見ればどんな馬が出ているのか、どの馬に人気が集まっているのかが一目でわかる。また、馬名と馬番号がわかれば、とりあえず馬券も買える。とはいえ、せっかく買った競馬新聞をそれだけのことにしか使わないのはあまりにもったいない。ところ狭しと並んだ数字や文字がささやくレースの勝ち馬を聞き逃さないことこそ、すなわち勝ち馬予想だ。

2. さまざまな情報が盛り込まれた競馬新聞

競馬新聞で見るべき2つの要素

　競馬新聞は出馬表、調教欄、厩舎情報（→ 136 ページ）、予想記事（→ 141 ページ）などからなるが、勝ち馬予想に特に重要なのは、出馬表中の**出走馬の成績**（馬柱→ 38 ページ）と**調教時計**（→ 124 ページ）だ。厩舎情報や予想記事はさらに予想を絞り込むときの参考程度でかまわない。

出馬表

　レースの出走馬を並べた一覧表。**レース概要を表示する欄**（→ 30 ページ）と**馬柱**からなっている。レース概要欄を見れば、レース名、条件、距離、コース、賞金額、当該コースのレコードタイムなどがわかり、馬柱の近走成績を見れば、出走馬の最近の成績が詳細にわかる。どちらも競馬新聞における重要な情報である。

調教欄

専門紙の調教欄には、そのレースに出走するすべての馬の調教内容が列記されている。中でも**調教時計**（→ 124 ページ）は出走馬の直近の調子を見きわめるのに有効なデータだ。スポーツ紙では調教欄として独立せず、馬柱に組み込まれている場合が多い。

競馬豆知識　　競馬情報サイト

インターネットの普及に伴い、「紙」の競馬新聞と同じような情報をウェブ上で見られる競馬情報サイトが増えた。専門紙やスポーツ紙各社のほか、JRA（日本中央競馬会）や NAR（地方競馬全国協会）もオリジナルのウェブサイトを開設。豊富な情報を無料で見られるが、一部のコンテンツは有料となる。

3. CHECK! 競馬新聞を見るポイント

レース内容の欄でレース概要を、馬柱で馬の能力を見る

レース概要（→ 30 ページ）

レース名や開催競馬場、レースコース・距離のほか、レース番号や発走時刻、コースレコード、レース条件（→ 32 ページ）などが掲載されている。まずはレース概要を把握することが勝ち馬予想の第一歩だ。

馬柱（→ 38 ページ）

この縦列に馬の情報がまとめられたものを馬柱という。競馬新聞によっては横列の場合もある。その馬の馬名や枠・馬番、負担重量（→ 50 ページ）、騎手、調教師、生産者、馬主、性齢、予想印、距離ごとの持ちタイム（→ 60 ページ）、近走成績などが載っている。特に重要なのは近走成績だ。

近走成績（→ 74 ページ）

競馬新聞によって違うが、直前3～5レースの成績が載っている。かぎられたスペースで出走レースの日付、レース名、距離・コース、騎手、負担重量、人気、馬場状態（→ 68 ページ）、走破時計（→ 90 ページ）、馬体重（→ 106 ページ）などがわかるようになっている。

レース概要を把握する
れーすがいようをはあくする

勝ち馬を予想するためには、レースの距離やコース、条件などを理解しておく必要がある。短距離と長距離という漠然とした違いでは足りない。たとえば同じ短距離でも1200mと1400mでは違うし、同じ1200mでも中山競馬場と阪神競馬場とでは違う。このような違いによって勝つ馬もまた違ってくるが、それを推理するのが競馬の醍醐味でもある。

1. レース概要欄に書いてあるもの

出馬表の右端には、そのレースの内容（レース番号、レース名、距離、コース、出走条件）が記されていて、一部は馬柱（→38ページ）の内容を示す見出しとなっている。

2. レース内容を読み取る

レース条件によって強い馬は変わる

「競馬は強い馬が勝つ」のが当然だが、その**強い馬はレースごとに定められた条件によって変わる**。距離が違えば求められる能力も違ったものになるし、芝とダート、右回りと左回りの違いも無視できない。若駒と古馬、牡馬と牝馬にもそれぞれに特性があるため、馬齢差や性別による影響も考慮する必要がある。勝ち馬を予想するためには、まずそのレースの内容を把握することがファーストステップとなる。

確認しておきたいレース概要

［レース番号］JRAでは通常12レース。原則として1～8レースが平場戦（→33ページ）で、未勝利戦や障害レースは午前中に組まれる。**9～11レースが特別競走（→33ページ）で、11レースがその日のメインレースとなる**。重賞は11レースに組まれることが多いが、GIやローカル開催では9・10レースになることもある。

［発走時刻］もっとも早いのが午前9時50分。複数の競馬場で開催されているときは、10分ずつずれる。夏のローカルでは、はくぼレース（→239ページ）があり、午後5時10分が最終レース。季節や競馬場によって異なり、天候の影響で変更されることもある。

3. CHECK! 競馬新聞でレース概要を確認する

レース概要を知ることは勝ち馬予想の第1歩

競馬場名
どの競馬場で行われるか。

レース番号
その日の何レースか。

発走時刻
レースのスタート時間。

レース名
重賞や特別レースには、「○○賞」「○○ステークス」「○○特別」などの名称がつけられている。名前のついていない平場競走の場合は、レース条件（「1勝クラス」など）のみ表示される。

レース条件
レースに出走できる馬の条件。性齢、賞金の条件など。

レースのコースと距離
芝・ダートの別と距離。当該コースの直線距離を掲載している新聞もある。

推定タイム
この条件・距離・クラスでの馬場状態ごとの推定タイム。

コースレコード
当該コースのレコードタイム。それを記録した馬名と負担重量、騎手、記録した年月。レースレコードを記載するレースもある。

賞金
原則として1着〜5着になったときにもらえる賞金の総額。6〜8着馬がもらえる出走奨励金は含まない。

レース予想
レース全体の大まかな予想。荒れそうか荒れそうでないか、本命馬が信頼できるか、伏兵馬が多いかなど、各紙ごとの表記方法がある。

レースの条件を理解する

れーすのじょうけんをりかいする

競走馬は好きなレースに自由に出られるわけではない。1年単位で決められた競馬番組の開催日程から自己の出走条件に適したレースに出走する。必ずしも出たいレースに出られるとはかぎらないが、具体的な目標レースを設定することが一般的だ。そこで、なぜこの馬は多くのレースの中から、そのレースを選んだのかと考えてみよう。

1. 競馬番組を知る

競馬番組とはなにか

　どの競馬場で、いつ、どんな条件で、どんな距離のレースが行われるかを決めたもの。JRA（中央競馬）では1〜12月、地方競馬では4月〜翌年3月の1年単位で決められる。中央競馬は原則として東京・中山・阪神・京都が各5開催、札幌・函館が各2開催、福島・新潟・中京・小倉が各3開催で、2場または3場で同日開催されるが、競馬場の改修工事などによって他場に振り替えられることがある。

開催予定表を活用する

　レースの距離やコース、条件などの番組内容を1開催（1競馬場8日間）ごとにカレンダー形式で記載したもの。競馬場やウインズで配布されている。その他、JRAのホームページや競馬週刊誌などでも確認できる。厩舎（きゅうしゃ）関係者にとっては、目標とするレースに向かうステッププレースの選択や各馬のローテーションを考える際の必需品だ。**厩舎サイドの勝負気配を読み解くためにおおいに活用したい。**

2. レースに出られる馬はかぎられている

さまざまな出走条件

　競走馬がレースに出走するためには、収得賞金（→52ページ）のほか、年齢・性別・出生国などについても一定の制限や取り決めがある。馬場や距離がどんなに適していても、こうした条件をクリアできなければそのレースには出走できない。基本的な条件は**馬齢**（ばれい）、**性別**、**賞金**の3つだが、レースごとに細かく定められている条件もある。

勝ち馬予想の１週間

競馬新聞（実績編）

競馬新聞（週末編）

パドック・返し馬

競馬番組とコース

現代競馬

馬券の買い方

馬齢による条件

2歳・3歳・3歳以上・4歳以上の４通り。中央競馬の２歳戦はだいたい６月後半からスタートするが、この時点では年齢による能力差が大きいため、３歳の前半までは同世代のみでレースを行う。また、４歳以上の馬は古馬と呼ばれる。４歳以上戦はダービー開催の初日から３歳以上に変更されるが、３歳馬の出走はきわめて少ない。

性別による条件

牝馬は牡馬に比べて体力的に劣るとされるため、牝馬だけで実施する**牝馬限定戦**も多い。５大クラシック競走のうち、桜花賞・オークスは牝馬限定。皐月賞・ダービー・菊花賞と２歳限定の朝日杯フューチュリティSは**牡馬・牝馬限定**という条件になっており、せん馬は出走できない。

賞金による条件

競走馬は収得賞金によってクラス分けされ、自身の条件よりも下のクラスのレースには出走できない。中央競馬では**新馬（メイクデビュー）・未勝利**、**１勝クラス（500万円以下）**、**２勝クラス（1000万円以下）**、**３勝クラス（1600万円以下）**、**オープン**の５段階に分けられ、オープン以外を**条件クラス**という（障害レースは未勝利とオープンの２段階）。

オープン戦には、**重賞（GⅠ・GⅡ・GⅢ）**と重賞に準じる**リステッド競走（L）**、**オープン特別**がある。条件クラスには、クラス別に**特別競走**と**平場戦**が設けられている。

■収得賞金による
　クラス分け

GⅠ	
GⅡ	
GⅢ	
リステッド（L）	オープンクラス（オープン戦）
オープン特別	
３勝クラス	
２勝クラス	条件クラス（条件戦）
１勝クラス	
新馬（メイクデビュー）　未勝利	

条件クラスでは、「由比ヶ浜特別」のようにレース名がついているのが特別競走、「３歳以上２勝クラス」などのように出走条件のみ表記されるのが平場戦。

3. その他のさまざまな条件

牝馬限定戦

　牝馬だけが出走できる。ＧⅠは２歳限定の阪神ジュベナイルフィリーズ、３歳限定の桜花賞、オークス、秋華賞、３歳以上のエリザベス女王杯、４歳以上のヴィクトリアマイルの６レース。また、条件戦は数多く組まれている。そのため、**同条件の牝馬限定戦があるのに、あえて牡馬との混合戦に出走してきた牝馬は好調**と見たい。

成績による出走制限

　３歳の未出走・未勝利馬は秋以降、中央開催の平地競走には出走できない。４歳以上の未出走・未勝利馬、６歳以上で収得賞金が200万円未満の馬も中央開催の平地競走には出走できない。また、タイムオーバー（距離によって３〜７秒）となった馬、レース中に鼻出血を発症した馬は１〜３ヵ月間、３歳以上の未勝利馬で、平地競走で３回連続８着以内に入れなかった馬は２ヵ月間、平地競走に出走できない。

トライアルレース

　３歳クラシック、NHKマイルカップ、秋華賞には、それぞれ上位に入着した馬に優先出走権が与えられるトライアルレースが設けられている。地方所属馬も所定のトライアルレースで１着になれば、クラシックなどに 地 として出走できる。

　たとえば、皐月賞のトライアルレースには弥生賞、スプリングステークス、若葉ステークスの３レースがある。弥生賞とスプリングステークスで上位３着、若葉ステークスで上位２着までに入線した競走馬は、本番レースである皐月賞に優先的に出走できる。

レースごとに定められた条件

　（指定）JRAが指定する地方競馬所属の馬および騎手が出場できるレースで（特指）以外のレースのこと。

　（特指）JRAが認定した地方競馬のレースで１着となった馬および騎手が出場できるレースのこと。

指定 地方競馬の所属の騎手が騎乗できる競走。

混合 内国産馬に外国産馬が混合して出走できるレース。以前は数がかぎられていたが、現在は全体の55%程度。

国際 内国産馬に 外 および 外 が混合して出走できるレース。2010年から3歳の5大クラシック、そのトライアルとなる重賞、2歳重賞競走が **国際** 競走となったため、すべての平地重賞が国際格付けされた（2009年新設のレパードステークスも2011年より、GⅢに格付け）。ただし、クラシックへの 外 外 の出走可能頭数は合わせて9頭までとなっている。（外 外 地 地 →41ページ）

若手騎手限定競走

　若手騎手の騎乗機会を増やすためのレース。騎手免許を取得してから7年未満で、通算勝利数が100勝以下の騎手だけが出走できる。現在は年間で25レース程度。地方競馬には女性騎手だけの招待レース「レディースジョッキーシリーズ」がある。

九州産馬限定レース

　九州で生産された馬だけが出走できるレース。夏の小倉競馬の2歳戦にのみ設けられている（新馬戦、未勝利戦、ひまわり賞）。

競馬 豆知識　**クラシック登録**

　中央競馬のクラシックへの出走を期待される馬を事前登録する制度。以前はこの登録がないとクラシックには一切出走できなかったが、地方から中央へ移籍したオグリキャップの大活躍により、1992年から追加登録料を支払えば出走できるように改められた。現在は2歳10月に第1回（1万円）、3歳1月に第2回（3万円）、レース2週間前に第3回（36万円＝合計40万円）の登録が行われる。追加登録料は200万円と高額だが、この追加登録によって栄冠を獲得した馬にテイエムオペラオー（1999年・皐月賞）やヒシミラクル（2002年・菊花賞）、アローキャリー（2002年・桜花賞）、メイショウマンボ（2013年・オークス）、トーホウジャッカル（2014年・菊花賞）がいる。キタサンブラックは2015年のスプリングSを勝ったあとに、追加登録料を納めてクラシックに参戦。3冠最後の菊花賞を含むGⅠ7勝の名馬に上りつめた。

距離体系を知る

きょりたいけいをしる

競走馬のレーティングを発表するJPNサラブレッドランキングでは、距離を5段階に分類している。ただし、日本国内のレースは短距離・中距離・長距離の3区分で理解しておこう。平地の芝のレースでは1600m以下が短距離、2400m以上が長距離、その中間が中距離。競馬新聞には各出走馬の距離別の実績が記載されている。

1. サラブレッドランキング

ワールドサラブレッドランキング

　国際ハンデキャッパー会議による世界のトップホースの順位づけ。各国の大レースの後に、年間8回、上位50頭を発表している。

JPN サラブレッドランキング

　2歳、3歳の芝・ダート、4歳以上の芝・ダートについて距離別に順位づけしたランキング。毎年、JRA のハンデキャッパーと NAR（地方競馬全国協会）のレーティング担当者によって決定され、JRA 刊行の『優駿』などで発表されている。距離は SMILE の5段階。

SMILE

　JPN サラブレッドランキングで採用している距離の区分。1000 〜 1300 m の Sprint、1301 〜 1899 m の Mile、1900 〜 2100m の Intermediate、2101 〜 2700 m の Long、2700m 超の Extended。なお、ダートは SMIL の4段階となっている。

ＧⅠを頂点に距離ごとに体系づけられている

　競馬番組には重賞競走を中心に、年間を通した体系づけがなされている。芝・ダート・障害の別だけでなく、距離や馬齢、性別により、それぞれＧⅠを頂点としたピラミッド型（→33ページ）をなしている。レースには馬齢や性別による制限が設けられている場合があるが、距離についての出走制限はない。しかし競走馬の能力に着目すると、それぞれに適した距離があるため、距離は重要なファクターとなる。

芝・短距離レース

1600m以下のレースを指し、1200 m（高松宮記念、スプリンターズＳ）と1600 m（安田記念、マイルチャンピオンシップ、ヴィクトリアマイル）という5つのＧＩを頂点とする。

1600 m＝1マイルなので、**1600 m戦をマイル戦とも呼び、マイル戦に強い馬をマイラー**という。芝の短距離路線では、より短い**スプリント戦（1000〜1300 m）**の距離を得意とする**スプリンターとマイラー**が激突する。

芝・中長距離レース

芝の中距離・長距離路線は、**春季は大阪杯（2000 m）、天皇賞・春（3200 m）、宝塚記念（2200 m）、秋季は天皇賞・秋（2000 m）、ジャパンカップ（2400 m）、有馬記念（2500 m）の6つのＧＩ**を頂点とする。同じ年度に春秋それぞれの3レースに勝った馬には、2億円（外国産馬は1億円）の褒賞金が交付される。

中距離と長距離の区分は時代によって変わり、長距離を得意とする馬をステイヤーというが、現在、純粋に長距離ＧＩといえるのは天皇賞・春と3歳クラシックの菊花賞のみといってもよい。

ダートレース

ダート競走は**1000〜2500 mまで**あり、芝の状態がよくない冬場に、芝保護の意味も含めて多く実施される。重賞は1200〜2000mで、1600mのフェブラリーステークス（2月）と、1800mのチャンピオンズカップ（12月）の2つのＧＩが頂点。

障害レース

札幌・函館を除く8競馬場で実施される。未勝利戦はすべて3000m以下、オープン競走は新潟・小倉の平場競走を除いて3000 m以上。最高峰は芝4250mの中山グランドジャンプ（4月）、4100mの中山大障害（12月）のＪ・ＧＩの2レースで、いずれも中山競馬場で行われる。

うまばしらのみかた
馬柱の見方

競馬新聞に載る出馬表のうち、1頭分の縦一列（横組みの場合もある）を馬柱という。一般的な競馬新聞やスポーツ紙の出馬表は、出走馬の馬名の下に近走の成績や記者の予想印が付記されている。馬柱に掲載されているデータや表記の仕方は紙面によって多少のバラツキがあるが、大筋は変わらない。自分の見やすいものを選ぼう。

1. 枠番、馬番、帽子の色で出走馬を見分ける

枠番

　スタート時に入る発馬機の枠の番号。9頭を超えて16頭目までは8枠から内枠へ順に入る。17頭立てなら1〜7枠が2頭ずつで8枠が3頭。中央競馬は最大18頭立てで、1〜6枠が2頭ずつ、7・8枠が3頭ずつ入ることになる。

馬番

　出走馬1頭ごとにつけられるゼッケン番号を馬番という。枠連（→291ページ）以外の馬券は、この馬番で馬を指定して購入する。

帽子の色

　騎手がかぶる帽子の色で、枠番ごとに決まっている。1＝白、2＝黒、3＝赤、4＝青、5＝黄、6＝緑、7＝橙、8＝桃。**レース中の位置取りを確認するには、帽子の色に注目するとわかりやすい。**
　同馬主の馬（＝勝負服が同じ）が同じ枠に入った場合は、見分けるために外側の馬が染め分け帽をかぶる。たとえば、8枠なら4分して桃と白が交互4つに分かれたもの。基本が白の1枠は白と水色の染め分け帽となる。
　もし、最大で3頭が入ることがある7枠、あるいは8枠に同馬主の馬が3頭入った場合は、もっとも大きい馬番号の騎手が交互に8分された染め分け帽、2番目に大きい馬番号の騎手が4分された染め分け帽をかぶる。

2. CHECK! 馬柱に盛り込まれた多彩な情報を確認する

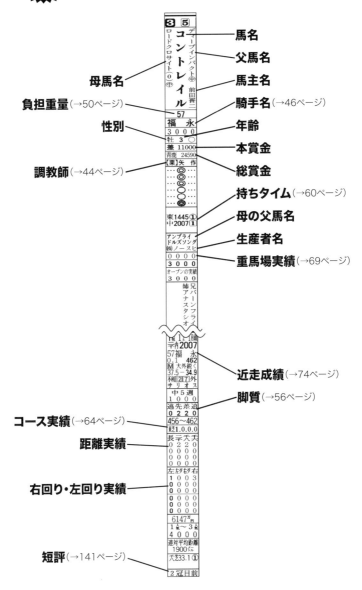

馬名

父馬名

母馬名

馬主名

負担重量（→50ページ）

騎手名（→46ページ）

性別

年齢

本賞金

調教師（→44ページ）

総賞金

持ちタイム（→60ページ）

母の父馬名

生産者名

重馬場実績（→69ページ）

近走成績（→74ページ）

脚質（→56ページ）

コース実績（→64ページ）

距離実績

右回り・左回り実績

短評（→141ページ）

勝ち馬予想の1週間

競馬新聞（実績編）

競馬新聞（調教編）

パドックと返し馬

競馬番組とコース

現代競馬

馬券の買い方

しゅっそうばをしる
出走馬を知る

馬柱は、その馬のプロフィールと近走成績（→74ページ）から成り立っている。予想で特に重要なのは近走成績だが、競走馬のプロフィールにも馬齢、性別、血統（両親の名前）、騎手、調教師、馬主など、予想のヒントになり得る要素が含まれている。また、その馬の生まれた場所（国内か海外か）によっても出走できるレース・できないレースがあるため、生まれた場所も押さえておきたい。

1. 馬名

馬名の文字数

日本で登録できるのはカタカナのみで2文字以上9文字以内、かつアルファベットで18文字以内の馬名である。海外で登録された馬はこの制限を受けないので、ジャパンカップ（GI）などの海外馬が参戦できるレースでは、カタカナ表記で10文字以上の馬にお目にかかることもある。

馬名登録のルール

過去に登録例のある馬名のうち、競馬史的に著名な馬、国際保護馬名（馬名の重複を防ぐために国際的に管理されている各国の著名馬）、海外の重要なレースの勝ち馬と同じ名前は認められない。

また、日本のGIの勝ち馬の名と同じ馬名は認められないが、GII・GIIIの勝ち馬は登録抹消後10年を経過すれば認められる。こうした制限に引っかからなければ、登録抹消後5年で同名が認められる。そのほか、営利目的や公序良俗に反するものも認められない。

冠名

馬主が自分の所有馬に共通して付ける馬名の一部分を冠名という。近年の代表的なものにサトノ、ダノン、トーセン、メイショウ、ダイワ、コパノ、共同馬主のウイン、レッドなどがある

また、同じ馬主でも牡馬にマイネル、牝馬にマイネと性別で使い分けている例もある。

■馬名の上に付けられる印

(外)	外国で生まれて日本に輸入された馬で、中央競馬では混合戦にしか出走できない。代表例はタイキシャトル、エルコンドルパサーなど。彼らの海外GIでの勝利は「日本産馬」によるものではなく、「日本調教馬」によるものと認識される。
外	中央競馬に出走する以前に、外国の競馬に出走したことのある馬。ジャパンカップなどに、海外から遠征してくる馬が当てはまる。
(地)	JRAの馬名登録のときに、すでに地方競馬に出走したことのある馬で 地 以外の馬。
地	中央競馬に出走する、地方競馬所属の馬。

2. 内国産馬

日本国内で生まれた馬。父が内国産馬の場合は**父内国産馬**となり、以前は (父) という印が付き、父内国産馬限定レースも実施されていた。日本で種付けされた馬が海外で誕生（母馬が海外の種牡馬と種付けするために出国するなど）した場合は、当歳の12月31日までに輸入されれば内国産馬となる。また、母の胎内にいる状態で輸入されて日本で生まれた馬は以前は**持込馬**として区別されていたが、現在は内国産馬扱いとなる。

3. 父馬・母馬・母の父馬

血統（→264ページ）の背景となるデータ。勝ち馬予想に直接結び付くわけではないが、**距離適性**（→272ページ）や**気性**などは遺伝的な影響も強いとされる。本来は実績や体形、走り方から判断すべきだが、血統的な要素を予想として楽しむことは可能だ。競馬新聞によっては母が何勝したかなども記されている。種牡馬の父の距離適性（万能、長距離、中距離、マイラー、短距離など）が書かれていることもあるが、新聞によって評価にはバラツキがある。参考程度に考えよう。

競走馬を囲む人たち

きょうそうばをかこむひとたち

サラブレッドは走るために生まれてきた——そういえば聞こえはいいが、人間の思惑で走らされる経済動物であるという面があるのも事実。したがって誕生・育成から入厩、出走、引退まで、たった1頭のサラブレッドに、実に多くの人がかかわってくる。馬を取り巻くそうした人脈さえも馬柱から読み取ることができる。

1. 馬主を知る

馬を所有して走らせる馬主

　その馬の所有者を馬主という。個人で馬主登録を受けている**個人馬主**、法人として登録している**法人馬主**、3〜10名で構成する組合で登録している**共同馬主**がある。また、牧場やクラブ馬主、一般企業が事業の一環として競走馬を所有している場合もある。

　1年間にもっとも多くの入着賞金（本賞金＋付加賞金）を獲得した馬主を**リーディングオーナー**という。馬主は所有馬をどのレースを使うか、どの騎手を乗せるかなどについての発言力を持つ。中央競馬では騎手は馬主ごとに登録された勝負服を着用して、レースに騎乗する。

馬主が受け取れる賞金

　馬主の収入源として、出走したレースの**本賞金**（1〜5着馬に交付）がある。ほかにも、6〜8着馬（重賞・オープンは10着馬）まで**出走奨励金**が交付されるものなど、さまざまある。

　たとえば、1800m以上の一定のレースが対象の距離別出走奨励賞、内国産の所有馬が外国産馬が出走しているレースで1〜5着となった場合に交付される**内国産馬所有奨励賞**なども、レースによっては相当に高額な賞金を受け取れる。ただし、重賞や特別レースに出走する場合は**特別登録料**（GⅠ＝30万円、GⅡ＝10万円、GⅢ＝5万円、その他の特別レース＝3万円）の納付が必要で、これは馬主が負担する。この特別登録料は付加賞金の原資となり、総額の7割を1着馬の、2割を2着馬の、1割を3着馬の馬主が受け取れる。

2. 生産者を知る

馬産を支える生産者

　生産者とは、その馬を生産した人。繁殖牝馬だけを繁養して仔馬を売却する**マーケットブリーダー**と、繁殖牝馬の産んだ仔馬を自ら走らせる**オーナーブリーダー**に大別される。１年間にもっとも多くの入着賞金を獲得した生産者を、**リーディングブリーダー**という。

生産者が受け取れる賞金

　重賞や特別レースで生産馬が５着（平場競走では３着）までに入着した場合、生産者には**生産牧場賞**、**繁殖牝馬所有者賞**が交付される。

3. 騎手を知る

レースの鍵をにぎる騎手

　騎手とは、そのレースで、馬に騎乗する人。ジョッキー、乗り役、ヤネともいう。中央競馬の現役騎手はほとんどが全寮制の**競馬学校**（千葉県白井市）出身者。３年間の騎手課程を卒業し、騎手免許試験に合格することが必要（例外はある）。合格者は美浦か栗東の**トレーニングセンター**（→ 114、116 ページ）のいずれかの厩舎に所属し、例年３月から新人（見習騎手）としてデビューする。また、ある程度の期間が過ぎると厩舎から独立し、**フリー騎手**となることが多い。

騎手の収入

　レースの**賞金**の５％（障害レースは７％）という、**騎乗手当**がベース。騎乗手当はＧⅠが６万3000円、ＧⅡ・ＧⅢが４万3000円、その他のレースで２万6000円（障害はそれぞれ14万4200円、11万4200円、8万4200円）。その他、調教で騎乗した場合の騎乗料などがある。

地方競馬の騎手

　地方競馬は原則として、**地方競馬教養センター**（栃木県那須塩原市）で２年間履修したのちに試験を受ける。ちなみに、騎手免許は中央では平地と障害、地方では平地とばんえいに分かれている。

4. 調教師を知る

東西に分かれる中央競馬の調教師

　JRA の調教師が管理・運営する厩舎の所在地は、関東（＝**美浦トレーニングセンター**）と関西（＝**栗東トレーニングセンター**）の 2 ヵ所。関東はさらに北区画と南区画に分かれている。競馬新聞では、関東の北区画に所属している厩舎を「美北」「北」、南区画に所属している厩舎を「美南」「南」、関西に所属している厩舎を「栗東」などと表記している。

調教師の役割と収入

　調教師はトレーナー、テキとも呼ばれる。馬主から競走馬を預かって調教を行い、レースに出走させる。原則としてレースで獲得した賞金の 10％が調教師の収入となる。調教師になるには、JRA の調教師試験に合格しなければならない。**合格者は年に数人程度で、合格率は10％にも満たない超難関**。調教師になるためには調教技術だけでなく、厩舎での実務経験が求められるため、騎手や調教助手から転身する人が多い。中央競馬では、70 歳で定年となる。

リーディングトレーナー

　1 年間にもっとも多くの**勝ち鞍**を挙げた調教師。中央競馬会によるJRA 賞では、**最多勝利調教師**だけでなく、**最多賞金獲得調教師**、**最高勝率調教師**、**優秀技術調教師**を表彰している。

■調教師の仕事

調教方法を決める	追い切り日（→118ページ）や調教コース（→110ページ）など、調教方法を決める。
出走計画を立てる	馬主と相談し、出走レースやローテーション（→102ページ）を決める。
馬を探す	生産牧場などにおもむき、素質馬を探して馬主に薦める。
厩舎運営	管理馬を集めたり、調教助手や厩務員に指示したり、スタッフへの給与や厩舎の維持費などお金の管理を行う。
レースに出走させる	ゲートが開くまで気は抜けない。事前に騎手と打ち合わせを行い、レースの作戦を決める。
口取り写真に写る	レースに勝つと、騎手や馬主など管理馬の関係者と一緒に記念撮影（口取り写真）を行う。口取りとは、馬の口にはめる轡（ハミ）につないだ手綱を引いて馬を制御すること。馬主らが勝ち馬の手綱を引いて記念撮影を行うことから、この名称がついた

 豆知識　　**距離別出走奨励賞**

　1勝クラス（500万円以下）〜オープン競走のうち、平地の芝1800m以上に出走した1〜10着馬には、**着順位に応じて距離別出走奨励賞が交付される**。たとえば、オープンクラスで芝2400mに勝てば380万円、1勝クラスで芝2400mに勝てば200万円、2着なら80万円、10着でも4万円がもらえる。

距　離		1800m	1800m超2000m以下	2000m超
芝の特別競走一般競走	重賞以外のオープン競走	140万円	260万円	380万円
	1600万円以下			
	1000万円以下			
特別競走	500万円以下	80万円	140万円	200万円

1着	2着	3着	4着	5着	6着	7着	8着	9着	10着
100%	40%	25%	15%	10%	8%	7%	6%	3%	2%

競走馬を取り巻く人々

生産者
スタリオン
馬主
調教師
助手・厩務員
騎手

　繁殖牝馬を繁養する生産者（生産牧場）は配合相手（種牡馬）を真剣に検討して種付けし、競走馬を生み出していく。その後、競走馬は0〜1歳頃にセリや庭先取引などを通じて馬主へと渡る。競走馬の入厩時期はおおよそ2歳春〜3歳春頃で、厩舎スタッフや騎手たちとのチームワークで競走生活を盛り上げていく。また、獣医や装蹄師、輸送者、飼料業者など、1頭の馬に多くの人たちがかかわっている。

騎手を知る
きしゅをしる

どの競走馬にどの騎手が乗るかは固定されているわけではなく、レースごとに決められる。そのため、競走馬によってはデビューから引退するまでずっと同じ騎手が乗ることもあれば、出走するたびに違う騎手が乗ることもある。騎手によって得意な脚質（→56ページ）や馬との相性があるため、騎手の特徴を知ることも大切だ。

1. その騎手が騎乗する理由を読み解く

馬7分騎手3分の定説

　競馬の勝ち負けは、よく**馬7分騎手3分**といわれる。騎手の能力の中でも、特に重要なのは馬との**折り合い**と**ペース判断**の2つだ。こうした騎手の力量の差から導き出される成果が、各騎手の勝ち鞍数に端的に反映されている。

○ 主戦騎手
きゅうしゃ

　厩舎が主に騎乗を依頼する騎手のこと。その厩舎の所属騎手、あるいはかつて所属していたフリー騎手などが主戦騎手となるケースが多い。また、実力のある騎手には多くの騎乗依頼が集まる。**主戦騎手への乗り替わりは勝負気配が濃厚**とみていい。

○ お手馬

　出走するたびに同じ騎手が乗ること。その騎手が乗ることで**いい成績を上げていれば替える必要はない**し、騎手のほうも手放さない。出走した全レースで武豊騎手が騎乗したディープインパクトは、武騎手のお手馬ということだ。

○／△ テン乗り

　テンとは、初めという意味。つまり、テン乗りとは、騎手がその馬に初めて騎乗すること。新馬戦はもちろんだが、乗り替わりで初めて騎乗した場合も当てはまる。**勝負がかりで有力騎手に乗り替わったのならプラス材料**。また、新しいパートナーによって、違った能力を引き出

勝ち馬予想の1週間

競馬新聞（実績編）

競馬新聞（調教編）

パトック・返し馬

競馬番組とコース

現代競馬

馬券の買い方

される可能性もある。ただしクセのある馬は乗り慣れた騎手のほうがいい。レースに乗るのは初めてでも、調教には騎乗して感触をつかんでいるケースもある。調教欄や関係者のコメントに注目したい。

○／△ 乗り替わり

前走とは違う騎手が騎乗すること。手替わりともいう。競馬新聞の紙面では「替」、あるいは騎手名が太字表記などで示される。2016・2017年の年度代表馬キタサンブラックの主戦は武豊騎手というイメージが強いが、菊花賞に勝つまでは北村宏司騎手で5戦4勝。その後、北村騎手が落馬負傷したため、4歳春から武豊騎手に乗り替わって12戦7勝（うちGI6勝）した。このように理由がはっきりしていて、しかも**有力騎手への乗り替わりなら問題はない**。また、期待されたレースで勝てなかったりすると、馬主や調教師の意向で乗り替わる場合も少なくない。

2. CHECK! 複数のお手馬が同レースに出走するとき

☆ 騎乗依頼仲介者の存在

同じレースに複数のお手馬が出走するときは、騎手がどの馬を選ぶかに注目が集まる。**ただし、近年は騎乗依頼仲介者（エージェント）に騎乗馬の調整を委ねている騎手が多いため、必ずしも騎手本人の意向通りになるとはかぎらない。**

たとえば、2019年の皐月賞にはデムーロ騎手で3戦3勝のサートゥルナーリア、5戦4勝のアドマイヤマーズが出走。断然人気が予想されたサートゥルナーリアが、ルメール騎手に乗り替わったことに驚いたファンも多い。結果はルメール（サートゥルナーリア）1着、デムーロ（アドマイヤマーズ）4着。

騎乗依頼仲介者は、3名＋若手騎手（免許取得後7年未満）1名まで担当でき、担当騎手はJRAのホームページで閲覧できる。

3. 印のついた騎手がいたら注意する

☆ 減量騎手（見習騎手）と女性騎手

　騎手免許を取得してから5年未満で、勝利数が100勝以下の騎手は重賞や特別レース、ハンデ戦以外の平場戦に騎乗する場合、勝利数によって負担重量が軽減される。女性騎手（◇）は男性騎手より2キロ減。減じる重量は、出馬表に◇★▲△☆で示される。

区分	印	減量	勝利数
見習騎手以外	◇	2キロ減	女性騎手
見習騎手	★	4キロ減	女性のみ　50勝以下
	▲	3キロ減	男性　30勝以下 女性　51勝以上100勝以下
	△	2キロ減	男性　31勝以上50勝以下
	☆	1キロ減	男性　51勝以上100勝以下

○／✕ 減量騎手への乗り替わり

　馬の状態がよく勝負がかりなので、少しでも負担重量を減らすためというパターン（○）と、どうせ勝負にならないので、騎手に経験を積ませるためというパターン（✕）がある。

4. 馬と騎手の相性を読む

騎手実績

　今回のレースで騎乗する騎手が、過去にその馬に騎乗したときに挙げた成績。すべての新聞が掲載しているわけではないが、テン乗りかどうかが一目でわかる。また、その馬の出走履歴の中で何回騎乗していたか、ほかの騎手の騎乗時の成績と比較してどうかを確認できる。

○ 騎手成績がいい

　その騎手と馬の相性がいい、つまり**騎乗実績がよければプラス材料**といえる。競馬新聞によって異なる場合もあるが、騎手実績は騎手名の下に（2・0・1・3）などと表記される。この場合は、今回騎乗する騎手で1着2回、2着0回、3着1回、4着以下3回という意味だ。

勝ち馬予想の1週間

競馬新聞（実績編）

競馬新聞（調教編）

パドック・返し馬

競馬番組とコース

現代競馬

馬券の買い方

5. CHECK! 騎手成績の良し悪しに注目する

2020年3回新潟8日11R　新潟記念（GⅢ）

枠・馬番																		新潟
桃18	17	橙16	15	緑14	13	黄12	11	青10	9	赤8	7	黒6	5	4	3	白2	1	**11**

（以下、出走馬）サトノクロニクル／ブラヴァス／サンレイポケット／リープフラウミルヒ／カデナ／ゴールドギア／プレシャスブルー／ワーケア／ウインガナドル／アイスストーム／サトノガーネット／アールスター／メートルダール／ジナンボー／ピースワンパラディ／サトノダムゼル／アイスバブル／インビジブルレイズ

発走 15：45　第56回

騎手：藤井 永島 荻野極 津村 鮫島駿 田辺 高橋 ルメール 三浦 柴田大 坂井瑠 長岡 丸山 Mデムーロ 岩田康 池添 戸崎 北村宏

初　①　　③　　　　　　　⑩　初　初　　　　　初　②　初　初　初

　騎手実績が（0・0・0・0）の馬が、初騎乗（テン乗り）。18頭中14頭が前走から乗り替わりで、うち8頭の騎手はテン乗り。上位は、今回騎乗騎手で好走歴のある馬同士で決着した。

[フルゲートで初騎乗馬が8頭もいたハンデ戦]

1着　ブラヴァス（2番人気）福永祐一（0・2・0・0）

　前走の七夕賞に引き続き、福永騎手が3度目の騎乗。前走7番人気2着でハンデ1キロも、直線の長い新潟コースで巻き返しムードだった。

2着　ジナンボー（3番人気）デムーロ（3・1・0・1）

　新馬戦1着時も騎乗していたデムーロ騎手で通算5戦3勝。前走の七夕賞は苦手の道悪で、良馬場なら巻き返せる実力馬。

3着　サンレイポケット（5番人気）荻野極（2・2・0・0）

　前走で3勝クラスを勝ち上がったばかりの上がり馬も、荻野騎手とのコンビでは連対率100%の実績。ハンデも手ごろな54キロ。

10着　ワーケア（1番人気）ルメール（2・1・1・1）

　デビュー以来全レースに騎乗してきたルメール騎乗でも、ダービー8着以来の実戦で古馬の壁にはね返された格好だ。

◯／✕ 連対時脚質

　馬に脚質（→56ページ）があるように、騎手にも得意としている脚質がある。**逃げ馬には逃げが得意な騎手、エンジンのかかりが遅いズブい馬にはしっかり追える騎手**、というような相性にも注目してみよう。

負担重量の影響

ふたんじゅうりょうのえいきょう

騎手の体重と鞍などの装備を合わせた、競走馬が背負う総重量。斤量ともいう。負担重量の重い・軽いが、馬の競走能力に影響することもある。出走馬の負担重量はレースごとに定められ、規定の重量に満たない場合は騎手が鉛を身につけて調節する。また、騎手の動作に支障がないよう、鞍に鉛をつける場合もある。

1. 負担重量によるレース分類を知る

馬齢重量戦

馬齢・性別で重量を定める方法。能力が結果に反映されやすい。**3歳以上戦では、牝馬は牡馬より2キロ軽い**。平場戦に見習騎手（→ 48ページ）が騎乗する場合は、1～3キロの減量の恩恵がある。また、南半球で7月1日～ 12月31日に誕生した馬が平地競走（ハンデ戦を除く）に出走する場合は、競馬番組で定めた重量を減じる規定がある。

■中央競馬の馬齢重量の規定

競走の種類	性別・馬齢	2歳		3歳	
		～9月	10～12月	～9月	10～12月
平地競走	牡・せん馬	54キロ	55キロ	56キロ	57キロ
	牝馬	54キロ			55キロ

別定重量戦

競走ごとに固有の負担重量が定められる。馬齢や性別で基礎重量を決定する**定量制**と、収得賞金や勝利数などで重量を加増する**賞金別定**がある。**獲得賞金の多い馬は、賞金別定では不利**となる。

定量戦

別定重量戦のうち、収得賞金に関係なく、**馬の年齢と性別で負担重量が決まるレース**。ＧＩレースは2歳の阪神ジュベナイルフィリーズ、朝日杯フューチュリティＳ、ホープフルＳ、3歳の秋華賞、菊花賞（すべて馬齢重量戦）を除き、すべて定量戦で行われる。

勝ち馬予想の1週間

競馬新聞（実績編）

競馬新聞（調教編）

パドック・返し馬

競馬番組とコース

現代競馬

馬券の買い方

ハンデ戦

　負担重量が**ハンデキャップ**で決められる。出走するには、競馬番組で定められている期間（ハンデキャップ対象期間＝おおむね1年）内に、1回以上出走していることが必要。

2. ハンデ差による影響を知る

1キロ1馬身を基本に考える

　騎手は規定重量から超過した重量が2キロの範囲内なら、採決委員が認めればその重量で騎乗できる（発表重量は変更される）。レースの前後の計量で、1キロ以上の差が生じた場合は失格となる。一般的には負担重の1キロ増加は、**短距離なら半馬身、中距離なら1馬身、長距離なら約2馬身に相当**するといわれている。

○／△ トップハンデ

　ハンデ戦でもっとも重いハンデを背負う馬のこと。能力や状態のよさを認められてのものなので評価はできる。馬齢重量戦なら古馬の牡馬は57キロ、牝馬は55キロを背負うので、それよりも重い重量を初めて経験する場合はマイナス材料。また、**他馬とのハンデ差については、5キロ以上のハンデがある場合は不利**といえる。

△ ハンデもらい

　ハンデ戦を目標とする馬が前走で凡走し、結果的に軽いハンデをつけられること。軽ハンデは調子ではなく、能力的に劣るとみられてのものなので、1度の凡走ですぐ軽ハンデになるわけではない。また、意図的に勝たなかったのか、状態が本調子でないのかも見きわめたい。

△ カンカン泣き

　負担重量が重くなったために能力を出し切れないこと。負担重量はかつてキロではなく斤（＝600ｇ）単位で表示していたため、斤量ともカンカン（看貫）ともいった名残り。馬体重の重い馬は負担重量の影響をあまり受けなさそうだが、中には増量に敏感な馬もいるため、レース結果と照らし合わせて確認したい。

クラスを分ける**収得賞金**

くらすをわけるしゅうとくしょうきん

競馬の賞金に関する用語といえば、**本賞金、総賞金、収得賞金の3つ**。本賞金は5着までに交付される賞金で、1頭の競走馬について本賞金を合計したものを総賞金という。いわば、これまでに稼いだ本賞金の総額だ。一方、競走馬をクラス分けするために一定のルールで算定されるのが収得賞金。勝ち馬予想において注目すべきは、この収得賞金だ。

1. 賞金の基本ルール

本賞金は5着まで

　本賞金は、当該レースの1〜5着馬にJRAから交付される。1着賞金を100%とした場合に、2着馬は40%、3着馬は25%、4着馬は15%、5着馬は10%の額がもらえる。

出走奨励金

　6着馬には1着賞金の8％、7着馬には7％、8着馬には6％が交付されるが、これらは出走奨励金といい、本賞金とは区別されている。

2. 収得賞金でクラスが決まる

収得賞金

　競走馬のクラス分けは、収得賞金という独特の計算方法で行われる。原則として、**1着（重賞は2着まで）したときの本賞金の合計**。だが、本賞金の額をそのまま合算するのではなく、次のような一定のルールがあり、10万円未満は切り捨てて計算する。

■オープン競走

条件	重賞	オープン競走（L＝リステッド、OP＝オープン特別）		
		2歳	3歳	3(4歳)以上
加算額	本賞金の半額*	L　800万円 OP 600万円	L　1200万円 OP 1000万円	L　1400万円 OP 1200万円

＊2歳GⅢは1着1600万円、2着600万円。

■オープン競走以外

条件	新馬・未勝利	1勝クラス	2勝クラス	3勝クラス
加算額	400万円	500万円	600万円	900万円

※地方競馬での収得賞金も、所定のルールで加算される。

3. CHECK! 収得賞金を確認しよう

1着および重賞2着までが加算される

写真1　ヴェルトライゼンデ

　2020年の日本ダービー3着馬ヴェルトライゼンデの例で見てみよう。日本ダービー終了時点での収得賞金は3700万円だが、実際には累計で1億2400万円の本賞金と、約445万円の付加賞金を獲得している。

（写真 JRA）

■ヴェルトライゼンデ／日本ダービーまでの収得賞金と本賞金

（万円）

レース名	着順	獲得賞金	収得賞金（累計）	本賞金（累計）
2歳新馬	①	700	400	700
萩S（L）	①	1700	800（1200）	1700　（2400）
ホープフルS（GI）	②	2800	1400（2600）	2800　（5200）
スプリングS（GII）	②	2200	1100（3700）	2200　（7400）
皐月賞（GI）	⑧	0	0（3700）	―＊　（7400）
日本ダービー（GI）	③	5000	0（3700）	5000（12400）

上記のように、本賞金は上位5着までに入れば獲得できるが、収得賞金は1着（重賞は2着まで）に入らないと加算されない。クラス分けは収得賞金によって決まるため、注目すべきは収得賞金だ。＊皐月賞は8着で本賞金は得られないものの、出走奨励金（1着賞金の6％＝660万円）が交付されている。

総賞金

　本賞金の総額。つまり、その馬が5着までに入って稼いだ賞金の総額のこと。収得賞金は1着および重賞2着までの賞金だけで算定されるが、本賞金は5着までもらえる。したがって条件クラスの馬で、収得賞金に比べて総賞金が著しく多い、逆にいえば、総賞金額が多いわりに収得賞金額が少ない馬は入着（5着以内）回数が多いことを意味する。こうした馬は**勝ってクラスが上がって入着すらできなくなることを避けているのか、単に勝ち味に遅いのか**、判断が分かれるところだ。

馬齢とクラス分け

ばれいとくらすわけ

中央競馬のレースは上位から順にGⅠ、GⅡ、GⅢ、リステッド（L）、オープン特別（OP）、3勝クラス（1600万円以下）、2勝クラス（1000万円以下）、1勝クラス（500万円以下）、新馬・未勝利とあり、馬の年齢と収得賞金の額によってクラス（条件）が分けられている。原則として、1つ勝つごとに上のクラスへ上がるほか、重賞レースの2着でも収得賞金が加算されて昇級することがある。

1. 年間のレース体系

　原則として、1月から6月上旬までは3歳馬だけのレースと、4歳以上の馬によるレースの2本立てで行われる。その後は3歳馬も4歳以上の馬と一緒に出走するようになり、2歳馬だけのレースと3歳以上の馬によるレースの2本立てに変わる。

1月	6月上旬	12月
3歳馬限定のレース	2歳馬限定のレース	
4歳以上の馬のレース	3歳以上の馬のレース	

（JRAのHPより）

2. 馬の年齢とクラス分け

　競走馬は2歳から3歳にかけて新馬（メイクデビュー）でデビューし、勝てば1勝クラス（500万円以下）へ、勝てなければ未勝利で戦う。**以後は勝つごとに2勝クラス（1000万円以下）、3勝クラス（1600万円以下）と昇級し、条件クラスを卒業（オープン入り）すると、オープン特別やリステッド競走、重賞（GⅠ・GⅡ・GⅢ）に出走できる。**

　ただし、2歳の夏季は新馬・未勝利とオープンクラスの2段階しかなく、勝ち上がった馬が増える9月頃から1勝クラス（500万円以下）を加えた3段階となる。そして、3歳になった翌年6月上旬から「3歳以上」という条件のもとで、2勝クラス（1000万円以下）と3勝クラス（1600万円以下）もあるレース体系に組み込まれていく。

○ 格上馬

　ほかの馬よりもクラスや実績が上の馬。オープン馬同士の場合は**重賞勝ちのない馬よりもある馬のほうが格上、GⅡ勝ちの馬よりもGⅠ勝ちの馬のほうが格上**ということ。

3. 格上げによる影響を考える

△ 格上げ

　勝って自己条件が上がること。昇級ともいう。クラスが上がった最初のレースを格上げ初戦といい、**クラスの壁に跳ね返される馬も多い。**

2020年3回京都9日11R　平安S（GⅢ）

着順	馬番	馬　名	性齢	人気	単勝オッズ	斤量
1着	⑤	オメガパフューム	牡5	3	5.3倍	59
2着	⑪	ヴェンジェンス	牡7	5	8.6倍	57
3着	⑦	ゴールドドリーム	牡7	2	4.3倍	58
10着	②	ロードレガリス	牡5	1	3.0倍	56

[**出走馬の状況**]賞金別定戦のため、オメガパフューム、ゴールドドリームらダートの実績馬に重い斤量が課せられる中、中央再転入後、4連勝中のロードレガリスが堂々の1番人気。

[**結果**]斤量を背負った実績馬が上位を占め、重賞初挑戦だったロードレガリスは見せ場のないまま1.4秒差の10着にしずんだ。

[**重賞の壁!?**]前走と同コース・同距離・同斤量で、走破時計も0.1秒遅いだけ。3ヵ月半の休み明け、馬体重プラス6キロ、武豊騎手から池添謙一騎手への乗り替わりなどの影響があったにしても、格の違いを見せつけられ、重賞の壁に跳ね返された格好だ。

ロードレガリスの競走成績（中央再転入から平安S前まで）

年月日	開催場	レース名	距離	着順（人気）
2019年10月26日	京都	1勝クラス	D1800m	1着（1番人気）
2019年11月16日	京都	2勝クラス	D1800m	1着（1番人気）
2020年 1月12日	京都	雅S（3勝クラス）	D1800m	1着（1番人気）
2020年 2月 8日	京都	アルデバランS（オープン）	D1900m	1着（1番人気）

2018年2月25日の3歳新馬でデビューし、中央競馬で（0・1・0・5）後、大井競馬へ転入し、（3・0・1・0）の成績で再び中央競馬に転入した。

脚質を見きわめる

きゃくしつをみきわめる

競走馬が、どのポジションでレースをするのが得意かによって、逃げ・先行・差し・追い込み・自在などのタイプに分けられる。ただし固定されたものではなく、騎手の判断次第で出遅れた逃げ馬が追い込むこともあるし、差し馬が意表を突いて逃げることもある。紙面では逃、先、差、追、自という表記や矢印の位置などで示される。

1. 脚質とは何か

脚質に影響を及ぼす気性と脚力

脚質は必ずしも定まった特質ではなく、**気性**（精神力）と**脚力**（走る能力）の兼ね合いによることが多い。

気性

持って生まれた性格。遺伝によるところが大きく、血統的な傾向がみられる。他馬より前に出たがる**闘争心**、最後まで踏ん張れる**粘り強さ**、騎手の指示に従う**折り合い**、リラックスして走れる**素直さ**、馬込みを怖がらない**図太さ**などの要素がある。脚質や距離適性に影響を及ぼす。

脚力

走る能力。どれだけ速く走れるかという**スピード**、発走直後の瞬発力（ダッシュ力）、**最後の瞬発力**（末脚・決め手）、**持久力**（スタミナ）などで構成される。気性とともに脚質、距離適性、コース適性（坂の有無、右回り、左回り、小回り）などにかかわってくる。

2. 強い逃げ馬を見抜く

◎／○ 強い逃げ馬

スタートダッシュのよさを生かして先頭に立ち、常に馬群の先頭でレースをリードする。おおむね**闘争心が強く**、他馬に並びかけられると、さらに闘争心を燃やして抜かせまいとする。最初から最後まで自分でレースをつくれるタイプで、よほどのハイペースにならないかぎり、**大崩れすることは少ない**。また、逃げ馬はスローペースになれば

なるほど、余力を残して逃げられるので有利になる。

⚠️ 危険な逃げ馬

　気が弱くて馬込みを怖がる馬は常におびえて走っているため、ペースの融通が利かず、**一本調子の逃げ馬**になることもしばしば。後続馬に追いつかれると、一気に走る気をなくしてしまうことも多い。また、**気性が荒く、抑えが利かない逃げ馬**は騎手の意図よりもハイペースで走ってしまい、**ゴールまで持たないことが多い**。ただし、ほかのメンバーに逃げ馬がおらず、展開の利が見込めるときや、軽ハンデに恵まれた場合の穴馬候補としては妙味がある。

3. 強い先行馬を見抜く

◎／○ 強い先行馬

　逃げ馬の直後の２、３番手でレースを進めるのが先行馬。騎手が判断した勝負どころでスッと動ける**反応のよさ**と、後続馬を振り切る**二の脚**を兼備した先行馬ほど信頼度が高い。騎手とよく**折り合い**、ペースの緩急に対応できるタイプは、逃げ馬と後続馬の両方の脚色（あしいろ）を見ながらスパートできるので、単調な逃げ馬よりもはるかに安定感がある。逃げ馬同様、スローペースならなお有利だ。

⚠️／✗ 危険な先行馬

　極端なスローペースにならないかぎり、馬込みで揉まれる心配は少ないが、前に馬を置いて走るため、逃げ馬よりも精神的に融通が利く気性でないといけない。イレ込んだ素振りを見せる落ち着きの足りないタイプは展開次第で折り合いを欠き、ゴール前で失速する恐れがある。

人気薄の先行馬は怖い

[ケース１] ５番人気ストレイトガールが勝った2015年のヴィクトリアマイルは、馬群を離して逃げた18番人気ミナレットが３着、２番手をキープした12番人気ケイアイエレガントが２着に入った。３連単2070万5810円、３連複286万480円。

［ケース2］2019年の日本ダービーでは、逃げ馬から離れた2番手を進んだ12番人気ロジャーバローズが、③②①人気馬の追撃をクビ差でしのいで勝利した。京都新聞杯で逃げてタイム差なしの2着だった先行力で、単勝9310円、馬単4万7090円、3連単は19万9060円の高配当を演出した。

4. 強い差し馬を見抜く

○ 強い差し馬

道中では馬群全体の中団から後ろに位置取り、4コーナーあたりから好位に上がり、ゴール手前で前にいる馬を交わすことをめざす脚質。どんなペースでも**折り合いがつく、素直な気性**であることが重要。**ゴール手前の瞬発力**と追い出したときの反応のよさが能力を左右する。

△ 危険な差し馬

差し脚質の場合、スタート直後のダッシュ力はさほど必要ではない。だが、馬込みにも動じない気持ちの強さは欠かせない。**馬群に揉まれてやる気を失う**ようでは、直線を向いた時点で余力は残っておらず、見せ場のないままゴールとなる。また、**追い出したときの反応が鈍い**と差しても届かず、脚を余して負けてしまう。

5. 強い追い込み馬を見抜く

○ 強い追い込み馬

レースの前半は、馬群の後方を追走する後方待機策をとる。最後の直線で末脚を爆発させるタイプで、**馬群を割って伸びる気持ちの強さ**を持っていれば鬼に金棒。ただし、展開に左右されることが多く、よほどの能力の持ち主でないと成績は安定しない。差し馬同様、脚を余して負けることも少なくない。後方一気は決まれば豪快でファンも多いが、**取りこぼしが多いのも事実**。

△ 危険な追い込み馬

追い込み一手の馬は逃げ馬同様、**馬込みを嫌うなど気性的に問題が**あったり、スタート直後のダッシュ力に欠ける馬であることが多い。

勝ち馬予想の1週間

競馬新聞（実績編）

競馬新聞（調教編）

パドック・返し馬

競馬番組とコース

現代競馬

馬券の買い方

馬込みを苦にする場合は馬群の外側を走らざるを得ず、直線も大外から追い込むことになる。他馬との接触や進路をふさがれるなどの不利は避けられるが、そのぶん距離ロスは大きく、スタミナを消耗する。逃げ・先行馬がそろい、かなりのハイペースが見込める際の穴馬候補としては一考の余地あり。

6. 自在馬の特徴を知る

○ 自在馬

気性難がなく、レースの流れに応じて騎手の指示通りの位置取りでレースができる馬。**どんな展開にも臨機応変に対応できる**のが強みだ。

7. CHECK! 各脚質に求められる競走馬の能力

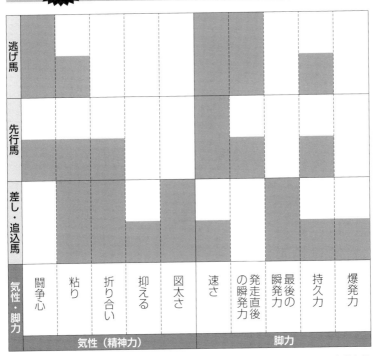

各馬の気性や脚質はレース映像や両親の特徴（血統）、調教師や騎手のコメントなどから推しはかることができる。得意な脚質が生きるレースになるかどうかがポイントだ。

持ちタイムの見方

もちたいむのみかた

競走馬が過去に走った同距離のレースの中で、もっとも速い走破時計のことを持ちタイムという。競馬新聞の紙面では当該レースの距離を中心に、近い距離の持ちタイム（4〜5通り）に加え、そのときの着順、馬場状態がわかるように掲載されている。同距離でもコースや馬場の違いによって速かったり遅かったりするので、馬場状態を考慮して時計を読もう。

1. 持ちタイムで馬の能力を推しはかる

着順のいいときの時計を参考に

　持ちタイムは勝ったときの記録とはかぎらない。たとえば、スローペースで楽に逃げ切ったときの時計は、あまりよくないはずだ。逆にハイペースに巻き込まれて最初から飛ばしてしまった場合、着順は悪くても時計は速かったりする。ただし、そのペースでは勝てなかったのだから、その持ちタイムを鵜呑みにすることは避けよう。つまり、**参考にすべきは着順がよかったときの持ち時計**だ。

◯ 時計がある

　速い持ちタイムがあること。速い持ちタイムが出たときと今回とでは馬場状態（→ 68 ページ）やコースに違いがあるとしても、**同じ距離を速いタイムで走ったという実績がある**わけで、プラスに評価できる。その持ちタイムが近走のものなら、さらに信頼度は増す。一方、高齢馬が若い頃に出したものでは価値が薄れる。また、同レースに出走する他馬と比べたとき、他馬より少し速くても、そのときの着順が悪かったとしたら、過大評価はしないほうがいいだろう。

△ 時計がない

　その距離を速いタイムで走破した実績がないこと。同じ距離を何度も走っているのに、時計がないという場合は、能力不足が懸念される。ただし、たまたま馬場が悪かったり、当該距離を 1 度しか走っていなかったりする場合は別だ。キャリアが浅い馬なら更新できる可能性もあり、時計がないというだけで能力がないと決めつけてしまうのは危

険だ。また、1600 mのレースなら1400 mや1800 mなど、**近い距離の持ちタイムも参考にできる。**

☆ 時計の比較

出走メンバーの持ちタイムを比べて、持ちタイムが速い馬は時計の比較では有利と評価される。 どの程度の時計なら本当に速いのか、一応の目安（→ 62 ページ）は覚えておきたい。また、当日（または同週）の同距離の走破時計（→ 90 ページ）と比較することも有効だ。

2. CHECK! 人気上位馬を持ちタイムから検討する

2019年4回中山9日11R　第53回スプリンターズS（GI）

着順	馬番	馬　名	性齢	人気	単勝オッズ	着差
1着	⑧	タワーオブロンドン	牡4	2	2.9倍	
2着	⑦	モズスーパーフレア	牝4	3	6.2倍	1/2
3着	②	ダノンスマッシュ	牡4	1	2.8倍	クビ

出走馬16頭中、持ちタイムトップはアレスバローズ（10着）だが、平坦コースの小倉でのものだった。坂のあるコースでの最速は、勝ったタワーオブロンドン。2着のモズスーパーフレアは中山コースにかぎれば最速で、しかも稍重馬場で記録していた。1番人気ダノンスマッシュの持ち時計は出走メンバー中11位で、その点で1・2着馬に見劣る。それが結果に反映されたといえるだろう。

■参考：第53回スプリンターズSでの持ちタイム上位馬

タイム順	馬名	持ち時計	開催場・馬場状態 （スプリンターズSでの人気・着順）
①	アレスバローズ	1.06.6	小倉・良（11番人気・10着）
②	タワーオブロンドン	1.06.7	阪神・良（2番人気・1着）
③	ダイメイプリンセス	1.06.8	小倉・良（12番人気・6着）
④	ラブカンプー	1.06.9	小倉・良（16番人気・15着）
⑤	モズスーパーフレア	1.07.0	中山・稍（3番人気・2着）
⑪	ダノンスマッシュ	1.07.4	中山・良（1番人気・3着）

①③④はいずれも1年以上前の2018年北九州記念で記録されたものだが、②は前走のセントウルS、⑪は2020年3月のオーシャンS。馬場状態の違いもあるが、近走の走破タイムに注目しよう。

3. CHECK! 持ち時計を評価する目安

距離	レース条件	評価できる 走破時計
1200m ※東京競馬場には 1200m のコースがない。補足欄に 1400m の時計を示す	オープン	1:07.6
	3勝クラス （1600 万以下）	1:08.4
	2勝クラス （1000 万以下）	1:09.2
	1勝クラス （500 万以下）	1:10.0
1600m	オープン	1:32.0
	3勝クラス （1600 万以下）	1:33.0
	2勝クラス （1000 万以下）	1:34.0
	1勝クラス （500 万以下）	1:35.8
2000m ※中山競馬場の時計は、コー ス形態の関係で他場よりも 時計がかかる。補足欄にそ の時計を示す	オープン	1:58.0
	3勝クラス （1600 万以下）	1:58.8
	2勝クラス （1000 万以下）	1:59.6
	1勝クラス （500 万以下）	2:00.8

競馬新聞に掲載されている各馬の持ち時計とこの表を照らし合わせて、評価に値する持ち時計を持つ馬を探そう。馬場状態やコースによる違いで、評価を微調整すればグッと精度は高まる。

勝ち馬予想の1週間

競馬新聞（実績編）

競馬新聞（調教編）

パドック・返し馬

競馬番組とコース

現代競馬

馬券の買い方

距離	レース条件	評価できる走破時計
2400m ※中山には2400mのコースがない。補足欄に2500mの時計を示す	オープン	2:24.4
	3勝クラス （1600万以下）	2:25.6
	2勝クラス （1000万以下）	2:26.8
	1勝クラス （500万以下）	2:28.0
3200m	オープン	3:16.0

■補足

東京1400m	オープン	1:19.8
中山2000m	オープン	1:59.2
中山2500m	オープン	2:29.8

コースの得手・不得手
こーすのえて・ふえて

競馬新聞には、各コースで走ったときのコース別成績が掲載されている。①当該レースが実施される競馬場＆コースの実績（東京・芝、中山・ダートなど）、②重馬場の実績、③芝・ダートの実績、④右回り・左回りの実績、⑤距離別実績などが一目でわかる。当該レースと同じ条件で、どのような実績を残してきたのかは重要な判断材料となる。

1. 競馬場実績から好走・凡走を見抜く

競馬場実績

　競馬場のコースごとで形状や大きさ（大回り、小回り）、周回方向（右回り、左回り）、坂の有無などがそれぞれ違う。好走例のほとんどが特定の競馬場という馬や、逆にほかのコースでは勝っているのに特定の競馬場では連対すらないという馬に出くわすこともある。そのため、**好走・凡走の理由をコースという観点から分析する**ことも必要だ。

△／✕　若駒の初コース

　馬は警戒心が強く、初めての競馬場では落ち着かないことが多い。そのため、若駒はパドックや返し馬の観察が特に重要になる。

◯／△　古馬の初コース

　経験を積んだ古馬なら、初コースであることを気にする必要はあまりない。

2. 重馬場に向いている馬を見抜く

重馬場実績

　重馬場（不良馬場も含む）で走った経験があれば、そのときの着順が（1着・2着・3着・着外）で表示される。重馬場上手と判断されると◎がつく。ただし、重馬場で走った経験がない馬もいるし、（0・0・0・1）でも差のない4着だったかもしれない。できれば**パドックで脚元を、返し馬で走り方を見て、重馬場に向きそうかどうか確認**しておきたい。

勝ち馬予想の1週間

競馬新聞（実績編）

競馬新聞（調教編）

パドック・返し馬

競馬番組とコース

現代競馬

馬券の買い方

◯ 重馬場に向いている馬 ⇨写真1

一般的には蹄が小さめで幅が狭く、お椀を伏せたような形の馬は重上手。また蹄の底は深くえぐれた形状のほうが重上手だ。走り方としては、跳びが小さい**ピッチ走法**が重馬場向きといえる。

✕ 重馬場に不向きの馬 ⇨写真2

重馬場の巧拙は過去の成績に表れるが、**原則として芝の重馬場が得意な競走馬はいない**。良馬場よりも重馬場が走りやすい馬はいないからだ。大きくて平たい蹄は、滑りやすく重馬場は向かない。走り方としては、**跳びが大きい馬**は苦手なことが多い。大跳びの馬は一歩の幅が大きく、四肢をいっぱいに伸ばして走る。高い推進力が得られる半面、滑りやすい馬場だと体勢を崩しやすいのだ。

✕ 気性の弱い馬

泥をかぶったり、バランスを崩した馬同士がぶつかったりすることが増えると、精神面が弱い馬は走る気をなくしてしまう。

写真1 ピッチ走法の馬 （写真 JRA）

2020年の大阪杯で牡馬を蹴散らしたラッキーライラック。オルフェーヴル産駒は、加速するとかき込むようなピッチ走法になる馬が多い。

写真2 跳びが大きい馬 （写真 JRA）

2018年の有馬記念を制したブラストワンピース。ハービンジャー産駒の一流馬は、伸びやかなストライドとパワフルさを兼ね備えている。

3. 芝・ダートや周回方向でも検討する

芝・ダート実績

　芝とダートのレースでは、要求される能力が異なる。大ざっぱにいえば**芝はスピード**、**ダートはパワーとスタミナ**だ。特に乾いたダートは**力のいるダート**と表現され、非力な馬には辛い。そのため、芝・ダートそれぞれの実績に注目しよう。

　また、芝で伸び悩んだ馬が初めてのダートで一変することもあるし、少々の雨で足抜きがよくなった軽いダートなら、芝向きのスピード馬でもこなせる可能性が高い。また、クロフネやアグネスデジタルのように絶対能力の高さを見せつけ、芝・ダートの両方でGⅠを勝った例も少なからずある。

右回り・左回り実績

　ほとんどの馬は、右回りでも左回りでも大きな差はないはずで、極端に成績が違う場合は何か原因があると考えられる。たとえば、右側の前脚が曲がっていて左脚より短い、骨折して一方の脚にボルトが入っているなど。そうでなければ周回する方向の問題ではなく、**コース形態や輸送が原因となっている可能性もある**。

4. 適切な距離を見抜く

距離別実績

　陸上選手にもスプリンターとマラソンランナーがいるように、馬にも距離の適性がある。短距離でレコード勝ちするような馬は長距離に向かないし、その逆もしかりだ。距離別実績に注目し、その馬の適距離を見抜こう。

短距離向きの馬 ⇨写真3

　短距離向きの馬は**胴が短めでガッシリした体形**をしている。また、気性と脚質が距離適性に与える影響は大きく、父や母がどういうタイプだったかなど、血統も関係してくる。

長距離向きの馬 ⇨写真4

　長距離向きの馬は、**胴長でほっそりした馬**が多い。

胴が短く、ガッシリした体形の馬は短距
離向きであることが多い。

人間でもマラソンランナーは細身の人が
多いが、馬も胴長でほっそりした体形は
長距離向きであることが多い。

同距離の持ちタイムにも注目する

　紙面では当該距離の成績だけでなく、同距離の持ちタイムにも注目
したい。勝っていても持ちタイムが遅ければ信頼度に欠けるし、連対
実績は不足していても、メンバー中で上位の持ちタイムがあれば能力
的には遜色がないはずだ。

近い距離の実績も参考にする

　紙面では当該距離の実績を中心に、その前後の距離の実績も掲載さ
れる。同距離で好走していれば距離適性があるということであり、同
距離のレースに出走した回数が多ければ、その距離を得意としている
と陣営が判断している証拠。当該距離が初めてならば、近い距離の実
績で評価しよう。

直線競馬は別モノ

　直線1000mのレースは、国内では新潟競馬場のみで行われる特殊
なレースだ。そのため、他場の1000m・1200mの実績はあまりア
テにならない。

勝ち馬予想の1週間

競馬新聞（実績編）

競馬新聞（週教編）

パドック・返し馬

競馬番組とコース

現代競馬

馬券の買い方

馬場状態がレースを変える

ばばじょうたいがれーすをかえる

競馬場のコースは天候によって馬場の含水量が増減するため、走路の状態が変化し、レース結果に影響を及ぼす。思わぬ伏兵が飛び込んでくることもあるため、予想する上で重要なファクターだ。芝・ダートともに良、稍重、重、不良の4段階で表示される。同じ日でも降水量によって良馬場から稍重、重と変化し、不良馬場になることもある。

1. 馬場状態を確認する

1阪② 3.1	2中❹ 3.8	2京❹ 2.9	2阪❶ 3.28
すみ(L) **1**	弥生ディ GII **2**	きさら GIII **3**	毎日杯 GIII **1**
1気 4ェ 5頭	1気 8ェ 11頭	1気 8ェ 8頭	2気 8ェ 10頭
三内 2127	芋内 2032	天外 1484	天外 1479
56川 田	56ルメール	56川 田	56武 豊
0.0 486	0.3 494	0.1 462	0.1 488
Ⓢ 直સ伸る	M 四角包ま	Ⓢ 直線差詰	M 直線鋭く
37.7-34.8	37.5-36.5	37.6-33.7	36.9-35.3
555外	666外	555中	緬1008内
アリストテレ	サトノフラッ	コルテジア	アルジャンナ

馬場状態
①＝良馬場
１＝稍重馬場
❶＝重馬場
１＝不良馬場

○の中の数字は開催日を示す。つまり、2阪①とあれば第2回阪神開催で1日目ということであり、馬場は稍重だったとわかる。

良

晴天つづきで馬場が乾いている状態。**芝では、速い時計が出やすい。**ダートはパサパサになり、走りにくく、力がいるため、時計がかかる。乾いて速い時計の出る馬場を、**パンパンの良馬場**という。

稍重

少量の雨が降ったり、降った雨が乾いてきたりした状態。芝はこの程度ならあまり時計には響かない。一方、**ダートはほどよくしまって走りやすくなる**ため、走破時計は速くなる。

重

芝は雨水を含んでぬかるみ、走ると蹄の跡がはっきりとつく。走ると大きな泥の固まりが跳ね上がる。**馬場が悪化する、道悪**ともいい、時計は遅くなる。ダートは水分をたっぷり含んで黒く見えるが、浜辺の波打ち際のような状態で、乾いているときよりも格段に走りやすい。

ダートでレコードタイムが出るのはこの状態だ。

不良

かなりの降水量があり、走路のあちこちに水たまりができるような状態。走れば水しぶきが上がる。滑りやすくなるため、**怖がって走る気をなくす馬もいる**。著しく時計がかかるようになるため、スピードを身上とする馬にとっては明らかに不利。ダートも泥田のような状態まで悪化すると、さすがに走りにくくなる。

2. 馬場悪化なら道悪巧者を探す

重馬場実績

重馬場実績は重馬場、不良馬場の状態でのレース成績。当日の馬場状態が重・不良になった場合は、注目すべきデータとなる。

脚抜きがいい

水を含んだダートの砂がしまって走りやすくなること。**稍重〜重の状態**。芝が得意な馬でも、こうしたダートならこなせる可能性が高まる。

ノメる

重馬場や不良馬場のようなぬかるんだ馬場で、地面をかき込んだり蹴ったりしたときに、ズルッと滑ること。レース後の騎手のコメントで「ノメって走っていた……」などという。ノメって滑るような馬場で、**馬が脚元を気にして走るために集中できなくなることを「下を気にする」**という。本来の能力を発揮できない状態。

道悪巧者

重馬場や不良馬場を苦にしない馬。一般的に小さくお椀を伏せたような蹄の馬は、道悪が上手だとされる。また、**ノメってもひるまない精神力がないと道悪はこなせない**。さらに、芝のスピードを競うレースでは分が悪いが、馬場が悪化すると勝ち目が出てくる馬もいる。典型的な道悪巧者は**道悪の鬼**といい、その走りっぷりから「あの馬は水かきがついている」などといわれることもある。

勝ち馬予想の1週間

競馬新聞（実績編）

競馬新聞（調教編）

パドック・返し馬

競馬番組とコース

現代競馬

馬券の買い方

3. 馬場判断の目安となる含水量とクッション値

　JRA では馬場状態について、良・稍重・重・不良の 4 段階のほか、**含水率**と**クッション値**をホームページで公表している。

コースの湿り具合を示す「含水率」

　2018 年 7 月から公表するようになった。馬場から採取した試料（芝コースは路盤砂、ダートコースはクッション砂）に含まれている水分の割合のこと。含水率が 15％なら、100 グラムの試料に 15 グラムの水分が含まれていることを示す。**数値が大きいほど、コースが湿っていることになる。**

芝コースとダートコースの含水率の違い

　芝コースの路盤に使用している砂は、競馬場によって異なる。というのも、芝の生育に必要な水分や肥料成分は競馬場の気候風土によって変わり、路盤のクッション性を維持する土壌改良材も競馬場ごとに最良のものが選定されているからだ。**そのため、芝コースの含水率の数値は、競馬場によって大きく異なる。**一方、ダートコースの表層をおおうクッション砂の性状は、どの競馬場でもほとんど変わらない。

馬場状態区分による含水率の目安

　馬場状態は含水率のみで決まるわけではなく、馬場全体の状態から総合的に判断される。含水率と馬場状態のおおよその目安は、下記のようになっている。

芝コースの馬場状態と含水率の関係（％）

競馬場	良	稍重	重	不良	競馬場	良	稍重	重	不良
札幌	～15	14～18	17～21	20～	東京	～19	17～21	18～23	20～
函館	～15	14～18	17～21	20～	中京	～14	12～16	14～17	16～
福島	～15	13～17	15～19	17～	京都	～13	11～14	13～16	14～
新潟	～15	13～17	15～19	17～	阪神	～12	10～13	12～14	13～
中山	～13	11～15	14～18	17～	小倉	～10	8～12	10～14	12～

たとえば、札幌なら含水率15%未満＝良、14〜18%＝稍重、17〜21%＝重、20%以上＝不良と判断する目安となる。

ダートコースの馬場状態と含水率の関係（%）

競馬場	良	稍重	重	不良
全場	〜9	7〜13	11〜16	14〜

馬場の反発力を示す「クッション値」

　クッション値は、2020年9月から公表されている。**競走馬が走るときに、馬場に着地した際の反発力を数値化したもの**。含水率が路盤の芝の根より下の水分状態であるのに対し、クッション値は芝の表面における水分状態や芝の生育状態に左右される。測定にはゴルフ場やサッカー場でも使われる、クレッグハンマーという器具が使われる。

クッション値の見方

　芝コースのクッション値は7〜12で表され、数字が大きいほど馬場が硬く、小さいほどやわらかいことを示す。**標準は8〜10。**

　一般的にサッカー場は9、野球場は10に相当するといわれ、海外の芝コースは7〜10が多いようだ。

クッション値	クッション性
12以上	硬め
10〜12	やや硬め
8〜10	標準
7〜8	ややややわらかめ
7以下	やわらかめ

2020年4回中山7日11R オールカマー（GⅡ）
2020年2回中京7日11R 神戸新聞杯（GⅡ）
それぞれのレースが行われた9月27日の馬場状態

	馬場状態	含水率 4角	ゴール前	クッション値	1着馬　勝ちタイム	上がりタイム 本馬／レース
中山	稍重	13.4	12.1	9.7	センテリュオ　2.15.5	34.5／35.2
中京	良	14.0	14.0	9.6	コントレイル　2.12.5	35.6／36.2

中山は良馬場に近い稍重、中京は稍重に近い良馬場。1000m通過はオールカマーが64.3秒の超スローペースで、後半が速くなる流れ。神戸新聞杯は59.9秒の平均ペースで、上がりがかかる流れで、ペースの違いは歴然だ。走破タイムは神戸新聞杯が3秒も速かったが、馬場コンディションからは、上がり最速34秒5で差し切ったセンテリュオの勝負強さが際立つレースだった。

連対パターンを見抜く

れんたいぱたーんをみぬく

連対とは、レースで2着までに入ること。馬単や馬連などの予想では、2着馬も重要な意味がある。また、現在は3連複、3連単といった馬券が発売されているため、3着馬も重要だ。2着以内を確保した実績を連対率、3着以内を確保した実績を複勝率・3着内率などという。連対時のコースや馬体重から、その馬の好走条件を読み解こう。

1. 軸馬選びに重要な連対率

高い連対率は高い能力の証し

　連対率とは、2着以上となった回数を全出走回数で割った数字。**本当に能力の高い馬は勝ち鞍が多いだけでなく、負けても2着を確保する**。それを端的に示すのが連対率だ。新聞によっては全出走履歴の連対率のほかに、当該競馬場での連対率を載せることもある。これは馬場差を考慮するもので、競馬場実績（→64ページ）と同じ考え方が成り立つ。その他、右回り・左回り・芝・ダートそれぞれの連対率を掲載している新聞もある。

連軸を探せ

　軸馬、軸ともいう。連勝式馬券（→291ページ）を買うとき、**2着までに入る可能性が高いと見込んで中心に据える馬**。軸馬とともに連対しそうな馬は「相手」「ヒモ」という。連軸となりそうな馬番（枠番）を決めて相手となりそうな馬番（枠番）をいくつか選び、その組み合わせを買うことを**ながす**、**ながし馬券**といい、すべての馬番（枠番）を買うことを**総ながし**という。

連対馬体重

　連対したレースのときの馬体重。レース当日に競馬場で計量されて発表される馬体重を、この連対馬体重と比較しよう。同じ程度なら問題はない。休養明けや連闘のときにはぜひ確認したい。前走時との増減も表示されるが、**10キロを超える増減でなければ、それほど気にする必要はない**。大幅に増減していたとしても、それで元に戻ると

いう場合もあるし、若駒の体重増なら成長分とも考えられる。なお、JRAでは2キロきざみ、地方競馬では1キロきざみで計量されている。また、海外では計量しない国も多い。

2. CHECK! 連対パターンを見抜くポイント

近走成績をチェック

ここまで見てきたように馬柱を注意深く見つめれば、その馬の好走パターンがみえてくる。次のステップは馬柱の近走成績に注目し、出走各馬の能力を客観的に評価して、より確実な勝ち馬予想につなげる。

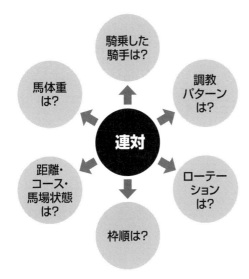

騎乗した騎手は？
調教パターンは？
馬体重は？
連対
距離・コース・馬場状態は？
ローテーションは？
枠順は？

連対したときに共通する要素があれば、それはその馬の連対パターンを見抜くヒントになる。特に連対時の馬体重や距離・コース、馬場状態、調教パターンは予習しておきたい。

競馬豆知識　連対率100%!

ある程度の出走回数を重ねたうえで高い連対率を維持するのは、さまざまな条件や展開に対応し、不利を跳ね返し、安定して能力を発揮できるということで、ずば抜けた能力の持ち主といえる。特に連対率100%は希有なケースで、古くは（15・4・0・0）の**シンザン**、近年ではエルコンドルパサーがフランスでの4戦を含めて（8・3・0・0）、**ダイワスカーレット**が（8・4・0・0）。**ディープインパクト**も、凱旋門賞への海外遠征を除けば（12・1・0・0）である。

（きんそうせいせきのみかた）

近走成績の見方

馬柱の中でもっとも要となる、最近のレース成績を近走成績という。1番下が前走で、その上が前々走。少なくとも直前3レース、たいていは4〜5レース分の成績が掲載されている。いつ、どの競馬場で、どの距離・コースで、どのようなレース展開で、何着だったのかなどがわかる。そのため、勝ち馬予想では、この近走成績の分析がもっとも重要となる。

1. 近走成績の見方

前走以前の着順をチェック

近走成績の欄には、たくさんの数字が並んでいる。もっとも目につくのが、太字の数字だろう。これが着順だ。まず前走の成績欄を横に見て、着順の数字のバラツキを確かめる。**小さい数字が多ければ、好調馬がそろっている**とみていい。次に前走1着馬の出走馬の前々走、さらにその前へとさかのぼって見ていく。このように、まず注目すべきは着順を表す数字だ。

前走着順

まず、前走の着順を見よう。数字が小さければ小さいほど、今回も馬券に絡む可能性は高い。ただし前走が1着でも、勝ってクラスが上がれば好走するためのハードルは高くなるため、着差（→80ページ）や走破時計（→90ページ）もあわせて検討する必要がある。

負担重量

軽ハンデで好走した馬は、ハンデ差に恵まれたと解釈できる。他馬との斤量差がなくなるのは、条件的に厳しいからだ。

馬場状態

前走との馬場差もチェックポイント。時計のかかる芝の重馬場で好走した馬が、時計の速い良馬場でも好走できるとはかぎらない。

2. CHECK! 近走成績欄から得られる情報を知る

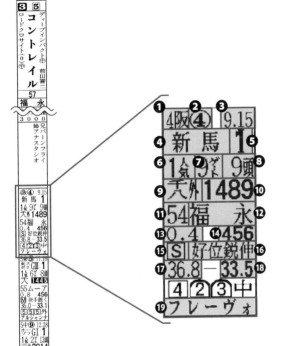

❶	4阪	開催回と開催場所		⓫	54	負担重量
❷	④	馬場状態		⓬	福　永	騎乗した騎手
❸	9.15	出走日		⓭	0.4	着差
❹	新馬	レース名・レース条件		⓮	456	馬体重
❺	1	着順		⓯	S	ペース
❻	1人気	人気		⓰	好位鋭伸	レース中の位置取り
❼	9ゲト	馬番		⓱	36.8	前半3ハロンタイム
❽	9頭	出走頭数		⓲	33.5	後半3ハロンタイム
❾	天外	距離・コース		⓳	フレーヴォ	そのレースの1着馬
❿	1489	走破時計				（1着の場合は2着馬）

近走成績欄はかぎられたスペースに、数多くの情報が掲載されている。それ
ぞれの読み方を知ると、思わぬ有力情報が見えてくることもある。

まず着順を見る

まずちゃくじゅんをみる

着順は、その馬がゴールを通過した順位。近走成績欄の中でも、大きく目立つ数字で示されている。1着が多い馬、あるいは1着・2着が多い（連対率が高い）馬は能力が高い。ただし、着順はその馬の能力や調子を端的に示してはいるが、それだけでは評価できない。まずは着順の正しいとらえ方を知ろう。

1. 着順は調子や能力を見抜くヒントになる

客観的な実績である着順

着順は近走成績欄でもっとも最初に注目すべきデータ。着順の価値は数字だけで決められるものではなく、**着差、走破時計、ペース、位置取りなどの要素を加味する必要がある**。そのため、場合によっては1着馬よりも負けた馬のほうを高く評価することもある。それでも1着は1着であり、まずは客観的な実績である着順に注目しよう。

また、接戦になると写真判定となり、首の上げ下げで着順が決まることもある。そのため、**着差**（→ 80 ページ）も重要な要素となる。

◯／△ 近走の着順がいい

ここ4〜5戦で上位に食い込んでいる馬は、調子がいいと考えられる。しかも、短期間で自己条件を昇級していく**上がり馬**には勢いが感じられる。昇級後の初戦では、それまでの下級条件での実績が通用するかどうかを検討する必要はあるが、**上昇気運にある馬は要警戒**だ。ただし、着順が連続してよくても惜敗つづきの馬には、勝つための何かが足りないという見方もできる。連続して好走した疲れも懸念され、よほど条件が整わないと、人気になりながら思わぬ大敗を喫することもある。

◯ 上がり馬

下級条件から上の条件へ、短期間で勝ち上がる馬のこと。一気に重賞制覇までやってのけることもある。一線級が休養する夏場に力をつけて秋競馬で活躍する馬を**夏の上がり馬**といい、秋競馬は既存勢力対

写真1　トーホウジャッカル

上がり馬による熱戦の舞台となる。

日本ダービー前日にデビュー（10着）したトーホウジャッカル（右写真）は3戦目の未勝利と1勝クラスを連勝し、2勝クラス2着後に神戸新聞杯3着で菊花賞の出走権を獲得し、そのまま菊花賞を制した。夏の上がり馬の典型例だ。

（写真　JRA）

勝ち馬予想の1週間

競馬新聞（実績編）

競馬新聞（調教編）

ハロック・返し馬

競馬番組とコース

現代競馬

馬券の買い方

◯／△　近走の着順が不安定な馬

　前走1着、前々走12着、その前が8着などと、着順が不安定な馬もいる。近走に1着があれば能力があることは確かだが、弱点もあるということ。たとえば逃げ馬は途中で追いつかれると、精神的なダメージを受けてシンガリまで落ちてしまうこともある。だから、1着ならどのような内容の勝ちだったのか、大敗ならどんな敗因があったのかなど、**着順の価値を見きわめること**が重要だ。

◯　昇級初戦で好走した

　昇級、すなわち勝ってクラスが1つ上がるということは、ほとんどの馬にとって大きな試練。能力の違いで一気に勝ち上がる馬は例外的存在で、たいていは数戦の足踏みを強いられる。それだけに**昇級初戦で勝ち上がった実績は高く評価**できる。勝てずとも入着（5着以内）なら上々の結果で、着差も1秒以内であれば、そのクラスでも十分に馬券に絡むだけの力を持っていると考えていい。

◯　格上挑戦で好走した

　各競走馬が出走できるクラスを自己条件といい、格上挑戦は自己条件より上のクラスのレースに出走することをいう。ローテーションの関係から、自己条件に適当なレースがないこともあるが、あえて強い相手に挑むのは、**厩舎側がその馬の能力に期待を持っている場合**が多い。また、条件が上のクラスで走った経験は、たとえ負けても次に生きることがあるので、格上挑戦した馬の次走は注目に値する。

2. **CHECK!** 日経新春杯(GⅡ)を勝って一変したモズベッロ

2020年1回京都7日11R　日経新春杯(GⅡ)

着順	馬番	馬名	性齢	斤量	人気	単勝オッズ
1着	⑥	モズベッロ	牡4	52	2	4.9倍
2着	④	レッドレオン	牡5	54	5	8.1倍
3着	⑧	エーティーラッセン	牡6	51	11	58.3倍

3走前　セントライト記念（GⅡ）
17着（9番人気）

1勝クラスを勝った直後ながら、菊花賞を目指して格上挑戦。後方のまま、まったく見せ場なし。

2走前　高雄特別（2勝クラス）
1着（2番人気）

自己条件。中団から上がり最速で差し切り、3馬身差の完勝。

1走前　グレイトフルS（3勝クラス）
4着（4番人気）

格上げ初戦。トップハンデ馬と2キロ差の54キロ。出遅れたうえにスローペースで前残りの展開の中、4コーナーで10番手から、上がり最速で追い込んで僅差の4着。

格上挑戦ながら2番人気に応える

2020年のGⅡ日経新春杯を勝ったモズベッロは、2走前に2勝クラスを勝ったばかり。それが格上げ初戦の3勝クラスで4着すると、いきなりGⅡのレースに挑戦したのである。すると、前走内容（上がり最速・勝ちと0.1秒差）がよかったうえに、トップハンデ馬と4キロ差の軽ハンデもあり、2番人気の高評価だった。

1番人気：レッドジェニアル……GⅠ菊花賞6着（京都新聞杯1着）
3番人気：アフリカンゴールド……GⅡアルゼンチン共和国杯3着
4番人気：タイセイトレイル……GⅠジャパンカップ15着

ほかの人気馬は、いずれも重賞実績があった。モズベッロは中団の前めから先団の外を回って進出、上がり最速タイで勝利。上位人気馬の凡走に助けられた面もあるが、モズベッロはこれで堂々のGⅡウイナーとなった。同じく3勝クラスからの格上挑戦だった11番人気エーティーラッセンが逃げ粘って3着。それをかわして2着に入った5番人気レッドレオンは、今回が昇級初戦だった。

堂々のオープン馬に成長

日経新春杯はモズベッロの素質と距離適性を見抜き、果敢に格上挑戦した厩舎の好判断といえるだろう。今回の勝利がまぐれでなかったことは、その後、別定戦の重賞でも好走していることから明らかだ。天皇賞・春はさすがに距離が長かったが、一線級がそろった宝塚記念での3着は実力の証しだ。

■モズベッロの日経新春杯から宝塚記念までの成績

年月日	レース名	開催場・距離	人気・着順（1着馬）
2020年3月28日	日経賞（GⅡ）	中山2500m	2番人気2着 （ミッキースワロー）
2020年5月 3日	天皇賞・春（GⅠ）	京都3200m	5番人気7着 （フィエールマン）
2020年6月28日	宝塚記念（GⅠ）	阪神2200m	12番人気3着 （クロノジェネシス）

着差で着順を評価する

ちゃくさでちゃくじゅんをひょうかする

着差は1着馬から何秒もしくは何馬身、遅れてゴールしたかを示すもの。1着でゴールした場合は、2着馬との差が示される。1着馬が降着となった場合は、繰り上がって勝ち馬となった2着馬との差で表示する。負けても勝ち馬との着差次第では、プラスに評価できるケースもある。正しく着順を評価する目安として活用したい。

1. 時計差と馬身差の基準を知る

1秒6馬身を基準にする

1着馬との着差は、**時計差**の場合と**馬身差**の場合がある。たとえば時計差で見ると0.5秒差という数字は微々たるもののようだが、馬身差で見ると3馬身となり、実際の見た目でも差は大きい。時計差と馬身差の比較は、**1秒につき6馬身**を基準にしよう（下表参照）。

馬身差	時計差	馬身差	時計差	馬身差	時計差
ハナ差	0秒	1馬身差	0.2秒	6馬身差	0.9～1秒
アタマ差	0秒	2馬身差	0.3秒	7馬身差	1.1～1.2秒
クビ差	0～0.1秒	3馬身差	0.5秒	8馬身差	1.3～1.4秒
1/2馬身差	0.1～0.2秒	4馬身差	0.6～0.7秒	9馬身差	1.5秒
		5馬身差	0.8～0.9秒	10馬身差	1.6秒

◎／○ 前走クビ差で負けている

ペースや展開にもよるが、惜敗といえる範囲はこの程度まで。次走が**同じような条件、同じようなメンバー**なら**好勝負**が期待できる。

○ 前走1馬身差で負けている

かろうじて惜しいといえる範囲。**敗因がはっきりしているなら狙ってみる価値はある**。たとえば、レース中に不利を受けた、休養明けだった、距離が不向きだった、馬場が悪かったなど。その原因が解消されれば勝機はある。

◯／△ 前走大差で負けている

　着差が大きくても着順が悪くても、敗因がはっきりわかっている場合は検討の余地がある。敗因にはレース中の不利や故障、休養明けの太め残り、落鉄（らくてつ）などいろいろ考えられる。そのため、明らかな敗因が取り除かれれば、前走の着順や着差を度外視することもできる。

✕ 前走で2秒以上負けている

　明らかな敗因がわかれば一考の余地はある……とはいうものの、よほどの大差で負けた次走は検討対象から外したほうがいい。例外はあるが、どんな不利があっても**2秒以上は負けすぎだ**。

2. 着差は着順を評価するものさし

着順が悪くても着差が小さければ評価できるケースもある

　着差は着順の裏付けであり、着順の価値を測るものさしでもある。ペースや展開にもよるが、**0.5秒離された2着よりも、0.1秒差の4着のほうを評価すべき**ときもある。

◎／◯ 着順は悪いが着差はわずか

　たとえば着順は6着でも差が0.2秒だったとすると、勝った馬との差は1馬身程度。その間に2着馬～5着馬までが飛び込んだ、いわゆる横一線のゴールだったことがわかる。こういうケースでは、たとえ着外（6着以下）でも大きく評価を下げる必要はない。逆に、このレースの1着馬は辛勝だったということになり、それがレースの展開に恵まれての勝利だったら、あまり高く評価はできないことになる。

◯／△ 着順はいいが着差が大きい

　着順は2着だが、勝ち馬に1.2秒、つまり7馬身もの差をつけられたというケースもある。これでは、このクラスでは勝負になりそうもない。だが念のため、**同じレースに出走していた他馬の着差にも注目**しよう。たとえば、8着馬の着差が1.5秒だとしたら、2～8着馬は0.3秒差で大差がない。むしろ1着馬だけが、このレースでは突出した能力を持っていたという可能性も考えられる。

いちどりでれーすのながれをよむ
位置取りでレースの流れを読む

レース中に馬群の
どのあたりに位置
して走ったかを、3
つの数字で示す。左
から順にコースの向こう正面、3コーナー、4コーナーを何番手で通過したかを示
す。つまり、①①①なら常に先頭を走った逃げ馬だとわかる。この数字を見ればそ
の馬の脚質がわかる。

1. 位置取りの見方

位置取りの変化で能力を評価する

位置取りの3つの数字に着順を加えれば、ゴール前の直線での動きまで含めて、レースの流れの中でその馬がどう走ったのかが見えてくる。つまり、**位置取りの数字から、結果である着順がどのように導かれたのか、その経過を具体的に理解できるのだ。**

また、競馬新聞によっては4コーナーのポジションを最内・内・中・外・大外などと表示している。これは内を突いて伸びなかったのか、外を回らされて距離ロスがあったのかなどの判断材料になる。

展開とあわせて検討する

各馬の位置取りとペースをあわせた、レースの全体的な流れを**展開**という。展開によって、位置取りによる有利・不利があるので、あわせて確認しよう。

○ 好位置にいて着順もいい

レース中は②③②と来て、そのまま2着。結果的に勝てはしなかったが、連対を確保できた点は評価していい。ただし、スローペースだったなら先行馬有利の展開なので、評価に値するか見きわめたい。

△／✕ 好位置にいながら着順が悪い

たとえば、位置取りが①①①なのに結果は10着。これは4コーナーまで逃げていたが、後続馬につかまって下がったということ。強い馬ならつかまってもなお2、3着に粘れるはず。能力以上のハイペー

勝ち馬予想の1週間

競馬新聞（実績編）

競馬新聞（調教編）

パドック・返し馬

競馬番組とコース

現代競馬

馬券の買い方

スで飛ばした、体調が下降気味など、敗因を分析する必要はある。いずれにせよ、**自分の競馬ができないともろいタイプ**ということだ。

△／✕ 常に中団

10数頭程度のレースで道中は⑦⑥⑦、結果は6着だったとすると、終始馬群の中にいて、その位置をキープしただけ。このレースでは、**何の見せ場もつくれなかった**ということだ。

✕ 後方のまま

12頭立てのレースで⑪⑪⑫あたりの位置取りで結果が10着、しかも1秒以上の差をつけられているようではまったく評価のしようがない。いわゆる**ついて回っただけのレース**。

○／△ 最後に追い込んだ

上記と同じように、12頭立てのレースで⑪⑪⑫あたりの位置取りだったとしても、結果的に上位の着順に食い込んでいれば、**よく追い込んだが届かなかった**ということ。**上がり時計**（→94ページ）が速ければさらに好材料だ。追い込み馬の場合、展開次第という条件はつくが、次走は期待できる。

2. CHECK! ペースと位置取りでレースの流れを読む

マイルGⅠにおけるインディチャンプの位置取り

インディチャンプが勝った2つのマイルGⅠはスローペース。逃げた馬が2着、4着に残る前残りペースを、④⑤番手から差し切ったもの。2020年安田記念は稍重（ややおも）の影響もあってか、平均ペースで流れた分、位置取りが後ろになって差しが届かなかった。

レース名	着順（人気）	ペース・タイム	位置取り	上がり／レース上がり
2019年 安田記念	1着（4番人気）	S 1.30.9	④⑤	32.9／33.9
2019年 マイルCS	1着（3番人気）	S 1.33.0	④⑤	33.9／34.2
2020年 安田記念	3着（2番人気）	M 1.32.1	⑨⑦	34.1／34.3

※S＝スローペース、M＝ミドルペース

3. スタートの失敗や道中の不利は致命的

致命的な出遅れ

どのような距離のレースでも、スタートで出遅れるといいポジションは取れない。結果的にどこかで無理に脚を使うことになり、能力を十分発揮できなくなる。競馬新聞によっては、3つの数字の最初に数字ではなく、「**出遅れ**」を記載しているものもある。

出遅れる理由

スタートゲートが開いたとき、何らかの理由で出遅れてしまう馬がいる。騎手との呼吸が合わなかったり、馬がレースに集中できる状態ではなくタイミングを逸したり、一歩目でつまずいたりした場合だ。その他、コズミ（筋肉痛）があって出たがらないということも考えられる。**出遅れが致命的な不利になることは少なくない**。

出遅れ癖

スタートが上手くなく、繰り返し出遅れる馬が1枠1番に入ったときは要注意だ。枠入りは原則として奇数番号の内枠から（16頭立てなら1枠1番→2枠3番……8枠15番→1枠2番……）なので、最初にゲートに入れられて他馬の枠入りを待つことになる。狭いゲートの中でイライラすれば、出遅れる可能性はより高まる。

アオる

スタート直後は小脚を使ってスタートダッシュを利かせなければならないが、いきなり後ろ脚で強く蹴り出してしまい、勢い余って立ち上がり気味になること。このように**アオった場合も出遅れる**。

不利を受ける

他馬に寄られたり落馬の影響を受けたりして、スムーズなレースができないことがある。通過順の○囲みを□囲みにしたり（あるいはその逆）、短評として載せたり、表現方法は紙面によって違いがある。敗因の分析をするうえで重要だ。

4. **CHECK!** 位置取り図で具体的なポジションを確認する

位置取り図の例

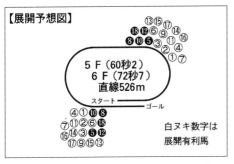

【展開予想図】

⑬⑮⑰
⑱⑫⑥⑨⑪ ⑭
⑧⑩⑤③ ⑯
② ① ⑦

5F（60秒2）
6F（72秒7）
直線526m

スタート ← → ゴール

④⑩⑧
⑦⑪②⑥⑱
⑯⑭③⑤⑫
⑰⑨⑮⑬

白ヌキ数字は
展開有利馬

左は展開予想図。位置取りやペースの予想などが載っている。また、馬場の内側を通るか、外側を通るのかなども視覚的に確認できるため、わかりやすい。

　位置取り図は各コーナーを通過する際の、出走全馬の位置取りを示す図。馬柱では何番手かという情報しかわからないが、位置取り図なら前後左右の位置関係が具体的にわかる。勝ち馬は白抜き数字の馬番で示される。本来は終わったレースの記録として週刊誌や新聞に載るものだが、予想紙面では展開予想図として掲載されることがある。

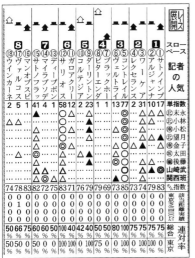

　また、予想される位置取りは左のような矢印・マークで表記されることもある。基本的に上から4段階で、逃げ・先行・差し・追い込みと予想している。どの馬が逃げようとしているのか、後ろからいくのはどの馬かがひと目でわかる。競馬新聞によって表記方法は異なるが、基本的な見方は同じだ。あくまで予想なので、すべての馬が必ずその戦法をとるとはかぎらない。自分の考えと照らし合わせて、展開予想の参考にしよう。

ペースによる脚質の有利・不利

ぺーすによるきゃくしつのゆうり・ふり

レースは流れる速さによって、H（ハイペース）、M（ミドルペース＝平均ペース）、S（スローペース）の3段階で表示される。レース全体の時計（＝走破時計）の速さではなく、レース前半の流れで決まるものなので、逃げ馬や先行馬の走り方に左右される。

1. 勝敗を左右する展開

レース展開はレース前半の速さで決まる

　展開とは、**レースのペース**と**各馬の位置取り**によるレースの全体的な流れのこと。レース前半の流れが速い場合はハイペース、遅い場合はスローペース、前半と後半の流れがほぼ同じラップだと平均ペース（ミドルペース）。このデータに着目するのは、レース展開がしばしば勝敗を左右するからだ。

展開のアヤ

　レースの展開次第で、結果が左右されること。展開次第で有力馬が惜敗したり、人気薄が大穴をあけたりするのが競馬のおもしろさでもある。勝つためにハイペースになってほしい追い込み馬にとって願ったとおりの展開になり、まんまと勝った場合は**展開に恵まれた**、**ツボにはまった**などという。

ペースは逃げ馬から予測

　逃げ馬が1頭で前半を楽々と逃げると、無理をする必要がないのでスローペースになりやすい。逃げ馬がいない場合もレースを引っ張る馬がいないので、牽制し合って前半のペースは遅くなる。逆に逃げ馬が2頭以上いて先頭を奪い合うと、必然的に前半の流れは速くなる。ただし、これはあくまでセオリーで、実際のレースのペースや展開は逃げ馬の力量や枠順、騎手の作戦などにも左右される。その意味では、**自分で逃げてレースの主導権を握り、そのまま押し切って勝てる逃げ馬は本当に強い**。

2. ペースと脚質の有利・不利

ペースによって脚質の有利・不利がある

　一般的に**スローペースは逃げ・先行馬に、ハイペースは差し・追い込み馬に有利**。したがって、不利なハイペースで逃げ切った逃げ・先行馬、スローペースで差し切った差し・追い込み馬のレース内容は高く評価されるべきだ。

スローペースは逃げ・先行馬が有利

　逃げ馬が1頭だけ、あるいは逃げ馬がいない場合の前半は比較的遅いペースになり、馬群（ばぐん）はひとかたまりのダンゴ状の展開になりやすい。スローペースだとどの馬も余力を残して走れるので、勝負どころからヨーイドンの競馬になる。そうなると、他馬よりも少しでも前にいる逃げ・先行馬が有利。**前の馬に余裕を持ってスパートされてしまったら、後続馬が追いついてかわすことがむずかしくなる**からだ。

単騎逃げ

　逃げ馬が1頭しかおらず、どの馬とも競ることなく逃げること。**逃げ馬にとっては理想的な展開**。

ハイペースは差し・追い込み馬が有利

　逃げ馬が2頭以上いて先頭を競い合ったり、先行馬が逃げ馬の直後を追走したりすると、前半のペースが速くなる。馬群は直線上に長く延び、いわゆる縦長の展開になるが、前の馬が後半にバテる可能性が高くなる。**逃げ・先行馬のスピードが落ちれば、後方にいた馬たちが追いついてかわしやすくなるのだ。**

バタバタになる

　ハイペースで逃げた馬が後半まったく伸びないこと。**バッタリ止まった、脚が上がった**ともいう。逃げ・先行馬が前半で自分のペースよりも速く走ってしまうと、その**ツケは後半に倍になって回ってくる**。つまり、前半で1秒無理をすると、後半には2秒遅れる。そんなときにこそ、差し・追い込み馬に勝機がめぐってくる。

3. 近走の着順はペースを踏まえて評価する

◎ ハイペースでも着順がよかった逃げ・先行馬

ハイペースで逃げた馬、あるいは先行した馬は後半でバテて当然だ。だが、**後半もスピードを維持して逃げ切ったり、連対を確保できたりする馬は能力が高い証拠**。こういう馬こそが、本当に強い馬といえる。

△ スローペースで勝った逃げ・先行馬
△ ハイペースで差し切った差し・追い込み馬

有利な展開に恵まれて勝ったということ。勝ちは勝ちだが、高く評価することはできない。逆にこうした展開で勝てなければ、たとえ連対しても割り引いて考えるべき。

○ スローペースで着順がよかった差し・追い込み馬

スローペースで差し切ったり、上位に食い込んだりした差し・追い込み馬は高く評価していい。**余力十分でスパートする馬を、後ろから追いかけて届くためには相当の末脚が必要**。ただし、馬群がダンゴ状で４コーナーを回って横一線といった展開であれば、前と差がないぶん、瞬発力のある差し馬には有利なこともある。

8 ハイペースで負けた逃げ・先行馬
8 スローペースで負けた差し・追い込み馬

いずれも**展開が不向きという明確な理由がある**ので、着順・着差ともにほどほどの敗戦であれば、次に巻き返す余地はある。ただし、逃げ・先行馬が折り合いを欠いて、自らハイペースをつくって自滅した場合は克服すべき課題が多い。

✕ スローペースで大敗した逃げ・先行馬
✕ ハイペースで大敗した差し・追い込み馬

展開が向いたのに大敗したのは、他馬に比べて能力が劣るということ。よほど体調が悪かったとしても、レースに出走する状態にはあったはずで、評価することはできない。

4. CHECK! ペース判断の仕方

距離ごとのペース判断の基準タイム

距離	レース条件	Hペースの評価できる上がり時計	Hペースの5Fラップの目安
		Sペースの評価できる上がり時計	Sペースの5Fラップの目安
1200m	オープン	34.8	55.6
		33.8	57.8
	3勝クラス	35.4	56.6
		34.6	58.2
	2勝クラス	36.0	57.0
		35.2	58.8
	1勝クラス	36.4	57.8
		35.4	59.0
1600m	オープン	35.6	56.8
		33.8	58.4
	3勝クラス	36.0	57.2
		34.0	58.8
	2勝クラス	36.8	57.8
		35.0	59.0
	1勝クラス	37.0	58.6
		35.6	59.8
2000m	オープン	35.8	58.2
		34.0	60.2
	3勝クラス	36.6	58.8
		34.8	60.8
2000m	2勝クラス	37.2	59.8
		35.6	61.2
	1勝クラス	37.4	61.0
		36.2	62.2
2400m	オープン	35.2	60.0
		34.6	62.0
	3勝クラス	35.8	60.8
		35.0	62.0
	2勝クラス	37.0	61.2
		35.8	63.0
	1勝クラス	37.4	62.0
		36.4	63.6
3200m	オープン	36.2	61.0
		34.8	63.0
東京1400m	オープン	36.0	57.6
		34.8	58.8
中山2000m	オープン	36.2	59.2
		34.8	61.0
中山2500m	オープン	36.0	60.8
		34.8	62.2

5. 逃げ馬の着順も1つの判断材料

　近走成績欄には、**それぞれのレースにおける逃げ馬の着順**が掲載されていることもある。すべての競馬新聞が掲載しているわけではないが、レースのペースを確認するうえで参考になるデータだ。逃げ馬が勝っていれば、おおむね無理のないペースだったと判断できるし、大敗していればハイペース。平均ペースでも逃げ馬が大敗していれば、ハイペースに近い平均ペースだったと考えられる。**着順は逃げ馬の能力にもよるが、レース展開を具体的にイメージする目安となる。**勝った馬自身が逃げた場合は、2番手を追走した馬の着順が示される。

走破時計の価値を見抜く

そうはどけいのかちをみぬく

スタートからゴールまでにかかった時間を走破時計という。単に「時計」といえば、この走破時計のこと。馬場状態や展開によって時計が速い、時計がかかる（遅い）などの違いが生じる。ちなみに持ち時計は、その距離におけるその馬のもっとも速い走破時計のこと。

1. 走破時計の見方

勝ち時計

1着馬の走破時計が勝ち時計。2着以下の走破時計は、勝ち時計にそれぞれの着差（時計差）を足した数字になる。走破時計はペースや馬場状態次第で違ってくるが、**速い時計で勝っていることは、その馬のスピード能力の証明**になる。

速い時計に価値はあるのか

走破時計はとにかく速いものを評価したいところだが、レースのペースや馬場状態に大きく左右されるものなので、馬の能力に直結するとはかぎらない。しかし、速い走破時計で勝っている馬にはやはり注目すべきだ。いくら条件がそろっても、そもそも速い脚がなければ時計は出せないからだ。

また、**同じ日、同じ競馬場で、上級の同距離レースがあれば比較してみる**といい。勝って昇級したクラスのレースで通用するかどうかを判断する格好の材料になる。

ローカルとダートは特に要注意

ローカル競馬場は小回りでコーナーが多いため、新潟競馬場を除いてやや時計がかかる（遅くなる）傾向がある。

中でも、北海道の函館競馬場と札幌競馬場は深い洋芝のため、さらに時計がかかる。ダートは特に馬場状態の影響を受けやすく、単純に走破時計だけを比較してもあまり意味はない。

2. CHECK! 走破時計の評価の仕方

評価できる走破時計の目安

（東京・中山・京都・阪神／芝・良馬場の場合）

東京競馬場			中山競馬場		
距離	クラス	走破時計	距離	クラス	走破時計
1400 m	オープン	1:19.8	1200 m (外)	オープン	1:07.2
	3勝クラス	1:20.6		3勝クラス	1:08.0
	2勝クラス	1:21.4		2勝クラス	1:08.8
	1勝クラス	1:22.2		1勝クラス	1:09.6
1600 m	オープン	1:32.0	1600 m (外)	オープン	1:31.8
	3勝クラス	1:33.0		3勝クラス	1:32.8
	2勝クラス	1:33.8		2勝クラス	1:33.6
	1勝クラス	1:34.6		1勝クラス	1:34.4
1800 m	オープン	1:44.8	1800 m (内)	オープン	1:45.0
	3勝クラス	1:45.6		3勝クラス	1:46.0
	2勝クラス	1:46.6		2勝クラス	1:46.8
	1勝クラス	1:47.4		1勝クラス	1:47.6
2000 m	オープン	1:57.6	2000 m (内)	オープン	1:59.2
	3勝クラス	1:58.6		3勝クラス	1:59.8
	2勝クラス	1:59.6		2勝クラス	2:00.4
	1勝クラス	2:00.2		1勝クラス	2:01.2
2400 m	オープン	2:23.0	2200 m (外)	オープン	2:10.2
	3勝クラス	2:23.8		3勝クラス	2:11.0
	2勝クラス	2:24.8		2勝クラス	2:12.0
	1勝クラス	2:26.0		1勝クラス	2:13.0
2500 m	オープン	2:30.0	2500 m (内)	オープン	2:29.8
	3勝クラス	2:31.0		3勝クラス	2:30.8
	2勝クラス	2:32.8		2勝クラス	2:32.0
	1勝クラス	2:33.6		1勝クラス	2:33.0

[**近走成績**] 走破時計の価値を見抜く

京都競馬場			阪神競馬場		
距離	クラス	走破時計	距離	クラス	走破時計
1200m (内)	オープン	1:07.2	1200m (内)	オープン	1:07.3
	3勝クラス	1:08.0		3勝クラス	1:08.0
	2勝クラス	1:09.0		2勝クラス	1:08.8
	1勝クラス	1:10.0		1勝クラス	1:09.8
1400m (外)	オープン	1:20.0	1400m (内)	オープン	1:20.1
	3勝クラス	1:21.0		3勝クラス	1:21.0
	2勝クラス	1:21.8		2勝クラス	1:21.8
	1勝クラス	1:22.6		1勝クラス	1:22.8
1600m (外)	オープン	1:32.3	1600m (外)	オープン	1:32.2
	3勝クラス	1:33.0		3勝クラス	1:33.8
	2勝クラス	1:33.8		2勝クラス	1:34.6
	1勝クラス	1:34.6		1勝クラス	1:35.4
1800m (外)	オープン	1:45.0	1800m (外)	オープン	1:45.0
	3勝クラス	1:46.0		3勝クラス	1:45.8
	2勝クラス	1:46.8		2勝クラス	1:46.6
	1勝クラス	1:47.8		1勝クラス	1:47.4
2000m (内)	オープン	1:58.0	2000m (内)	オープン	1:58.4
	3勝クラス	1:58.8		3勝クラス	1:59.2
	2勝クラス	1:59.6		2勝クラス	2:00.0
	1勝クラス	2:01.0		1勝クラス	2:00.8
2200m (外)	オープン	2:10.4	2200m (内)	オープン	2:11.0
	3勝クラス	2:11.2		3勝クラス	2:12.0
	2勝クラス	2:12.0		2勝クラス	2:12.8
	1勝クラス	2:13.0		1勝クラス	2:13.6

京都競馬場			阪神競馬場		
距離	クラス	走破時計	距離	クラス	走破時計
2400m (外)	オープン	2:23.0	2400m (外)	オープン	2:24.4
	3勝クラス	2:23.8		3勝クラス	2:25.2
	2勝クラス	2:24.6		2勝クラス	2:26.0
	1勝クラス	2:25.4		1勝クラス	2:27.0

＊京都1400m・1600mにはほかに内回りがある。

3. 走破時計の価値は条件次第で変化する

芝の種類

　野芝に比べて葉丈が伸びる洋芝が使われている札幌・函館競馬場の芝コースは、ほかの競馬場よりも時計がかかる。

馬場状態

　芝では良馬場、稍重馬場、重馬場、不良馬場の順に遅くなる。**ダートの重馬場や稍重馬場は脚抜きがよくなる**ため、良馬場よりも時計が速くなりやすい。

開催日

　原則として、1開催8日間のうち、芝の状態がいい1週目は時計が速いが、後半になるほど馬場が荒れて時計がかかるようになる。梅雨と重なる時期の福島競馬場では、特にこの傾向が顕著になる。

競馬場の特性

　小回りのローカルはコーナーでスピードが殺されるが、新潟競馬場は直線が長く平坦なため、他場に比べて速い時計が出る。ダートはコースの表面に敷かれるクッション砂が厚いと時計がかかる。一般的にローカルのダートは調教でも使用されるため、クッション砂が厚くなっており、中央開催に比べて時計がかかる。

上がり3ハロンに注目

あがり３はろんにちゅうもく

１ハロン（F）は200m、つまり３ハロンで600mとなる。上がりとはゴール前のことなので、上がり３ハロンとはラスト600mということ。ゴール手前３ハロンの時計に注目することで、ここぞという勝負どころで、どれだけ鋭い脚を使えるかを見抜くことができる。

1. "タイム"からレースをイメージする

上がりタイム

　ゴール前３ハロン（＝600m）のタイム。最後の３ハロンはレースの勝負どころだ。騎手も激しく追うし、馬も全力でゴールをめざす。観戦しているファンの歓声が最高潮に達するのもこの場面だろう。この上がりタイムで**どれだけいい脚（＝速いタイム）を使える**かが、その馬の能力を判断する材料になる。

上がりタイムの考え方

　競馬場の掲示板には３ハロン、４ハロンのタイムが表示されるが、これはそのレースの上がりタイム。競馬新聞の紙面に掲載されているのは、各馬の上がりタイムだ。この上がりタイムの速さはレースのペースにも左右されるので、**ペースと関連させて評価する**必要がある。

ハロンラップ

　１ハロン（200m）ごとのタイム。個々の馬のものではなく、その時点で先頭を走っている馬のタイム。

ラップタイム

　途中時計のことで、競馬の場合はハロンラップのこと。ラップタイムは先頭を走る馬の１ハロンごとの時計なので、これをよく見ればレースの流れがわかる。競走馬はレース中、常に一定の速さで走っているわけではない。状況によって速くなったり遅くなったりしながらレースを進める。そして、**ラストスパートの速さは前半のペースに左右**

される。余力があれば鋭く伸びるし、消耗していれば脚色（あしいろ）が鈍る。こうしたペースの緩急は、ラップタイムから読み取ることができる。

ラップタイムをチェックする

ラップタイムは競馬新聞ではわからない。馬柱（うまばしら）に前半３ハロンと後半３ハロンのタイムを並記している新聞はあるが、詳細なラップタイムは競馬週刊誌などのレース結果を見るといい。

５ハロンラップ

先頭の馬が５ハロン（＝ 1000 ｍ）を通過した時点のタイム。**レース前半のペース判断の目安**になる。

通過タイム

ハロンラップを順に加算したもの。つまり、各地点に到達するのにどのくらい時間を要したかがわかる。一般的には５ハロンラップの通過タイムを基準として、基準よりも速ければハイペース、遅ければスローペースとみる。この時計の基準はレースの距離や条件、コース、馬場状態にも左右される。大まかな目安としては、上がりタイムが速ければスローペース、逆に遅ければハイペースだったと考えられる。

2. CHECK! さまざまな時計の見方を知る

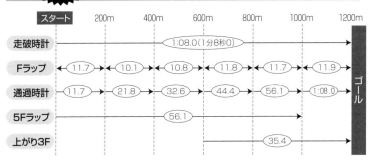

レースの距離にもよるが、５ハロンラップがペースの判断基準になる。また、上がり３ハロンのタイムが速いほど鋭い末脚を使っている証拠。どのようなペースで、その上がりタイムを出したかが馬の能力を測る指標の１つだ。

3. 上がりタイムから脚力を見きわめる

◯ 決め手がある

爆発的な末脚（すえあし）があること。ゴール前の叩き合いで一瞬のうちに馬群（ばぐん）を抜け出す様（さま）は実に鮮やかで、見事に１着となれば「**決め手がある**」と褒められる。ただしよく伸びてはいるものの、届かなかった場合は「**一瞬の脚しか使えない**」などと残念がられる。

つまり、決め手とは１ハロン程度の短い距離で発揮される瞬発力のことなのだ。どこでこの脚を使うのか、騎手の力量が問われる。

◯ 上がりが速い

速い上がりをマークした馬は、ゴール直前の 600 m にわたって水準以上の速さを持続できたということだ。スローペースで勝負どころからヨーイドンとなり、上がりタイムの良し悪しが明暗を分けるレースを**上がりの競馬**という。

◎ 上がり３ハロン 34 秒台前半

一般的に上がりタイムは、ハイペースよりもスローペースのほうが速くなる。だが、どんな展開や条件になったとしても、**上がりが 34 秒台の前半であれば高く評価**していい。33 秒台を出せるのはかぎられた一流馬だけである。

もっとも最近の中長距離レースはスローペースになり、勝負どころからヨーイドンとなることが多い。ちなみに 2006 年の天皇賞・春をレコードで制したディープインパクトは 3200m という長距離戦で、上がり３ハロン 33.5 秒を叩き出した。近年は、このような上がりの競馬になりがちなので、決め手勝負になることが少なくない。

◎ 最後の１ハロンが 11 秒台前半

ゴール直前のラスト１ハロンはまさに勝負の分かれ目で、ここからどれだけの脚を使えるかは重大なポイント。いわゆる一瞬の脚だが、**最後の１ハロンを 11 秒台前半で駆け抜けていれば高く評価**できる。

4. CHECK! 京成杯AHで日本レコードを樹立したトロワゼトワル

超ハイペースの中で決め手が生きて、日本レコードでの快勝劇

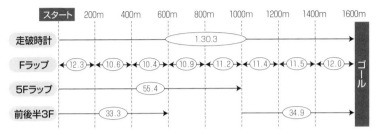

2019年の京成杯AH（GⅢ）は4番人気トロワゼトワルが、後続を離した逃げで日本レコードを樹立。芝1600mのレコードがたびたび更新されてきたコースではあるが、3馬身半差の完勝だった。**前半3ハロン33秒3、5ハロン55秒4の超ハイペースながら、前残り（先行馬が上位に残る展開）となる超高速馬場**。33秒5の末脚をマークしたプロディガルサンも、5着が精一杯だった。

比べてみよう トロワゼトワルが連覇を果たした2020年京成杯AH

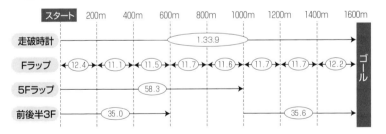

2020年の京成杯AHは時計のかかる馬場傾向もあり、平均ペースだった。2019年と比べると、5F通過は2.9秒、勝ちタイムは3.6秒も遅い。トロワゼトワルは逃げるスマイルカナを2番手で追走し、ハナ差でかわした。前年と同じ前残りの展開だったが、連覇は横山典弘騎手の手腕の賜物だろう。

頭数と枠順に注目する

とうすうとわくじゅんにちゅうもくする

ゲートのどこからスタートするのかを示す枠番と馬番。枠は1～8枠。馬番は1番、2番……とつづき、最大で18番まで。枠番連勝式以外の馬券はこの馬番で買う。競馬新聞の馬柱には出走頭数と馬番が載っているので、全体から見て内枠か外枠かがわかる。脚質や馬場状態によって、内枠か外枠かで有利不利が生じることがある。

1. 少頭数と多頭数の考え方

頭数

　頭数とは、そのレースに出走した馬の数。一般的に、**8頭以下を少頭数**、12頭以上を**多頭数**という。頭数の制限は競馬場のコースによって決まっていて、中央競馬では最少で5頭、最多で18頭。一般的には**少頭数は堅く、多頭数は荒れる**といわれる。

能力通りに決まる少頭数

　枠順や展開による不利を受けづらいので、**能力通りに決まることが多い**。とはいえ、ペースが落ち着いてしまうと、スタートからゴールまで順位が変わらないこともある。特定の馬に人気がかたよる傾向があるため、その馬が馬券に絡まなければ思わぬ高配当になることもある。そのため、**荒れる少頭数**という言葉もある。

展開によって荒れる多頭数

　コースを走る馬の数が多くなるので、枠順や位置取りによって思わぬ有利不利が生じることがある。そのため、**能力通りの結果に収まらないことがある**。過去に多頭数競馬を経験しているか、多頭数で好走した実績があるかなどを確認しておきたい。

2. 多頭数レースで気をつけたい馬

どん尻強襲・追い込み一手

　鋭い末脚で**後方一気を得意とする馬は、多頭数では狙いにくい**。ゴール前で先行馬群に進路をふさがれたり、大外に振り回されて距離ロ

スを余儀なくされたりする恐れがあるためで、追い込んで届かずという結果になりやすい。

小柄な馬・揉まれ弱い馬

位置取り争いや馬込みでの揉み合いが激しくなると、小柄な馬は周囲に必要以上に気を使って戦意を喪失（そうしつ）したり、あるいはスタミナを消耗したりしてゴール前でバテる心配がある。

気性がむずかしい馬

レースのゲート入りは、まず内側から順に奇数番（＝1番、3番……）を入れ、次に内側から偶数番（2番、4番……）を入れる。**気性のむずかしい馬やゲート入りを嫌がる馬**が小さい数の奇数番だと、ゲートの中で待たされる時間が長くなる。その結果、ストレスがたまって出遅れたり、ゲート内で暴れて除外になったりすることがある。

3. 多頭数レースの脚質から見た枠順の有利不利

○ 逃げ馬が内枠

先頭に立つまで最短距離で進めるので、無駄なエネルギーを使わずにすむ。そのため、最後の粘りが違ってくる。逆に、逃げ馬の出遅れは命取りだ。

✕ 逃げ馬が外枠

逃げ馬が先頭に立つまでに**無理に脚を使うことになる**ため、ゴール前で失速する危険性が大きい。ただし、スタートダッシュがあまり速くない逃げ馬は内枠だと外からかぶされてしまうため、先行争いが比較的激化しにくい中長距離では、外枠がプラスに働くこともある。

○ 差し馬が外枠

後方からレースを進めたい差し馬は、**外枠から出たほうが都合のいいポジションを取りやすい**。内枠からのスタートだと外側から内に入ってくる馬に包まれ、自分のペースで走りやすい位置取りを確保できなくなる可能性がある。

勝ち馬予想の1週間

競馬新聞（実績編）

競馬新聞（調教編）

パドック・返し馬

競馬番組とコース

現代競馬

馬券の買い方

人気になるには理由がある

にんきになるにはりゆうがある

各馬の人気は、単勝馬券の売れ行きで決まる。つまり、1番人気馬とはもっとも単勝馬券が売れた馬のことで、人気が集まるのはそれだけ好材料がそろっているからだ。しかし、常に人気＝能力とはかぎらず、実力よりも人気が先行する馬も少なくない。特に人気馬が惨敗したときは、その理由をよく検証しておきたい。

1. 危険な人気馬の見分け方

○／△ 実績馬は調子次第

過去の実績が買われて人気を集める場合、**勝利数が多く連対率が高い点は評価**に値する。だからこそ、注目すべきは今回の**体調がどうか**ということ。調教（→ 108 ページ）、パドック（→ 152 ページ）や返し馬（→ 180 ページ）で当日の調子を確認しよう。

△ 良血馬

父母が活躍馬だったり、兄姉がGⅠ馬だったりする馬は、人気を集めることが多い。新馬戦ならともかく、競走馬の能力はあくまで**レース内容から判断**するようにしたい。

☆／△ 調教駆けする馬

調教時計がいい馬を、**調教駆けする**という。普段の稽古（調教）ではいい動きをするのに、レースではなぜか凡走する馬がいるが、原因は精神的な弱さによることが多い。だが、調教で水準より速い時計を出せるのは能力があるからこそ。条件がそろえば勝つ可能性もあるし、レース経験を積んで精神的に成長すれば一変する可能性もある。目をつけておき、**本格化の兆しを見逃さないこと**。

△ 馬体のいい馬

ある程度の大きさがあってバランスのいい馬体の持ち主も、見た目のよさから人気になることがある。それが実力に見合うものかどうかは見た目よりも結果、つまり実績から導かなければならない。

2. 人気馬が大敗したときは敗因を探る

◯ 展開に不利があった

　審議対象となるような明らかな不利を被っていれば、次走でも人気を集めるだろう。そうではない場合で、展開に不利がなかったかどうかを**ペースと位置取りから検討**する。逃げ馬同士で競り合った、スローペースで追い込みが届かなかったなどの不利が見つかれば、その状況でどれだけ頑張れたかを確認しよう。たとえば、ともに逃げて競った相手に先着していた、追い込んだが届かず着順は悪いものの着差はそれほどでもないといったケースだ。能力の一端は見せているわけで、それほど評価を落とす必要はない。

◯ 距離が合わなかった

　適性のない距離に無理して出走し、それで負けたのなら仕方ない。次走が適性のある距離であれば問題はない。

◯ 重馬場で負けた

　どんな実力馬・実績馬でも重馬場は、苦手という馬はいる。敗因が重馬場だとはっきりしていれば、むしろわかりやすい。次走が良馬場なら能力全開だ。

◯ 騎乗ミスで負けた

　必要以上に大外を回ったり、前がつかえて脚を余して負けたり、明らかな騎乗ミスが敗因のこともある。この場合は馬の評価を落とす必要はない。

3. 1本かぶりは人気薄の買い時？

　1頭の馬に人気が集中した状態を**1本かぶり**という。もちろん、人気になるだけの理由があってのことだが、レースが荒れるのはこういう馬が馬券の圏外に消えたときだ。したがって、**その人気が本当に信頼できるかを慎重に判断**する。それで危ない、切れると思えたら、その馬を外した馬券を検討する。

勝ち馬予想の1週間

競馬新聞（実績編）

競馬新聞（調教編）

パドック・返し馬

競馬番組とコース

現代競馬

馬券の買い方

なぜこのローテーションか

なぜこのろーてーしょんか

レースに出走する間隔のことを、ローテーションという。中央競馬は原則として毎週土・日曜日の開催なので、中○週と表現する。2週つづけて走るのは連闘といい、中0週。1週おいて次の週にレースを走るのが、中1週となる。ローテーションの理由を探ることで、厩舎サイドの勝負気配を見抜くヒントになる。

1. ローテーションを確認する

ローテーションの基本

　だいたい**中3～4週が一般的なローテーション**で、その先のレースをにらみながら出走させるのが普通だ。たとえば、ＧＩレースとそのトライアルレースのように、目標とするレースから逆算してレースを選ぶわけだ。したがって、なぜこのレースなのかを考えることで、厩舎サイドの狙いや馬の特徴が見えることもある。

2. 休養馬は理由を確認する

休養＝3ヵ月以上

　3ヵ月以上レース間隔をあけてレースに出走してきた馬は、馬柱の近走欄に休養の表示が載る。7ヵ月休、5ヵ月半放牧など、休養の期間や理由も表示される。休養の理由としては、骨折、脚部不安、笹針、放牧、リフレッシュなどがある。

休養後の調子

　休養すれば馬体重は増え、気持ちもリラックスする。そのため、休養後にレースに戻るためには太った馬体を絞り、闘志を取り戻さなければならない。それが順調にできたかどうかは**調教（→ 108 ページ）のデータ**などで確認しよう。調教がうまくいったとしても、レースから長く遠ざかっているとレース勘が戻っていない場合もある。

笹針

　疲労がたまって循環が悪くなり、コズミや跛行（歩様の異常）がみ

られた場合、肩や腰、ときには全身に針を刺してうっ血を取る乱刺手術を施す。使用する針の形が笹の葉に似ているのでこう呼ばれる。

太めを叩く

休養して増えた馬体重を調教で絞り切れなかったとき、理想状態を上回る太めの状態でレースに出走させ、実戦で馬体を絞ること。次走以降の目標レースを視野に入れた出走であることが多い。

3. 休み明けは鉄砲実績をチェック

鉄砲

鉄砲とは、**休養明け初戦のこと**。競馬新聞には、鉄砲での成績を掲載している。左から順に1着・2着・3着・4着以下の回数。新聞によっては、その際の馬体重や2走目の成績を載せているものもある。

◯ 鉄砲が利く

休養明け初戦で好走できる馬のこと。休養させた競走馬をふたたびレースモードに戻すには、調教が欠かせない。それがうまくいき、かつ馬が闘志を取り戻していれば、復帰初戦で好走できる。**小柄で仕上がりが早い馬、気性が素直な馬、闘争心が旺盛な馬**に多い。

△ 2走ボケ

休み明けで好走した馬が、2戦目で凡走すること。鉄砲が利く馬は、仕上がり途上でも好走することがある。だが、そうした状態でレースに出走すれば反動が激しく、疲労が容易に回復しない。こうした馬は休み明けに比べて、2戦目の**調教が非常に軽い**。休養明け初戦での疲労が抜けず、強い調教ができないからだ。

長期休養明けでも強かった馬

皐月賞から約半年の間隔で直行した菊花賞を勝ったサクラスターオー（1987年）、1年ぶりの有馬記念を勝ったトウカイテイオー（1993年）などがいる。重賞における最長記録は、18ヵ月ぶりの出走で京都ハイジャンプS（J・GⅡ）を勝ったテイエムドラゴン（2007年）。

4. 連闘は上がり目の有無をチェック

連闘

　2週以上、つづけて出走すること。先週レースに出て今週もという
ローテーションはかなりの負担をともなうものだが、あえて出走する
場合もある。

○／△　新馬戦

　デビュー戦は慣れない初モノずくめで緊張するために、気が散った
ままで真剣に走っていないことがあり、あまり体力を消耗していない
こともある。**学習能力のある馬ならデビュー戦でレースを覚え、2走
目で一変するかもしれない。**

△　調教代わりの連闘

　調教ではサッパリ走らない馬の場合、調教代わりにレースを使うこ
とがある。休養明けの気合不足や太めの解消を目的として出走させる
わけだ。**本来の狙いは次のレースという作戦が読めれば、予想には役
立つ。**連闘実績があるかどうかもチェックしたい。

△／✖　凡走後

　人気や期待ほど走らなかった場合に連闘させるケースもある。レー
スであまり消耗していない、敗因が釈然（しゃくぜん）としないなどの理由だ。厩舎
サイドには、ひょっとしたら入着ぐらいあるかも……といった気持ち
があるかもしれない。だが**消極的、半信半疑での連闘はほとんどの場
合、減点材料**となる。

✖　3連闘

　3週続けて出走すれば3連闘だが、ラガービッグワンは1995年6
〜8月に12連闘し、3着3回の成績を残した。2020年夏の小倉は
オリンピック（延期）の影響で変則日程となり、九州産馬限定レース
のうち、8月22日の2歳未勝利戦は出走17頭すべてが連闘となった。
翌週の2歳オープンひまわり賞には、3連闘馬が10頭も出走した。

5. CHECK! 日本ダービー上位馬をローテーションで検討する

2回東京12日11R　第87回 日本ダービー（東京優駿）

日本ダービー1～3着馬の前走は、ほとんどが皐月賞。また、これまで皐月賞前に弥生賞やスプリングSに出走するケースが多かったが、2歳戦終了後、皐月賞に直行するローテーションは、2017年のダービー馬レイデオロ（皐月賞は5着）と同じ。

1着　コントレイル

2歳GIホープフルSから皐月賞に直行するローテーションは、レイデオロと同じ。皐月賞でサリオスとの無敗馬対決を制し、中5週でダービーを制覇。

2着　サリオス

もう1つの2歳GI朝日杯フューチュリティSを制し、無敗で皐月賞に直行。皐月賞・日本ダービーともコントレイルに敗れ、2着。生まれた年が悪かった。

3着　ヴェルトライゼンデ

2歳戦は3戦2勝2着1回。3歳戦はスプリングS2着、皐月賞8着から中5週という王道路線。ダービーでは、ホープフルS2着の実績を示した3着だった。

近年、皐月賞以外で唯一勝ち馬を出しているのは、京都新聞杯からの中2週（キズナ、ロジャーバローズ）。中3週となる青葉賞からの出走馬は、2着が最高だ。

馬体重で体調を判断する

ばたいじゅうでたいちょうをはんだんする

出走馬はレース当日、パドックに出てくる前に装鞍所で馬体重を量る。そして、場内の掲示板には馬名とともに、その馬の馬体重と前走との増減が示される。特に休み明けの馬の場合は、馬の仕上がり具合を判断する手がかりとなる。また、過去のレースの馬体重は近走成績欄に記載されているので、今回との比較に使える。

1. 馬体重の増減をチェックする

馬体重

　ほとんどの競走馬の馬体重は、400 ～ 500 キロ台だ。そのため、1 キロ、2 キロの変化は増減ともいえない微細な変化。飼い葉を食べれば 2 キロ前後は増えるし、調教をすれば 2 ～ 6 キロは減る。また、トレセンから競馬場への輸送だけでも 5 ～ 10 キロ程度は減るのが普通だ。だから、**数キロ程度の増減はさほど気にする必要はない**。気にすべきは、**大幅に減っている場合と減りつづけている場合**だ。

▲ 休養明けに馬体重が大幅に増えた

　休み明けの馬体重は増えていて当然だが、調教不足、あるいは調教を積んでも馬体を絞り切れないことがある。太めが解消できないままレースに臨めば、途中でバテる可能性が高い。ただし、**若駒なら背が伸び、筋肉が発達した成長分とも考えられる**ので、パドック（→ 152 ページ）や返し馬（→ 180 ページ）で実際の馬体を見て確認したい。

◯ レースを使うたびに馬体重が増える

　成長期の馬であれば、レースごとに体重が増えることは珍しくない。古馬は馬体が完成し、理想体重もある程度決まるが、古馬になってから成長を示す晩成型もいる。馬体重の増加と成績がともに上昇カーブを描くわけで、この場合は一概に太い＝マイナス評価とはいえない。

✕ 休養明けなのに馬体重が大幅に減った

　3 歳の夏に休養した馬は、馬体重が増えて当然だ。この時期にたく

ましさが加わらないようでは、**成長力に問題**がある。また、古馬であっても休養明けの大幅減はマイナスだ。しかも、最終追い切りが軽い場合は特に注意したい。調整に失敗した可能性がある。調教が水準程度に行われて好走したとしても、２走目の馬体重も要注意だ。さらに減っている場合は、２走ボケ（→ 103 ページ）の可能性が高い。

△ 徐々に馬体重が減っている

　好走をつづけながらも徐々に馬体重が減っている場合や、前走で連対馬体重を割り込んだときは、体調の下降が危惧される。次走の馬体重に気をつけたい。少しでも戻っていれば好材料だが、注意が必要だ。

2. CHECK! 休養と馬体重の増減が与える影響を検証する

2020年のGⅠスプリンターズSにおけるグランアレグリア

　2020 年の GⅠ スプリンターズ S で、1200 m戦では決定的な２馬身差で快勝したグランアレグリア。この日の馬体重は 504 キロで、デビュー時から 46 キロも増えていた。

　馬体重を大きく増やしたのは３度の休養で、２歳の夏から秋の４ヵ月でプラス 18 キロ、３歳暮れから４歳春の高松宮記念（２着）までの３ヵ月で 12 キロ。そこから約２ヵ月あいた安田記念がプラス６キロ。安田記念で断然人気のアーモンドアイを置き去りにした 492 キロ前後が最適馬体重かと思われたが、４ヵ月休んだスプリンターズSはさらにプラス 12 キロと増やした。

　南W（美浦南調教馬場のウッドチップコース）で馬なり調教を積んだうえでの体重増加だったが、最終追い切り後に２日も坂路に入れたのは重め残りが懸念されたからかもしれない。心身ともに充実期を迎えてのGⅠ３勝目だったが、馬体重の検討では中間の状況にも目を配ろう。

107

ちょうきょうらんのみかた
調教欄の見方

競馬新聞の調教欄からは、今回のレースで能力を発揮できるか、つまり調子がいいかどうかのヒントを得ることができる。実績通りに走れる状態にあるか。近走の好調子を維持できているか。不安材料を払拭できているか。逆に調子がピークを過ぎていないか。連戦の疲れが溜まっていないか。これらのことを確認するために、調教欄の見方を覚えておこう。

1. 調教の基本を知る

調教欄

　調教とは、競走馬に競走のための訓練をほどこすこと。競馬新聞の調教欄には、そのレースに出走するすべての馬の調教内容が列記されている。記載内容は調教日、場所、時計、乗り役、追い方、併せ馬の状況など。また、それぞれの調教について、調教を見た記者の短評（元気いっぱい・気合乗り上々など）、評価（A・B・C／矢印の向きなど）がつくが、ここには記者の主観が入る。可能なかぎり、競馬場やウインズ、テレビで放映される**調教映像を見て、自分の目で確かめたい**。

時計を取る

　競走馬は美浦と栗東にあるトレーニングセンター（トレセン）の休日（月曜日）以外は、連日運動を行っている。だが必ずしも毎日、速く走らせているわけではない。目標とするレースが決まると、その**レースに向けて週1回ほど、ある程度速く走らせて時計を計る**。これを**時計を取る、時計を出す、速いところをやる**などという。

2. CHECK! 調教欄を見てレースの検討をする

第70回安田記念のレース結果（上位3着）

　　1着　⑪グランアレグリア　　3番人気（12.0）　　1.31.6
　　2着　⑤アーモンドアイ　　　1番人気（1.3）　　　2 1/2
　　3着　⑥インディチャンプ　　2番人気（7.0）　　　1/2

第70回安田記念の調教欄

```
⑪グランアレグ 前2着美坂稍（1回）        51.9 37.5 12.3 馬なり
 〔順 調〕助 手17南W重             56.8 42.0 14.0⑤馬なり
 19美坂稍 57.5 42.8 14.9馬なり
 〔軽快さ有〕助 手20南W重          71.4 55.3 40.4 13.7⑦馬なり
 22美坂稍 58.9 43.2 14.1馬なり 24美坂稍 53.7 39.4 13.0馬なり
 〔動き軽快〕杉 原27南W稍          66.7 51.6 37.9 12.5⑦馬なり
   （古オープンランフォザローゼス馬なりの内で1.7秒追走併入）
 29美坂稍 58.4 43.3 14.0馬なり 31美坂稍 54.0 39.6 12.8馬なり
 〔◎気配良〕杉 原3南W稍 ⑥80.8 64.8 51.1 37.8 12.4⑥馬なり
↗【折り合い面の進境著しく、その分鋭く伸びる。好仕上げ】
```

```
⑤アーモンドア 前1着南W稍          64.1 49.6 36.5 12.4⑤馬なり
 〔軽目順調〕助 手28南W稍          73.1 57.2 42.4 13.8①馬なり
 〔順　調〕助 手31南W稍           70.6 55.1 40.6 12.9③馬なり
 〔シャープ〕ルメール3南W稍        66.5 51.8 37.9 12.4⑥馬なり
   （古馬3勝サトノラディウスG前強目の内で0.4秒追走1馬身半先着）
↗【ラスト1Fから重心が沈み込んで、上々の伸び。本調子】
```

優勝馬グランアレグリアの調教

　前走は3月29日の高松宮記念2着。そのあとは5月17日に初めて時計を出すと、坂路とウッドチップコース併用で乗り込まれ、27日にウッドで66秒台の速い時計を出した。29日、31日も坂路で乗り込み、6月3日の最終追い切りはスタンド前から馬場入りして1周の追い切り。手綱を持ったままで、5ハロン64秒台の破格の時計をマーク。これだけ乗り込んでプラス6キロで出走できたのは、体調のよい証しだ。

1番人気馬アーモンドアイの調教

　有馬記念9着後、ヴィクトリアマイル（5月17日）で女傑健在を猛アピール。高速決着（1分30秒6）から中2週のため、中間はウッドの馬なり調整で28日、31日、6月3日と時計を出したが、最終追い切りは66秒5で前走時より1.4秒遅かった。前走時の状態を維持するソフトな仕上げだった分、充実著しいグランアレグリアをとらえ切れなかった。アーモンドアイほどの馬でも、中2週の調整はむずかしい。

109

調教コースの見方

ちょうきょうこーすのみかた

調教欄には調教時計を出したトレセン名、あるいは競馬場名とそのコースが掲載される。ふだん競走馬は美浦トレセンか栗東トレセンのいずれかにいるが、ローカル開催の場合は競馬場内の仮厩舎に滞在し、その競馬場のコースで調教される。調教時計や脚色から馬の調子を判断するために、各調教コースの特徴を知っておこう。

1. 調教コースの種類を知る

さまざまな調教コース

トレセンには複数の調教コースがあり、馬の状態や目標とするレースによって使い分けられている。美浦・栗東ともに**坂路**、**ウッドチップ**、**ニューポリトラック**の人気が高く、**ダート**の使用頻度は減少傾向にある。また、両トレセンともに調教用の**プール**が設けられている。

坂路コース

上り勾配がついた調教馬場。1985年、栗東トレセンに最初に導入された。導入後、栗東で調教された馬（関西馬）が美浦で調教された馬（関東馬）の年間勝利数を上回るようになり、現在までつづく**西高東低の最大の原因**と目される。現在は美浦トレセンにも導入され、活用されている。

ダートコース

砂のコース。時計はかかるが、芝に比べるとはるかに路盤がやわらかい。そのため、**脚部への負担をやわらげたい場合やパワーアップのために**選択することが多い。

芝コース

路盤が硬く、脚部への負担が大きいと考えられるため、使用頻度はあまり高くない。芝の新馬戦や初めて芝のレースに出走する馬の場合に、**実戦を想定した調教**で使われる。芝コースで行われる調教を、**本馬場調教**という。

ウッドチップコース

ダートコースの上に、細かく砕いた木片（ウッドチップ）を敷きつめたコース。木片がクッションとなって、**ダートよりもさらに脚への負担を軽減することができる**。特にダートの場合、重馬場になるとしまって硬くなり、時計が速くなる。その分だけ、馬の脚にかかる負担が増してしまう。しかし、ウッドチップコースは雨が降っても砂ほどしまらず、水を含んでもやわらかさを保つことができる。競馬新聞では、ＷＣと省略されることが多い。

ニューポリトラックコース

美浦南のＣコース、栗東Ｄコースは内側が芝で、外側がニューポリトラックコースとなっている。**クッション性、グリップ力が高いため、走りやすく滑りにくい。オールウェザー、全天候馬場**ともいわれる。路面に透水シートを敷き、その上に電線被覆材、ポリエステル不織布、ポリウレタン繊維、硅砂、ワックスなどを混合した排水性の高い素材を敷きつめたコースとなっている。なお、美浦と栗東では多少構造が異なる。降雨による馬場の悪化や走行時のキックバックが少ない。

プール ⇨写真1

脚部に負担をかけずに全身運動を行うことができる。**馬体を絞り、心肺機能を高める効果が期待できる**ので、特に脚部不安のある馬には好都合だ。リフレッシュ目的で使用する場合もある。馬場で時計を出す日は、プール調教を行わないのが普通だ。

写真1　プール

プール調教をしたことがない馬を慣らすための馴致用、直線プール、円形プールの3種類がある。写真は美浦トレセンの直線プール。

2. **CHECK!** 美浦・栗東トレセンのコースを知る

■トレセンの馬場距離の概要

	コース	表記例	距離（内ラチ）	幅員
美浦南	A（ダート）	－	1370m	25m
	B（ダート）	南B	1600m	20m
	C内（芝）	南芝	1800m	8〜10m
	C外（ニューポリトラック）	南P	1858m	15m
	D（ウッドチップ）	南W	2000m	20m
	坂路（ウッドチップ）	美坂	1200m　高低差18m	12m
美浦北	A内（ダート）	－	1370m	25m
	A外（芝・障害専用）	－	1447m	
	B（ダート）	－	1600m	20m
	C（ダート）	北C	1800m	20m
栗東	A（芝・障害専用）	－	1450m	20m
	B（ダート）	栗B	1600m	20m
	CW（ウッドチップ）	栗CW	1800m	20m
	D内（芝）	栗芝	1950m	14m
	D外（ニューポリトラック）	栗P	2038m	14m
	E（ダート）	栗E	2200m	30m
	坂路（ウッドチップ）	栗坂	1085m　高低差32m	7m

※上記の表記例は1例で、競馬新聞によって異なる。
（－）のコースが追い切りに使用されることはほとんどない。

■プール

	馴致用		直線プール		円形プール	
	美浦	栗東	美浦	栗東	美浦	栗東
延長	10.2m	A12.0m B15.0m	39.3m	32.5m	1周50.0m	1周50.0m
幅員	1.0m	1.0m	2.0m	2.0m	3.0m	3.0m
水深	0.5m	1.0m	3.0m	3.0m	2.8m	3.0m

坂路コースは128ページで詳しく述べるので、ここでは紹介しない。その坂路をのぞけば、美浦・栗東の両トレセンの間に大きな施設上の違いはない。

調教方法

調教欄には**馬なり**、**直線強め**、**末強め**、**一杯に追う**など追い切ったときの状況が記されている。強めに追えば時計が速くなるので、調教時計を比較するときは、追い切りの方法も考慮する必要がある。また、一般的には単走よりも併せ馬のほうが速い時計が出る。

調教時間

馬は基本的に早寝早起きの動物。競走馬にかかわる人々も、馬の時間に合わせて生活している。そのため、調教時間もかなり朝型となっている。また、季節によっても調教時間は変わる。

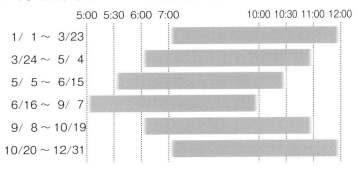

| | 5:00 | 5:30 | 6:00 | 7:00 | | 10:00 | 10:30 | 11:00 | 12:00 |

1/ 1 ～ 3/23

3/24 ～ 5/ 4

5/ 5 ～ 6/15

6/16 ～ 9/ 7

9/ 8 ～ 10/19

10/20 ～ 12/31

調教メニュー

調教には人が引いて歩く**引き運動**、乗って運動させる**乗り運動**（写真1）など、さまざまなメニューがある。乗り運動は馬の状態によっていろいろな速さで行われる。追い切りは、その乗り運動を速くしたもの。

写真1　乗り運動

上は乗り運動をしている様子。引き運動や乗り運動は追い切り前後のウオーミングアップやクーリングダウン、また追い切りをしない日の運動として行われる。

113

みほとれーにんぐせんたー
美浦トレーニングセンター

茨城県稲敷郡美浦村（当時）に1978年4月にオープンした関東馬の拠点。

それまで東京、中山の各競馬場と白井分場で管理されていた競走馬が1ヵ所に集結し、今日に至る。広さは約224万㎡で東京ドーム48個分。JRAが保有する最大施設だ。

1. 北馬場と南馬場

南馬場

　南馬場は内側からダートのAコースとBコース、内が芝、外側がニューポリトラックのCコース、ウッドチップのDコース、さらに外側に1200mの坂路コース（ウッドチップ）がある。

北馬場

　内がダート、外が障害専用の芝のAコース、ダートのBコース（1600 m）、Cコース（1800 m）があり、逍遙馬道と森林馬道が併設されている。水は霞ヶ浦の浄化水のため、浄水器を利用している厩舎もある。南北でコースに違いがあるため、**北馬場所属でも南馬場で調教を行う馬がほとんどで**、追い切り日には非常に混雑する。北馬場は追い切った翌日の馬や、前週にレースを使った馬などの調整に使われることが多い。

1978年4月にオープンした美浦トレセンが関東馬の拠点。調教コースは北馬場と南馬場に、厩舎も中央通りを挟んで北と南に分かれている。

（写真　JRA）

2. CHECK! 美浦トレーニングセンターのコース図

南調教馬場

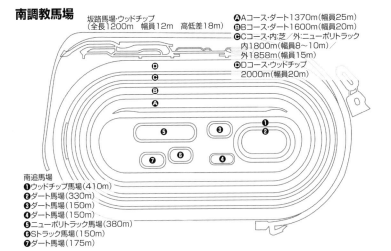

坂路馬場・ウッドチップ
（全長1200m　幅員12m　高低差18m）

ⒶAコース・ダート1370m（幅員25m）
ⒷBコース・ダート1600m（幅員20m）
ⒸCコース・内:芝／外:ニューポリトラック
　内1800m（幅員8〜10m）／
　外1858m（幅員15m）
ⒹDコース・ウッドチップ
　2000m（幅員20m）

南追馬場
❶ウッドチップ馬場（410m）
❷ダート馬場（330m）
❸ダート馬場（150m）
❹ダート馬場（150m）
❺ニューポリトラック馬場（380m）
❻Sトラック馬場（150m）
❼ダート馬場（175m）

北調教馬場

ⒶAコース・内:ダート1370m／
　　　　　外:芝障害1447m（幅員25m）
ⒷBコース・ダート1600m（幅員20m）
ⒸCコース・ダート1800m（幅員20m）

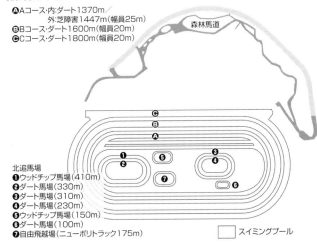

森林馬道

北追馬場
❶ウッドチップ馬場（410m）
❷ダート馬場（330m）
❸ダート馬場（310m）
❹ダート馬場（230m）
❺ウッドチップ馬場（150m）
❻ダート馬場（100m）
❼自由飛越場（ニューポリトラック175m）

□ スイミングプール

坂路コースとニューポリトラックコースは南馬場のみにあるため、現在では南馬場で調教を行う馬が圧倒的に多い。ただし、厩舎によってはほとんど北馬場しか使わないところもある。

115

栗東トレーニングセンター

りっとうとれーにんぐせんたー

1969年11月、滋賀県栗太郡栗東町（当時）に、JRA最初のトレーニングセンターとして開設された。関西馬の拠点として、中京、阪神、京都の各競馬場から関西の全厩舎が集結。広さは美浦トレセンの3分の2程度だが、早くから調教施設の充実に注力し、西高東低といわれる時代が長くつづいている。

1. 栗東隆盛を支える坂路

栗東トレーニングセンターの馬場

　調教施設として、トラック6コースと坂路1コースを備える。トラックは内側から、Aコースは芝で障害専用、Bコースはダート、CWコースはウッドチップ、Dコースは内側が芝、外側は全天候対応のニューポリトラック、Eコースは1周2200 mのダート。坂路はウッドチップで全長1085 m。

関西全盛を生み出した坂路コース

　坂路が栗東トレセンに新設されたのを機に、競馬の潮流が一気に関西に引き寄せられたため、栗東トレセンの代名詞のようにも使われる。また、トラックを取り巻くように逍遥馬場が設けられている。

1969年11月、美浦トレセンに先がけて開設されたすべての関西馬の拠点。調教コースは1ヵ所だが、所属馬数は美浦トレセンと大きく変わらない。

（写真　JRA）

2. CHECK! 栗東トレーニングセンターのコース図

フラットコース

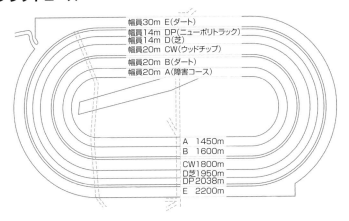

幅員30m　E(ダート)
幅員14m　DP(ニューポリトラック)
幅員14m　D(芝)
幅員20m　CW(ウッドチップ)

幅員20m　B(ダート)
幅員20m　A(障害コース)

A　1450m
B　1600m

CW1800m
D芝1950m
DP2038m
E　2200m

坂路と逍遥馬道

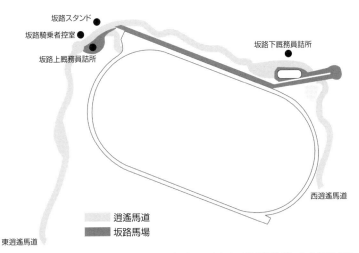

坂路スタンド
坂路騎乗者控室
坂路上厩務員詰所
坂路下厩務員詰所

西逍遥馬道

逍遥馬道
坂路馬場

東逍遥馬道

自然の土地の高低差を生かしてつくられた坂路は、それまで関東優勢だった力関係をひっくり返し、西高東低と呼ばれる現在の流れを生み出したとされている。

117

調教パターンを見抜く

ちょうきょうぱたーんをみぬく

調教欄を見るときは、馬券に絡んだときの調教パターンが参考になる。もちろん、調教は馬の体調に合わせて行われ、目標とするレースによっても変わってくる。だが、好走したときと何が同じで、何が変わったのかに気づくだけでもその馬の特徴や調子を見抜くヒントになる。

1. いつ追い切ったかを確認する

追い切り

　レースに向けて、時計を取って行う調教のこと。レースに備えて馬の状態を最高に持っていくための仕上げの調教を**最終追い切り**といい、**レースの直前の水曜日または木曜日の朝に行うのが普通。**

日にち

　調教時計を出した日付。その数によってレースとレースの間に何本の時計を出したかがわかる。**近走成績欄の前走の日付と照らし合わせれば、前回のレースからどのくらいの間隔をあけて、最初の調教時計を出したかがわかる。**前走の最終追い切りの日付が示されていない新聞もあるが、その場合はレース直前の水曜か木曜と考えられる。

金曜追い

　何らかの理由で水曜か木曜に最終追い切りができなかったり、満足のいく追い切りができなかったりした馬が、金曜日にもう一度追い切りを行うこと。追い切り後の微調整として行われることもある。

朝追い

　最終追い切りをすませた後、さらに金曜日か土曜日の朝に軽く流す程度の追い切りを行うこと。

日曜追い

　翌週のレースに出走する馬が、日曜日に追い切りを行うこと。最終

追い切りではないが、ある程度の負荷をかけて時計を取る。

当日追い

　レース当日の朝、脚ならし程度に軽く走らせること。競馬新聞で確認することはできない。

2. 気をつけたい調教パターン

◯ 中1週で出走するために時計を出していない

　前走との間隔が2週間、つまり中1週のローテーションなら、レース間隔が詰まっているので、中間に時計を1本も出していなくても問題はない。

⚠ 中2週で出走するのに時計を出していない

　前走から3週間あけてレースに臨むには、最低でも1本は時計を出す必要がある。それ以上間隔があく場合は、2〜3本は出すのが普通。間隔があいているわりに時計の本数が少ない場合は、時計を出したくても出せない理由があると疑うべき。たとえば、**前走の疲れが抜けない、飼い葉を食べない、レース後に体調を崩した**などが考えらえる。

◯ 前走から1週間後に時計を出した

　レースに出走することは競走馬にとって大きな負担となるため、レース後にガクッと体調を崩す馬もいる。しかし、**体調がよければ疲労は速やかに回復し、レースの1週間後には時計が出せる状態になる。**つまり、次のレースに向けて臨戦態勢に入ったことがわかる。

◯ 調教に騎手が騎乗する

　騎手でも助手でも調教内容に差はないが、レースで騎乗する騎手が調教をつける場合、陣営の意気込みが感じられる。**乗り替わる騎手が、馬のクセなどを知るために騎乗することもある**。ただし、現役騎手は体重が軽いので、体格のいい調教助手が騎乗したときよりも速い時計が出る傾向がある。最終追い切りに騎手が騎乗するとレースが近いと察知してテンションが上がる馬は、調教助手が騎乗して追い切る。

調教の方法を知る

ちょうきょうのほうほうをしる

馬をレースモードに仕上げる最終追い切りは、どのコースでどの程度の運動強度で行うかが大切。また、馬にレースが近いことを知らせて、競走意識を高める意味もある。相手に競り勝つ精神力を養うことを目的に行う併せ馬、テンションが上がりすぎないように1頭だけで走らせる単走など、調教の方法にも注目したい。

1. 並んで走らせるか1頭で走らせるか

単走 ⇨写真1

併せ馬ではなく、1頭だけで調教すること。併せ馬を行うと必要以上に気持ちが高ぶり、速く走りすぎてしまうことがある。こういうタイプは単走のほうがいい。レース間隔が詰まっていて強い調教を必要としないときも、単走となることが多い。

併せ馬 ⇨写真2

他馬と並んで走らせる追い切りの方法。2頭で行うことが多いが、より実戦に近い形となるよう、3〜4頭で走らせることもある。併せ馬を行った場合は、併走した馬の条件（クラス）と馬名、脚色、併走を開始した位置、着差なども記される。2頭でもそれ以上でも、**外に併せて先着すれば中身が濃く、評価できる**。

写真1 単走	写真2 併せ馬

1頭だけで調教する単走。2頭以上で走ると、より実戦モードになるため、そのような状況を避けたいときに有効だ。

2頭以上で並んで調教する併せ馬。3頭以上の場合もある。競馬新聞には併せ馬の内容も詳しくわかるように掲載されている。

併せ馬をする目的

①併走で速い時計を出して運動量を増やし、馬体を絞る。
②若駒（わかごま）や休養明けの馬の闘争心をかきたてる。
③恐怖心を取り除き、精神力を養う。

15−15

　1ハロン（＝200ｍ）を15秒程度の速さで走らせる調教のこと。軽い調教の代名詞。5ハロンで75秒、6ハロンで90秒となり、これよりも速いタイムで走ったときに時計を取る。逆にこの速さに満たない日は記録されず、その日は時計は出さなかったと解釈される。

ゲート追い

　レースと同じように、ゲートからスタートさせて追い切ること。ゲート入りが悪いとか、スタートの下手な馬などが練習をかねて行う。

障害練習

　調教欄を見ると、前走後に障害練習を行っている場合がある。障害レースに出走するためではなく、**心肺機能の強化、トモ（後ろ脚）に力をつける**などの目的で行われることがある。

右回り・左回り

　中央競馬の競馬場には右回りと左回りがあり、トレセンでの調教も両方の回りで行われる。美浦（みほ）トレセンは南馬場・北馬場ともに水・木・金曜が右回り、火・土・日曜が左回り。ただし、左回りの東京競馬場の開催期間にかぎり、北馬場は水・木・金曜が左回りになる。栗東（りっとう）トレセンは原則として日・火曜が左回りで、それ以外は右回り。

ゲート練習

　競走馬はゲート試験に合格しなければ、レースに出走できない。そのため、入厩（にゅうきゅう）する前の育成段階でゲートの扉を閉められても落ち着いていられるように訓練される。ゲートで立ち上がったりした馬は再審査が課され、トレセン内でゲート練習を行う。

2. 調教駆けする馬は要注意

調教駆け

　稽古駆けするともいい、調教でいい動きを見せて速いタイムで走ること。併せ馬をすれば先着し、単走でも好時計が出るような状態である。ただし、**その能力を常にレースで発揮できるとはかぎらない**。そのため、前走時の調教タイムと着順のチェックが必要になる。これとは反対に、調教では走らないタイプを「調教駆けしない」といい、調教ではさえないのにレースで一変する馬もいる。

カマれる

　併せ馬で併せた相手に遅れること。実績馬が格下馬に遅れると、格下にカマれたなどという。調教駆けしないタイプなら、格下馬にカマれたとしても特に問題はない。

3. **CHECK!** 調教駆けする馬、しない馬を見抜く

調教駆けしない馬・メロディーレーン（栗東・森田直行厩舎）

⑩メロディーレ 前5着栗坂良（1回）	54.9　39.9　13.4	一杯追う	
連対時▶ 19年9⑤栗坂良（1回）	53.2　39.3　13.5	一杯追う	
19栗坂稍 56.2 40.5 14.0 馬なり	22栗坂稍 55.9 40.8 13.5 一杯追う		
26栗坂良 56.9 41.9 13.6 馬なり	29栗坂良 54.9 40.4 13.7 一杯追う		
➡【時計は地味も、動きには活気がある。体も細く見せない】			

2020年天皇賞・春の調教欄

　メロディーレーンはJRA勝ち馬の最低体重記録を更新した、小柄な牝馬（340キロ）。栗東坂路の追い切りはだいたい54〜56秒程度で、2勝クラスとしても目立たないが、格上挑戦での菊花賞や阪神大賞典で、100〜150キロ以上も大きな牡馬を相手に5着に入った。しかも、菊花賞では上がり最速をマークしている。

　セールスポイントは驚異的な持久力なので、必ずしも速い調教時計は必要なく、併走馬に抜かれない気性の強さが見られれば好調と判断できる。

4. 調教効果を高めるグッズ

汗取り ⇨写真3

　鞍の下に毛布をかけて追い切ったり、運動させたりすること。太めの馬の発汗をうながし、**馬体を絞る意図**がある。こうした調教を行った馬は、当日の馬体重に注意が必要だ。

引き返し ⇨写真4

　引き返しとは、**走るときに頭が高くなる馬のフォームを矯正するための道具**。手綱から胸の前を通って腹帯につなぐ革ヒモのこと。首の動きを制限して、走行中に頭が高くなるのを防ぐ。レースでの装着は認められない。

| 写真3　汗取り　（写真　JRA） | 写真4　引き返し　（写真　JRA） |

鞍の下に見える毛布が汗取り。馬体を絞る効果があるため、使用した後の馬体重の変化に注目だ。

首の前に縦に通っている革ヒモが引き返し。首の動きが制限されるため、自然に首を低く保って走ることができる。

ウォーキングマシン

　名前の通り、馬を歩かせる装置。屋根つきのものもある。若駒の育成中や休養馬の運動にも用いられる。馬の温泉として知られる競走馬リハビリテーションセンター常磐支所（福島県いわき市）には、直径2.5ｍ、水深40cmの円形プールを歩かせるウォーターウォーキングマシンがある。

調教時計を読み解く

ちょうきょうどけいをよみとく

調教時計とは調教コースでゴール前4〜7ハロンを、15−15（→121ページ）以上の速さで走らせた場合の時計のこと。特に最終追い切りの調教時計は、レース直前の馬の状態を推しはかるのに欠かせないデータ。競馬新聞の調教欄はかなり省略した形で書かれているため、その読み方を知ろう。

1. 調教欄の数字の見方

調教欄（第61回宝塚記念のクロノジェネシス）

```
⑯クロノジェネ 前2着栗CW良            68.8 52.2 37.1 11.6⑦馬なり
〔ふっくら〕助 手10栗CW良  ⑥83.2 66.6 51.9 38.6 12.2⑨馬なり
〔脚色軽快〕助 手14栗CW不  ⑥69.1 71.9 55.7 39.5 12.8⑨馬なり
〔脚力見せ〕北村友17栗CW良 ⑥81.0 65.5 51.8 37.1 11.9⑥馬なり
〔態勢万全〕北村友24栗CW良 ⑥82.2 66.2 51.5 37.8 11.8⑥馬なり
（二未勝ステラリア馬なりの内で0.9秒追走半馬身遅れ）
```

前走は4月5日の大阪杯2着。6月7日から栗東トレセンCWウッドで5本の追い切り。直前は24日に馬場の内側から6分目あたりを6ハロンから82秒2。内で大きく先行する2歳馬に先着を許したが、最後の1ハロンは11秒8と伸びた。

1ハロンごとの時計（上記6月24日栗東CWコース・良での追い切り）

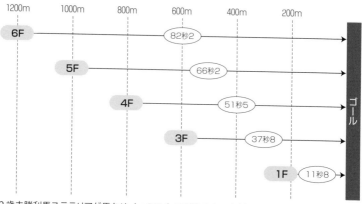

2歳未勝利馬ステラリアが馬なり（→P134）で追うのを、内側から0.9秒差で追走し、半馬身遅れてゴールした、ということ。

2. 調教時計の見方

まず全体時計を見る

調教の全体時計は、古馬ならゴール前5〜6ハロンが一般的だが、2歳馬やキャリアの浅い馬は4ハロンの場合もある。6ハロンの時計は90秒から表示されるが、実際の調教時計はもっと速い。

調教時計は速ければよいわけではないが、ダートなら5ハロン68〜69秒台、ウッドチップコースなら66〜68秒台、ニューポリトラックや芝コースならそれより速い時計が目安だ。ただしレースと同じく、時計は調教コースの馬場状態の影響を受ける。

上がり時計が重要

調教は上がり3ハロン、特にゴール前に重点を置いて走らせることが多いため、上がりの3ハロンと1ハロンの時計に注目する。追い出したときに馬がどう反応したかが、数字に表れるからだ。

3. 調教時計の評価ポイント

◯ 全体時計が速い

調子は悪くないとみていい。調子がよければ、自然に速い時計が出るものだからだ。

◎ / ◯ 全体時計・上がり時計ともに速い

体調もよく、ゴール前の動きもよかったということ。文句なく評価できる。

◯ / △ 全体時計は速いが上がり時計が遅い

前半から速いペースで走ったために、上がりがかかってしまったと考えられるため、評価はできる。ただし、いつもは徐々にペースを上げて速い上がりをマークする調教をしているのに、今回にかぎって上がりがかかっている場合は問題がある。前半に引っかかった可能性があり、精神面の不安が感じられるからだ。**調教でいつもと違う動きを見せたときは注意が必要だ。**

○ 一番時計

　その日、あるいはその週の調教時計の中で一番速い時計。競馬新聞によっては、追い切り日（水・木曜）と調教コースごとの一番時計を掲載しているものもある。一番時計は必ずしもレースでの好走に直結するわけではないが、相当数の馬が時計を出す中での最速時計はそれなりに評価できる。**体調がよく、気力も充実している証拠。**

新馬の調教時計

　デビュー戦を控えた新馬はウッドチップコースか坂路（はんろ）で調教されることが多く、どちらであってもそれなりの追い切り本数をこなしていることがポイント。それに時計がともなえば、デビューの準備は整ったといえる。**ウッドで5ハロン68〜69秒台、坂路で55〜56秒台を出しつつ時計をつめ、騎乗者が追い出して速い時計を出せるようなら勝ち負けの水準。**ただし、時計が速くても折り合いを欠いた場合や、騎乗者の指示に対する反応が鈍い場合は、仕上り途上と考える。ウッドチップコースでは、レースを想定した併せ馬を行うことが多い。

4. 時計以外のチェックポイント

通過位置

　調教の時計はコース取りによっても違ってくるので、紙面では馬場のどのあたりを通過したかもわかるようになっている。①〜⑨の数字がそれで、数字が大きいほど外側を走ったことを示し、真ん中なら⑤。外側を走ればそれだけ長い距離を走ることになるので、当然、時計も余計にかかる。**同じ時計なら、コースの外側を走った時計のほうが価値がある。**馬場状態にもよるが、大外のラチ沿いと内ラチ沿いとでは、6ハロンで3秒程度の差が生じる。

馬場状態

　使用した調教コースの馬場状態も、調教欄からわかる。表示の方法はレースと同じで、良・稍重（ややおも）・重（おも）・不良の4段階。ウッドチップコースは稍重だと少し速くなるが、重馬場だと時計がかかるようになる。

5. CHECK! 調教時計の目安を把握する

調教時計の目安（秒）

	条件	6 F	5 F	4 F	3 F	1 F
美浦ウッド	オープン	78～79	63～64	50～51	37.0	12.2
	3勝クラス	80～81	65～66	52～53	37.5	12.4
	2勝クラス	82～83	67～68	54～55	38.0	12.6
	1勝クラス	84～85	69～70	55～56	39.0	12.8
栗東ウッド	オープン	80～81	64～65	51～52	37.0	12.2
	3勝クラス	82～83	65～66	52～53	37.5	12.4
	2勝クラス	84～85	66～67	53～54	38.0	12.6
	1勝クラス	85～86	67～68	54～55	39.0	12.8
美浦ポリトラック	オープン	76～77	62～63	50～51	37.0	12.2
	3勝クラス	78～79	63～64	51～53	37.5	12.4
	2勝クラス	80～81	64～65	53～54	38.0	12.6
	1勝クラス	82～83	65～66	54～55	39.0	12.8
栗東ポリトラック	オープン	76～77	62～63	50～51	37.0	12.2
	3勝クラス	78～79	63～64	51～52	37.5	12.5
	2勝クラス	81～82	64～65	52～53	38.0	12.8
	1勝クラス	83～84	65～66	53～54	38.5	13.0
美浦ダート	オープン	79～80	64～65	51～52	37.6	12.4
	3勝クラス	81～82	65～66	52～53	37.8	12.6
	2勝クラス	82～83	67～68	54～55	38.2	12.8
	1勝クラス	84～85	68～69	55～56	38.8	13.0
栗東ダート	オープン	75～76	61～62	50～51	37.0	12.2
	3勝クラス	77～79	62～63	51～52	37.5	12.4
	2勝クラス	80～81	64～65	53～54	38.0	12.8
	1勝クラス	82～83	65～66	55～56	38.4	13.0

同じ距離を追い切っても、調教コースによって調教時計の価値は変わる。競馬新聞の調教欄にある調教時計と上記の表を照らし合わせて、調教評価の参考にしよう。

坂路調教のツボ

はんろちょうきょうのつぼ

ウッドチップを敷きつめた坂のある調教コースで行う調教を、坂路調教という。上り勾配がついた調教馬場を駆け上がり、脇道を下ってスタート地点に戻る。坂の下りは歩かせるので、乱れた呼吸が整えられ、理想的なインターバルトレーニングができる。

1. 坂路の特徴を知る

坂路

　さまざまな調教コースの中で、美浦と栗東の違いがもっとも顕著なのが坂路だ。美浦の坂路は、栗東より坂の部分の距離が短く傾斜も緩い。そのため**美浦では1日に3本、栗東では1日に2本の時計を出すのが普通**。本数が多ければ、それだけ厳しい稽古をこなしたことになるわけで、ハードなトレーニングに耐えられる状態にあることを示す。また、坂路で調教する馬は、常に坂路で追い切ることが多い。そのため、状態の良し悪しを判断するには、前走と比較するといい。

栗東の坂路

　全長1085 m、幅員7 m、高低差32 mで、計測区間の高低差は約23 m。美浦よりも大きな負荷がかかることが、関西馬が強くなった原因の1つとされる。水準は**4ハロン52秒前半で、50秒を切ればかなり速い**。関西のレースに出走する関東馬が早めに栗東に入厩（栗東留学→252ページ）して坂路調教を行うパターンも注目に値する。

美浦の坂路

　全長1200 m、高低差18 m、計測区間の高低差は約13 mで、栗東に比べると勾配は緩やかだが、馬場差のせいか調教時計はかかる。**4ハロン50秒台なら速く、水準は52〜53秒台前半**。

坂路調教の時計

　坂路は距離が短いので、1日に2本以上の時計を出すのが当たり前。

ただし、競馬新聞の調教欄には、時計の本数と一番速い時計内容のみが掲載されるのが一般的だ。

時計の本数にも注目

時計計測区間（= 800 m）は機械計測で、自動的に時計が出る。速ければいいというものでもないが、速い時計は注目に値する。また、**何本か出した時計のうち、速い時計が何本あったかも見過ごせない。**たとえば時計を3本出して1本だけが速かったときよりも、2本速かったほうが価値は高いし、その2本の時計に差がなければなおさらい。また、遅い時計を挟むより、つづけて速い時計を出したほうが状態はいいと判断できる。

坂路調教とコース調教の使い分け

坂路の効果を認める調教師は多いが、坂路を使っていればいいとはかぎらない。**成績によって坂路からコース、コースから坂路に変えたり（→ 131ページのキセキの例）、両者を併用したりするケースはよくある。**たとえば、2018年のダービー馬ワグネリアンなどを管理する友道康夫厩舎は、1週前にウッドチップコースで速い時計を出し、最終追い切りは坂路で馬なりというケースが多い。

2. CHECK! 坂路調教の参考タイムを把握する

注目すべき坂路調教の時計の目安（秒）

	条件	4F	3F	2F	1F
美浦坂路	オープン	51.0	37.5	24.8	12.3
	3勝クラス（1600万円以下）	52.5	38.0	25.0	12.5
	2勝クラス（1000万円以下）	53.5	38.8	25.4	13.0
	1勝クラス（500万円以下）	54.5	39.5	25.8	13.5
栗東坂路	オープン	50.5	36.5	24.0	12.0
	3勝クラス（1600万円以下）	52.0	37.3	24.3	12.3
	2勝クラス（1000万円以下）	53.0	38.0	25.0	12.7
	1勝クラス（500万円以下）	54.0	38.8	25.7	13.0

坂路の距離や高低差は、美浦と栗東とで大きく異なる。整備の状況や天候の影響も受けるため、どんな条件で追い切ったかをしっかり把握しよう。

勝ち馬予想の1週間　競馬新聞（実戦編）

競馬新聞（調教編）

パドック・返し馬

競馬番組とコース

現代競馬

馬券の買い方

前走時と比較する

ぜんそうじとひかくする

調教欄には前走の最終調教の時計も示されている。さらに直近の連対時の最終調教の時計もあわせて掲載している新聞もある。近走成績欄にそのレース時の最終調教の時計や評価が示されている場合もあり、近走の調教との比較ができるようになっている。調教時計を好走時や近走と比較することで、次レースの調子が見えてくる。

1. 大切なのは縦の比較

縦の比較と横の比較

調教で好時計が出る馬はたしかに能力がある。しかし、調教の方法は調教師の考え方や各馬の能力によっても違うため、同じレースに出走する馬同士の調教を比較してもあまり意味がない。それよりも、**前走時や好走時の調教と見比べる縦の比較**をしよう。縦の比較は前走時から良化しているか、悪化しているかを見分けるヒントになる。

〇 同コースの調教で前走時より時計が速くなっている

前回に比べて上がり時計が2秒以上速くなっていれば、注目しないわけにはいかない。追い方や馬場状態にもよるが、**3ハロンで2秒短縮というのは大幅な良化**だ。また全体時計で2秒縮め、上がり時計もいつも通りなら、良化している証拠。

〇 自己ベスト更新

過去の調教時計の中でもっとも速い時計をマークすること。競馬新聞には過去のベストタイムを掲載しているものもある。たとえ**馬場状態などの助けがあったとしても、馬の状態はいいとみていいだろう。**問題なのは時計の水準で、こうした場合は他馬との横の比較もしてみたい。出走各馬の中でも際立っているならプラス材料と判断できる。

〇／△ 前回よりも強い追い切りをかけてきた

強い調教を行えるのは、体調がいいからだ。ただし、冬場などで馬体が絞り切れない時期は、太め残りを解消するためかもしれない。強

い調教が裏目に出て、レース当日に疲労が残ることもある。**当日の馬体重や気配に注意が必要**だ。

◯ 単走で好時計

　基本的に単走よりも併せ馬のほうが時計は速くなる。**前走時の併せ馬と同水準のタイムを単走で出せるのは、調子のいい証拠。**

◯／△ 追い切りパターンが変わった

　いつも中間は坂路で追い、最終追い切りはコースで行う馬が、坂路調教のみでレースに臨むことがある。逆にいつも坂路で調教していた馬がコース追いに変えることもある。若駒が距離延長に対応するため、今までの調教では成績が頭打ちなので刺激を与えるためなど、**理由や意図が考えられる場合は問題はない。** ただし、**馬の状態が悪く、調教方法を変えざるを得ないとしたらマイナス材料**だ。

2. CHECK! 最終追い切りのパターンを変えて復調したキセキ

2020年3回阪神8日11R　第61回宝塚記念

1着　クロノジェネシス　牝4　2:13.5　2番人気（4.1）
2着　キセキ　　　　　　牡6　6馬身　6番人気（14.2）

⑭キセキ		前6着栗CW良		66.3	51.5	38.3	12.1	⑨馬なり
		連対時▶	19年6週CW良	67.2	51.8	37.9	11.7	⑨馬なり
	［小気味良］	助	手10栗CW良	71.3	54.8	40.0	11.9	⑧馬なり
	14栗坂不	55.1	39.1	12.6				G前強目
	［馬体充実］	武	豊17栗CW栗	⑥80.8	64.5	49.4	37.5	11.7 ⑦一杯追う
	［攻意欲的］	助	手21栗CW栗稍	⑥86.5	69.5	53.0	37.8	11.7 ⑧馬なり
	24栗坂良	51.1	37.4	12.7	一杯追う			

☑【17日に鞍上と意思疎通。直前も豪快にまとめ、好仕上げ】

　2017年の菊花賞馬キセキは重賞で好走を続けるも、フランスのGⅠ凱旋門賞に挑戦したあとは凡走続き。2020年5月3日の天皇賞・春（6着）まではCWと坂路を交互に乗り込んでいたが、宝塚記念に向けて調教パターンを変更。上記の調教欄に記載はないが、5月28日〜6月5日にかけて熱心に坂路で乗り込まれた。6月17日に64秒5の速い時計を出し、1週前（6月21日）はCWで馬なり。6月24日の最終追い切りを初めて坂路で行い、自己ベストを1秒以上更新する4ハロン51秒1をマーク。レースはタフな馬場となり、1着馬からは離されたものの、2着を確保して復調をうかがわせた。

中間時計にも目を配る

ちゅうかんどけいにもめをくばる

前走と今回の出走との間に行った追い切りのことを、中間時計という。前走との間隔が3ヵ月以上あくと休養明けとみなされ、休養中に何本の時計を出したかが調教欄に示される。中間の乗り込みともいう。休養明けと2走目は特に直前の調教の様子に注視したい。

1. 中間時計の質と量をチェック

休養明けの時計に注目する

休養すれば馬体は緩むし、闘争心も薄れるのが普通だ。そこで、レースに臨める状態に仕上げるために調教し、その過程で何本かの時計を出す。この時計の出し方も、仕上がりを推測するための重要な手がかりとなる。

3〜5ヵ月の休養

休養していた馬は出走するレースの2ヵ月前ぐらいから軽い運動を始め、1ヵ月前ぐらいに時計を出し始める。時計を出すのはたいてい1週間に1本だが、日曜と水曜というパターンもある。**出走までに軽め、強めを合わせて4〜5本は時計を出すのが普通**。それより少ない場合は途中で体調を崩したとか、急仕上げの状態である可能性がある。

長期休養明け

6ヵ月以上も休養すると、さらに仕上げに時間がかかる。だいたい3ヵ月前から軽い運動を始め、2ヵ月前から軽めの時計を3〜4本、最後の1ヵ月で速い時計を3〜4本出す。**少なくとも軽め3本、強め3本の時計が出ていれば、調教の量は足りている**と考えていい。

1ヵ月以上あいたローテーション

休養扱いにはならないが、1ヵ月以上間隔があく場合も調教には注意が必要。前走後から今回まで、調教欄に出ている日付をみれば中間の調整の内容がわかる。1ヵ月（中3週）のローテーションなら、前

走の10日後ぐらいに軽い時計を、その翌週に強めの時計、そして最終調教となる。2ヵ月なら軽めが2本、強めが2本あればいい。

調整過程の順調さも大切

　中間時計は多ければいいわけではない。仕上がりが悪い、あるいは馬体が絞り切れないために、繰り返し時計を出している可能性があるからだ。また、毎週コンスタントに時計を出して出走に至れば順調だが、数週間あけた後に調教を再開している場合もある。紙面の厩舎コメントなどから、調教をあけた原因を探っておきたいところだ。

2. 休養明けの調教は要注意

休養明けの考え方

　休養の長さはさまざまだが、しばらく実戦を遠ざかっていたことは確実に不安材料となる。だいたいは目標とするレースを定め、そこから逆算して馬を仕上げていく。

休養明けの最終調教

　休養明けの最終調教は馬なり（→134ページ）などにとどめ、あまり強くやらないほうがいい。**直前の調教を軽くすませられるのは、すでに仕上がっている証拠**だ。併せ馬でビッシリ追っているようでは、太め残りや気合不足が疑われる。ただし、常にそういう調教を行っている馬なら問題はない。

休養明け2走目の調教

　休養明けで大敗した場合は、2走目で本来の調子を取り戻せたかどうかを見きわめたい。調教時計がよくなるとか、**追われての反応が素早くなるなど、休養明けに比べて上積みがあればプラス材料**。強めに追われて遅れているようなら、復調はまだ先だ。一方、休養明けで好走した馬の2走目は2走ボケ（→103ページ）の可能性を探る必要がある。前走後の最初の時計をいつ出したかに注目し、レース後2週間以上も時計を出していなかったり、調教内容が軽すぎたりする場合は、好走の反動が出ている疑いがある。

調教評価は参考程度に

ちょうきょうひょうかはさんこうていどに

競馬記者による各馬の調教内容の評価。ＡＢＣＤや◎○△✕でランクづけするとか、矢印の向き（↑→↓↗↘）で調子の変化を表すなど、各紙ごとに工夫をこらしている。評価の根拠は調教時計、ゴール前での追い方、追われての反応など。記者の主観が入っていることを理解したうえで参考にすべきだろう。

1. 追い方は見た目の感覚

追い方

調教で乗り役がどんな追い方をしたかを示す。追うというのは手綱をしごいたり、ムチを入れたりして、馬に速く走るように指示を与えることをいう。どういう追い方をするかは調教師から指示されているものだが、ベテラン騎手の場合は判断を任されていることもある。

追い方の種類

追い方はだいたい**馬なり**、**軽め**、**強め**、**一杯**の4段階で示される。だが、新聞によってはより具体的な表現をする場合もある。たとえば、**馬なり余力**、**一杯に追う**、**末一杯追う**、**稍一杯追う**、**叩き一杯バテ**、**末強め追う**、**末抑える**、**一杯追うバテ**、**引っかかり気味**などだ。これらは見る人の感覚に左右されるものだと割り切って読もう。

馬なり

ゴール前で手綱をしごいたりムチを入れたりせず、馬の気に任せて走らせること。ごく軽い走らせ方。

軽め

キャンター（→ 180 ページ）程度の走らせ方で、15-15（→ 121 ページ）以下の軽い運動。手綱は余裕のある長さに持ち、ムチも腰に差したまま。連闘（→ 104 ページ）のため、中間軽めなどと記される。

強め

　短く持った手綱をしごいて馬を追い、反応をみる。反応が悪ければムチを抜き、見せムチや肩ムチを使う。見せムチとは、余力がある場合にムチを見せて速く走るように促すこと。肩ムチとは、肩の部分をムチで軽く叩いて気合をつけ、スパートさせることだ。

一杯

　強めの状態からさらに尻にムチを入れ、全力疾走させる。実戦並みの走りになる。もっとも強い追い方で、「ゴール前一杯」はゴール前でムチが入ったことを示す。

2. なるべく調教映像を見よう

さまざまな調教映像コンテンツ

　ＧＩレースについては、**JRAのホームページ**で調教映像を見ることができる。その他の重賞は**競馬場**や**ウインズ**で視聴可能だ。また、競馬専門の有料放送である**グリーンチャンネル**には、「今日の調教／今週の調教」というコンテンツがある。調教時計と実際の映像とを見比べて、手応えや脚色を自分なりに確かめると調教を見る目が養われるだろう。

3. 調教時計がわからない場合

モヤ・霧で見えず

　調教馬場に朝モヤや霧がかかっていて、コースを走る馬の様子が見分けられなかった状態。

エラー

　坂路調教の時計はJRAがセンサーなどの装置で自動計測するが、何らかの理由で測定できないことがある。

写真1 **エラーの理由**

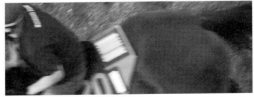

坂路コースはゼッケンの後ろにつけたバーコードによって、馬ごとに調教タイムが自動計測される。だが、乗り役のお尻で隠れてしまったなどの理由で計測不能になることもある。

きゅうしゃじょうほうのしゅしゃせんたく

厩舎情報の取捨選択

競馬新聞には、出走各馬の厩舎関係者のコメントが掲載されている。仕上がり具合や調教の手応え、レースの目標などについて、各紙の記者（トラックマン）が関係者に取材した情報だ。出走馬の能力や状態を1番よく把握している調教師、騎手、助手、厩務員などのコメントが馬券に直結するかどうかはさておき、注目する必要はあるだろう。

1. 厩舎関係者とトラックマンの駆け引き

トラックマン

　トレセンで調教を見たり、厩舎を訪れたりして、取材を行う競馬新聞の記者のことを**トラックマン（TM）**という。各紙の予想記者はこのトラックマンが取材した調教や厩舎からの情報も参考にして、予想記事を作成する。

煙幕を張る

　厩舎関係者は取材に訪れるトラックマンに、必ずしも本音を語るとはかぎらない。自信があってもないようにコメントするなど、ときには**真意をぼかすこともある**。これを煙幕を張る、という。そのため、厩舎コメントをどこまで真剣に捉え、予想に取り入れるかは各人の判断次第だ。

意味のあるコメント

　馬柱や調教欄がどんなに掲載方法を工夫しても、載せ切れないものがある。それは、たとえば**前走の敗因や休養中の経過、今回のレースにかける関係者の意気込みなど**だ。実績や調教などのデータからでは見えない部分を読むうえで、こうしたコメントは参考になる。

2. 気になるコメントをチェックしよう

◯ 勝負がかり

馬の調子や出走馬の顔ぶれ、目標としているレースの出走権がかか

る場合など、厩舎サイドが**「今度のレースは絶対に勝つ」と本気で勝負に出る**こと。

◯ 勝ち負けになる

1着か2着に必ず入ると予想されること。相手関係や中間の状態から、「このメンバーなら勝ち負け」などという。強気のコメントであり、関係者の期待の表れでもある。

△ 勝ち味に遅い

善戦はするが、決め手に欠ける馬のこと。掲示板には載る（＝5着以内）が、なかなか勝てない状態。「調子はいいが勝ち味に遅いので……」といえば、期待はしているが勝ち負けはむずかしいだろうという消極的なコメントだ。

◯ 変わり身

馬の体調や走りに、いい意味の変化が見られること。おもに休養明けで凡走した馬が、調子を上げてきた状態を指していう。調教内容も良化していると思われるため、調教欄も確認したい。また、得意なコースに替わり、「このコースで変わり身を期待」とあればコース実績をチェックして真意を見抜きたい。

◯ ガラリ一変

休養明け2戦目以降の馬に著しい変わり身が見られ、急速に良化している様子。叩き一変した状態。休養明けで凡走した馬が明らかに復調気配にあるわけで、厩舎としても力が入っている。調教データと照らし合わせたいコメントだ。

◯／△ 気のいいタイプ

性格が素直な馬。騎乗者の指示通りに動くので調教がしやすく、鉄砲が利く（→103ページ）馬が多い。「気のいいタイプで仕上がりはいい」などという。

○／△ ムラ駆け

好走したかと思うと次走では大敗したりと、**いつ好走するのか予測しづらいタイプ**の馬。厩舎関係者としても半信半疑だということ。

○／△ 使い込む

レースにつづけて数多く出走させること。仕上がりの遅い馬や性格がのんびりした馬の場合、**実戦を通して闘志を高めていくことも選択肢の1つ**。「使い込んでよくなってきた」とあるときは調教データを確認したい。もっとも、いい結果が得られないまま使い込んでも、それ以上の上積み（良化）は疑問だ。

△ 使い減り

使い込むに体調を下降させていくタイプ、あるいは小柄な牝馬などがレース後に馬体が細くなること。こうした馬は使い込めないので、休み明けが勝負がかりのことが多い。このタイプの馬を指して、「使い込むより久々のほうがいい」などという。

△ 割り引き

休養明け初戦にレース勘がどのくらい戻っているか、実戦で息が持つかなど不安材料は多い。馬体は仕上がって調教の手応えも悪くないが、もう1つ自信が持てない場合のコメント。「割り引きは必要だが地力に期待したい」などという。

○／△ 目先を変える

成績が頭打ちの馬を、それまでとは違った条件で出走させること。たとえば芝からダートへ、ダートから芝へ、あるいは長距離から短距離へ、短距離から長距離へ挑戦してみる。厩舎サイドも馬の能力を引き出そうと試行錯誤しているわけだ。

○／△ 牧場で乗り込んできた

トレセンでの調教で出した時計の本数は多くないが、休養・放牧先の牧場で調教を積んできたということ。

3. 厩舎コメントで陣営の真意を探る

競馬新聞に掲載される厩舎コメント

追い切り後のコメント

　競馬新聞のトラックマンが追い切り後、担当厩舎に取材してコメントをまとめる。『勝馬』では、末尾に次のような記号をつけている。

● 超強気

　勝利への絶対の自信が感じられるときの印。1開催2頭程度しかつけられず、信頼度は高い。

◎ 強気

　超がつくほどではないが、自信が感じられるときの印でほとんどのレースにつけられる。連対率（れんたいりつ）は4割程度。

○ 普通

　強気とも弱気ともいえないコメント。使用頻度が高いので連対馬探しというより、穴狙いの参考に役立つ。

△ 弱気

　関係者のコメントに自信が感じられないとき。連対率・勝率ともかなり低く、ほぼ馬券の対象にならないと考えてよい。

いいとこ取りしたい記者予想

いいとこどりしたいきしゃよそう

競馬の醍醐味は、自分で予想することにある。だから、まずは競馬新聞のデータをもとに、自分で予想を立ててみよう。その上でプロの意見を参考にすると、有効なヒントを得られることもある。また予想印の集まり方や予想オッズ（あるいは前売りオッズ）から、自分が狙いたい馬の人気を知ることもできる。

1. 自分に合った新聞を探す

同じ新聞を長く使いつづけることが大事

　特定の新聞や予想記者の記事を読みつづけていると、その特徴がわかってくる。そうなれば記事や予想の中から取捨すべき情報に勘が働くようになるし、データとしての活用効率がよくなる。そのため、いくつかの新聞を試した後は、あれこれと変えるよりも、**特定の新聞と長く付き合うことがおすすめ**だ。

本紙予想

　予想欄は数人の予想記者の予想印を掲載するが、**本紙予想はその新聞を代表する予想という重みを持つ**。1人が担当する場合と複数人で担当する場合があるが、本命サイドの予想になることが多い。

TM予想

　トラックマンによるレース予想。トラックマンには、調教や厩舎情報を直接取材しているという強みがある。

レース予想

　そのレースごとの馬券の傾向を示す。表現の仕方は競馬新聞ごとでまちまちだが、印が特定の馬に集まって堅く収まると予想される場合は**本命サイド**、**軸不動**、**相手探し**、**順当**などと表現される。また、数頭に人気が集中している場合は**上位拮抗**、**実力伯仲**。人気が割れている場合は**実力互角**、**力接近**。波乱が予想される場合は**穴の気配**、**惑星注意**、**高配含み**などと表現される。

厩舎情報

各紙の取材力が表れる部分。関係者からの話の引き出し方や取材のまとめ方には、それぞれの特徴がある。ただし、それらは取材時点の情報であり、取材対象は生き物である競走馬だ。レースに出走するまでにどんな変化があるかはわからない。あくまでも参考情報として活用しよう。

予想記事

専門紙、スポーツ紙、夕刊紙とも工夫をこらして説得力と信頼性を競う部分で、各紙に看板記事がある。データ分析や予想陣のノウハウを駆使したものも多いので、予想の考え方として参考になる部分も多い。情報過多にならない範囲で、サラリと読んでおきたい。

データ予想

ＩＴ時代にふさわしく、各紙は自社開発のプログラムでさまざまな指標を設定し、勝ち馬予想として提供している。競馬ブックの「**コンピュータ３連単**」など。そのほか、「**コンピ指数**」（日刊スポーツ）のようなデータ提供型予想ツールも人気がある。

2. CHECK! 馬柱の短評なども参考にする

馬柱の下にも記者予想が盛り込まれている

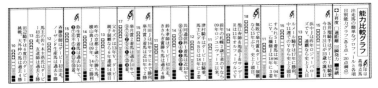

競馬新聞によって表現方法は違うが、馬柱にも各馬の短評や買い・消しの材料、能力評価などを載せている。あくまで、自分で近走成績や調教などのメインの要素を検討し終えた後で、参考程度に活用しよう。

予想印は人気のバロメーター

よそうじるしはにんきのばろめーたー

記者や評論家などがレースの勝ち馬を予想して打つ印。馬柱に数人の予想印が並べてあり、有力馬には印が集中するので一目でわかる。印は各予想者が能力評価や調教内容、展開予想、厩舎情報などにもとづいて予想し、導き出される。評価方法の違いや本命党、穴狙いを好むなど、予想者の傾向によって予想は分かれる。

1. 印の集中度を見る

予想印

　◎・○・▲が基本で、各予想者がそれぞれの印を1頭だけにつける。△は複数の馬につけられることが多い。×、☆などを用いる新聞もあるが、意味合いは新聞によって多少の違いがある。

　予想印の欄を眺めて、◎が1頭に集まるようなレースなのか、印が分散して人気が割れているレースなのか、その程度の認識が得られればいい。

印の意味

◎（本命・二重丸・デンデンムシ）

　そのレースで勝つ可能性がもっとも高いと思われる馬。

○（対抗・白丸・丸）

　本命馬の次に勝つ可能性が高いと思われる馬。

▲（単穴・黒三角）

　信頼度には欠けるが、場合によっては本命馬や対抗馬を抑えて逆転できる可能性があると見られる馬。あるいは本命馬、対抗馬の次に勝つ可能性が高い馬。

△（連下・白三角）

　勝つのは無理でも、連対する可能性がありそうな馬。

×（バッテン）

関東では▲と同じ意味合い。関西では△と同じだが、意味合いには
バラツキがある。

☆（ホシ）

△よりは評価が高い馬。△の筆頭と考えてもいい。

注（注）

特に注目すべき馬。評価としては☆と同程度と考えていいが、もし
かすると穴をあける可能性がありそうな馬につけられる。★を使う新
聞もある。

2. CHECK! 予想印は自分なりに取捨選択する

印が集まった馬は有力馬だと一目でわかる

　各紙とも本紙予想を含めて、馬柱には6人程度の予想印が設けられ
ている。予想印が多く集まった馬、**特に◎や○が多く集まった馬は、
それだけ有力馬だと判断できる。**

　予想のプロがつける印なので、まだなかなか自分だけで予想が組み
立てられてない時期は、この予想印を参考に有力馬から中心に検討し
ていくといいだろう。

日本競馬の大願をその背に乗せて

ウオッカ、コントレイル／日本ダービー

「我が予想生命を賭けて……」、そう書き出す勇気はなかった。しかし、自信はあった。2007年の日本ダービー、決死の覚悟で打った牝馬ウオッカへの◎である。

断然の1番人気に推された桜花賞で、ウオッカはダイワスカーレットの前に一敗地にまみれた。そのウオッカがオークスではなく、日本ダービーに挑戦との話が伝わったとき、「牝馬同士の桜花賞を勝てなかったのにかよ」との声を聞いた。「桜（花賞）を勝ったのならともかく、負けてダービーなんて何を考えているのかわからへん」、そういった関西調教師もいたそうな。それでもウオッカに◎を打ったあの日本ダービー──。

ウオッカ以外見えなかった感動の2分24秒5

スタート前のパドックで、ゆっくりとやわらかく、静かに歩くウオッカ。ほかのどの男馬より大きく、最高の状態と見てとれた。

「これでウオッカが負けるんだったら、自分には馬を見る目がないんだとあきらめよう」

背筋が冷たくなった。震えがきて、寒気さえした。我がウオッカが直線半ばで先頭に躍り出た。彼女が私に向かって走ってくるように見えた。それからあとは何も憶えていない。感動の2分24秒5だった。前週のオークスより1秒近くも速いこの時計は、ダービー史上の3番目の記録（当時）。上がり3Fはあのディープインパクトをしのぐ33秒0のすさまじさだった。牝馬勢が後塵を拝してむべなるかな、震えがこないほうがおかしい。

レベルの高かった阪神JFで湧いた予測

3歳牝馬同士の桜花賞に手の届かなかったウオッカが、牝馬17頭を向こうに回し、64年ぶりの牝馬のダービー馬になった。

人は不思議に思ったであろうこの大快挙を予測する引き出しになったのは、真っ先に前年の阪神JFのレベルの高さ。次に、ウオッカの桜花賞2着が、私には敗走には映らなかったこと。そして、とどめは牝馬勢に対する、大いなる不信である。

阪神JFはアストンマーチャンとル

ミナスハーバーが逃げ争いを演じてはいたが、その実、4F46秒3、5F58秒3とペースはさほど速くはなかった。にもかかわらず、ウオッカは先行2頭を4角6番手からきっちり捉えた。このあざやかな勝ちっぷりもさることながら、驚きは1600mを1分33秒1で走破したこと。この時計の価値である。

阪神JFが行われた開催に古馬オープン1600mのレースはなかったが、準オープンの1600万円下でも1分34秒1でしかなかったのである。私には2・3歳馬が古馬の1000万円下と同等の時計で走れば、その馬は2・3歳同士ならオープン、重賞級との持論がある。ウオッカは2歳12月の時点で古馬準オープンを1秒もしのぎ、開催の1番時計ときた。長くこの仕事をしてきてこんな記録は初めて、驚愕のタイムだ。

桜花賞での敗戦に
あらためて気づく非凡さ

ウオッカは年が明けてエルフィンS、チューリップ賞でも1600mを1分33秒台で勝ち、連勝記録を伸ばす。チューリップ賞では、ダイワスカーレットがクビ差の同タイムで2着に入り、この年の3歳牝馬のレベルの高さを印象付けた。

ちなみに、この年の2歳チャンピオンを決める朝日杯FSの勝ち馬ドリームジャーニーは、1分34秒4にとどまっている。阪神と中山の馬場の違いうんぬんなんてどうでもいい。私はこの歴然とした1秒3という時計差に重きを置き、少なくともウオッカは同世代の牡馬の上を行っていると確信したのである。

桜花賞の2着は、ダイワスカーレットの強さもあったろう。加えて、鞍上・安藤勝己の絶妙の仕掛けにしてやられたといったら、ダイワスカーレット陣営に失礼だろうか。しかし、いったんは3馬身ほどの差をつけられながら、残り200mから再び差を詰めて1馬身半まで盛り返してきたウオッカの勝負をあきらめない姿が、しつこいまでに見た桜花賞のビデオに再生されていた。

着順	枠番	馬番	馬　　名	重量	騎手	タイム着差	推定上り	調教師	単勝人気
1	②	③	ウオッカ	55.0	四位洋文	2:24.5	33.0	角居勝彦	③
2	⑧	⑯	アサクサキングス	57.0	福永祐一	3	34.9	大久保龍志	⑭
3	⑦	⑭	アドマイヤオーラ	57.0	岩田康誠	1 3/4	33.7	松田博資	④
4	⑥	⑫	サンツェッペリン	57.0	松岡正海	クビ	35.0	斎藤誠	⑧
5	④	⑧	ドリームジャーニー	57.0	蛯名正義	3/4	33.1	池江泰寿	⑧

東京10R　第74回**東京優駿JpnⅠ**　（芝2400m・良・18頭）　※上位5頭

単勝1050円　複勝420円 2140円 350円　枠連1990円　ワイド1万2900円 2000円 1万5140円
馬連5万4470円　馬単9万7890円　3連複24万8790円　3連単215万5760円

どう勝つかだけ
だったコントレイル

　これらの理由から、桜花賞を勝てなかったウオッカにダービーで◎を打ったとき、どこからともなく、「鈴木和幸もついに気が狂ったか」との声が聞こえたような気がした。

　それほどダービーにおけるウオッカの評価は低かった。そんなウオッカに決死の覚悟で◎を打ったのだが、必ず勝つとの自信より、"本当に走ってくれるだろうか"との不安に、心が揺れに揺れていたことを今さらながらに思い出す。

　そこへいくと、2020年のダービーは気が楽だった。コントレイルの皐月賞に続く2冠には絶対の自信があったし、あとはどれほどの勝ちっぷりを見せてくれるかと、2・3着には何が飛び込んでくるかを見ていればいい。こんなにも自信にあふれ、楽な気持ちで迎えられたダービーは初めて。2020年5月31日、15時40分のスタートが待ち遠しくて仕方がなかった。

　その結果は、ご承知の通りである。直線、楽々と突き抜けて、堂々の2冠達成。父ディープインパクトの5馬身ほどの大差はつけられなかったが、皐月賞で半馬身差まで苦しめられたサリオスに3馬身の差をつけ、最後は抑えてゴールしたのだから大満足。早くからコントレイルのクラシック3冠を予感し、それを公言してきた私だけに、留飲を下げたのはいうまでもない。

デビュー戦で驚愕した
英雄の子の勝ちっぷり

　私が初めてコントレイルを見たのは、2019年9月のデビュー戦である。関西・阪神での新馬戦だったから、予想はなく、パドックも見ずの単なるレース観戦だった。芝1800mを1分48秒9。特別に速い時計ではなかったが、ほとんど追わず瞬時に2馬身半差の楽勝をした姿には、"素質あり"との感触あり。で、その日の夜、もう一度ビデオでレースを見たのだが、かたわらのラップタイムと合わせ驚愕させられてしまった。「こいつタダ者じゃない！」と。

　レースの上がり3Fのラップは11秒6、10秒7、11秒4。3番手で4コーナーを回ったコントレイルは、直線の半ばでは2番手に上がっていったが、このときはおそらく1F10秒5か4の脚を使っている。驚愕させられたのは、ここである。いかにそこまでがスローだったとしても、初めてのレースでこれほどの数字はおいそれと記録できるものではない。ましてやほとんど馬なりとは、驚愕でなくて何であろう。

　陣営はこのデビュー勝ちに確固た

る手応えを、そう、GⅠ馬になれるとの感触を得たに違いない。だからこそ、まだたった1戦のキャリアだというのに、2戦めに早々と東上させ、東京コース（ダービーのため？）を経験させきている。GⅢの東京スポーツ杯2歳Sにいきなり挑戦である。初長距離輸送、初コースを承知で◎を打てたのは、デビュー戦の内容あったればこそである。

そして、再び驚愕がやってきた。2着に5馬身もの大差をつける独走で、時計はといえばイスラボニータ（のちの皐月賞馬）の記録を1秒4も短縮する超レコード。手綱をとった世界の名手・ムーアいわく、「いい馬です。トップクラスです」。2着アルジャンナの川田にいたっては、「勝った馬が強すぎた」と、どうしようもなかったといわんばかり。

東京スポーツ杯2歳Sでは、5馬身のぶっちぎりだったにもかかわらず、ムーアは目いっぱいに追いまくっていた。それは馬に余裕がなかったからではなく、抜け出すと遊んでしまうコントレイルに競馬を教え込んでいたからと思われる。こうした先を見据えた教育のおかげで、段々とレースで遊ばなくなっていく。

僅差の皐月賞で確信した3冠達成

3戦めに中山芝2000mのホープフ

ルSを選んだのは、同舞台の皐月賞を意識してのことだろう。鞍上が福永に戻り、無傷の3連勝で2歳戦を終了し、最優秀2歳牡馬にも輝いた。ここまで何もかも陣営の思惑通り、期待通り。4ヵ月の休養をとって3冠本番の皐月賞へ。ここまで◎以外打ったことのないコントレイルに、もちろん自信の◎である。

3連勝がいずれも楽勝、圧勝だっただけに、4連勝めの皐月賞を不満に思う向きもあったかも知れない。しかし、私はこの辛勝ともいわれた皐月賞の直後に、3冠達成の予感が確信に変わっている。2着サリオスに半馬身差でしかなかったのは、サリオスもまたここまで3戦3勝の無敗馬で、将来を嘱望（しょくぼう）された大器だったから。それが証拠に、3着以下には決定的な3馬身半差をつけている。この強敵との叩き合いに負けず、最後まで抜かせなかったところこそコントレイルの真骨頂で、ここに絶大の価値を認めた次第である。

3冠への予感が確信に変わったと書いた。それはもちろん、連勝記録を4に伸ばしたからだが、その伸ばし方、つまり勝ちっぷりに父ディープインパクトを見たからである。この日のコントレイルは最内枠の1枠1番。このため、稍重（ややおも）の悪い馬場を気にし、前に進んで行こうとしなかったそうだ。2コーナーでは12番手

の後方、これは大変なことになったと福永は思ったそうだ。こうなっては、外を回って追い上げるしかないと覚悟を決めたとも……。

向正面の半ばを過ぎたあたりだったろうか、外に出すことができたのは。そこから距離ロスもなんのその、馬群の大外を1頭、2頭と抜いていき、4コーナーではアッという間にトップを射程圏に捉えた。他馬が止まったようにさえ見える上がって行き方、姿がディープインパクトとそっくり。それで勝ってしまったから、3冠を確信したのである。

世界にも例がない 親子2代の3冠馬

圧勝でダービーを制し、残るは菊花賞のみ。夏場を休養にあてたコントレイルが前哨戦に選んだのは、トライアルのGⅡ神戸新聞杯だった。いよいよ3冠達成も秒読みに入るのか、そんな思いで馬体重をチェックし始めて驚いた。ダービーから4ヵ月も過ぎたというのに、レース前に発表された馬体重はダービーと同じ460キロでしかなかったのである。「伸び盛りの3歳馬がひと夏を越して、成長できなかったというのか。それとも負けられない状況下、仕上げすぎてしまったというのか」。こんな不安を感じたのは、私だけだったのだろうか!?

でも、それはとり越し苦労だった。数字に踊らされただけだった。4ヵ月ぶりのコントレイルは細化の"さ"の字もなく、平然とパドックを歩いているではないか。いつも通り、少々うるさい面を時折見せてはいたが、体調、馬体づくりには一点の不安もなし。それどころか、うれしい発見もあった。歩くたびに揺れる全身の筋肉がより良質化され、そのおかげだろう、バネの利いたフットワークを大きく見せていたのである。無敗記録を6に伸ばしての3冠どりは、間違いなし――。

いよいよ菊花賞がスタートし、直線半ばのアリストテレスとの叩き合いに向かって、私はコントレイルに「負けるな、負けるな」と連呼していた。クビ差を制しての3冠達成。親子2代でのこの偉業は、世界でも例があるまい。

「やった、やった、本当によくやってくれました」

コントレイルにも福永にも何度もガッツポーズをして感謝し、手の痛さに気付くまで拍手しつづけた私である。「これだから競馬はやめられない」と、叫ぶ鈴木和幸がそこにいた。

結果として、クビ差の辛勝となったことについて一言。あれはアリストテレスのルメール以下に、徹底的にマークされたことが大きな要因。

もう１つは、3000ｍへの距離適性が、よりアリストテレスにあったということ。仮に菊花賞が2000ｍであったら、アリストテレスはコントレイルの影も踏ませてもらえなかったと、私は思っている。

日本競馬の大願を コントレイルに乗せて

最後に、コントレイルが初めて負けた2020年のジャパンカップについて。たしかに勝ったアーモンドアイは強かった。あのＶ走にケチをつける気は毛頭ないが、あまりにもルメールの仕掛けがタイムリーだった。対してコントレイルは仕掛けが遅れたし、大外の距離ロスもあった。それに菊花賞での偉業達成の疲れもあったのではないか。１週前の併走追い切りで、これまで先着されたことなどなかったのに遅れるなど、疲労回復に手間どっていたフシがある。当日のパドックで初めて小さく見えたことも含め、完調とはいいがたかったのではないか。もちろん、アーモンドアイの後塵を拝してしまった

のは、実力負けではない。もう一度戦えるチャンスがあれば必ずや——。

我が心の"コントレイル"。人に「華奢」とまでいわせてしまうほど頼りなくも細く映る馬体だが、断じてそんなことはない。華奢な馬に３冠制覇なんてとうてい無理だし、君は必要なものしかもっていない理想のサラブレッド。彫刻のような馬、とでもいおうか。私にはそうとしか映らない。父以上に美しく、これまで見たことがない、かけがえのないサラブレッドである。

これから、君はどの道を歩むんだろうか。もう日本で負けることはないし、やはり海外遠征ということになるのだろうか。日本馬の悲願、凱旋門賞を望む方々も多いかと思うが、私は海外遠征を望まない。日本で安田記念、宝塚記念、札幌記念をはさんで天皇賞・秋、ジャパンカップ、有馬記念の６連勝が見たい。体調を整えることさえできれば、前代未聞のこの偉業をやってのけられると思っている。それが日本の競馬人の大願であることを知ってほしい。

着順	枠番	馬番	馬　名	重量	騎手	タイム 着　差	調教師	単勝 人気
			東京11R　第87回 **東京優駿（GI）**	（芝2400m・良・18頭）				※上位5頭
1	❸	⑤	コントレイル	57.0	福永祐一	2:24.1	矢作芳人	①
2	❻	⑫	サリオス	57.0	D.レーン	3	堀宣行	②
3	❸	⑥	ヴェルトライゼンデ	57.0	池添謙一	1 3/4	池江泰寿	⑩
4	❶	①	サトノインプレッサ	57.0	坂井瑠星	アタマ	矢作芳人	⑨
5	❼	⑬	ディープボンド	57.0	和田竜二	1/2	大久保龍志	⑧

| 単勝140円　複勝110円 140円 520円　枠連240円　ワイド170円 790円 1830円 |
| 馬連270円　馬単350円　3連複2480円　3連単5140円 |

サラブレッドの各部位の名称

2章で詳しく述べるが、パドックなどで馬体を見る際のポイントはたくさんある。テレビ中継や競馬新聞、競馬雑誌などでの馬体解説を理解するためにも、サラブレッドの各部位の名称を覚えておこう。

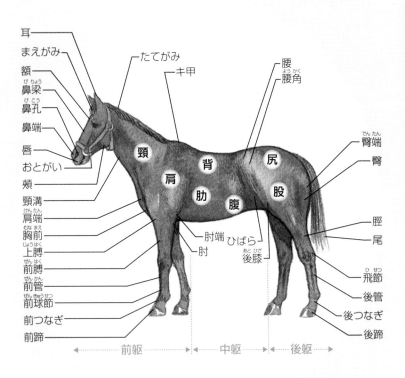

耳
まえがみ
額
鼻梁（びりょう）
鼻孔（びこう）
鼻端
唇
おとがい
頬
頸溝
肩端（けんたん）
胸前（むなまえ）
上膊（じょうはく）
前膊（ぜんはく）
前管（ぜんかん）
前球節（ぜんきゅうせつ）
前つなぎ
前蹄

たてがみ
キ甲

腰
腰角（ようかく）

頸
肩
背
肋
腹

尻
股

臀端（でんたん）
臀
脛
尾
飛節（ひせつ）
後管
後つなぎ
後蹄

肘端
肘
ひばら
後膝（あとひざ）

前躯　　中躯　　後躯

150

第 **2** 章

パドック・返し馬で
激走馬を見抜く

Contents

パドックの見方

パドックとは、レース前に出走馬を引いて歩かせて観客に見せる場所のこと。下見所（したみ）ともいう。馬券を購入する前に馬の状態をチェックする最後の場だ。発馬（ぱつば）（レース開始）の30分前から約15分間のナマ情報なので、ときにはどんな優れたデータもかなわない威力を発揮する。直前までは「この馬しかない」と確信していた本命馬を、パドックの様子から切ることも珍しくはない。

1. パドックで何を見るか

能力は実績で、調子はパドックで評価する

レースの着順は、まず馬の能力で決まると考えるのが基本だ。そしてその能力は過去の競走成績で評価する。したがって、出走各馬の調子が同じなら能力通りの結果になる。しかし、生き物である競走馬には調子の波がある。たとえ**能力に優れていても調子が悪ければ、能力の劣る馬に負けることもある。**

つまり、当日の調子はレース結果を大きく左右する要素なのだ。その調子を見きわめる最後のチャンスがパドックなのである。

調子を判断する5つの視点

調子がよさそうという直感やイメージも大切。だが、具体的には**毛づや**（→ 162 ページ）、**歩様（ほよう）**（→ 166 ページ）、**発汗**（→ 168 ページ）、**気合**（→ 168 ページ）、**目つき**（→ 170 ページ）の5点に着目して調子を評価しよう。

パドックの過信は禁物

パドックで見るべきは、その馬が本来の能力を発揮できる状態にあるかどうかである。実際のレースでは馬場状態、展開の不利やアクシデントなど、結果を左右する要素は調子以外にもたくさんある。そのため、パドックでよく見えた馬が必ず勝つ、あるいは好走するとはかぎらない。とはいえ、調子がよく見えた馬がどんなレースをしたかは、ぜひ記憶にとどめておきたい。

2. どこからパドックを見るか

できるだけ同じ位置から見る

パドックでは**いつも同じ位置から見るように心がける**。同じ馬でも見る位置からの距離や角度によって見え方が異なる。せっかくパドックに足を運んでも、そのたびに違う場所から見ていたのでは目も肥えない。パドックは競馬場ごとに形状が異なるが、それぞれの同じようなポジションから見ることを習慣づけたい。

太陽を背に順光で見る

逆光で馬を見ると、毛づやの良し悪しがわかりにくい。そのため、**太陽を背にして順光で見る**のが基本。一日中競馬場にいても逆光にならない、同じ位置で見るのが理想である。

真横から見る

馬の歩様や踏み込みを見るには、真横からのほうがいい。馬自身もコーナーでは小走りになったり、物見をしたりすることがあるので、楕円形のパドックでは、コーナーでのチェックは避けたほうがいい。

やや距離を置いて見る

パドック最前列に陣取ると、馬体に対して視点が近くなりすぎて、馬の全体の姿が視野に収まりにくい。少し下がって視野を広げたほうが、余裕を持って観察できる。

スタンドから見るなら双眼鏡を！

スタンドから見ると、歩様や踏み込みなどを他馬と比較しやすい。スタンドから見る場合、目の輝きや下腹の線などをよく見るために、双眼鏡が欠かせない。

騎手が騎乗する前から見る

パドックを見る時間は、わずか15分ほどとかぎられている。15分ほど経つと騎手が騎乗するが、遅くともそれまでに馬体をチェックしておき、**騎乗前後の気配の変化も確認**できるようにしたい。

3. パドックでのチェックポイント

まず全体を見る

　最初の２、３周は１頭１頭を均等に見る。馬名や新聞の印、人気などは無視して馬体の印象の見きわめに集中する。パッと見で決断するのは早計だが、目につくということは検討材料となる。

注目馬を絞る

　パドックの猶予(ゆうよ)時間はたった15分足らず。全馬をひと通り見たあとは**自分の狙っている馬、人気馬などに的を絞って重点的にチェック**すると効率よく時間を使える。

事前予想をしていなければ人気馬から見る

　事前に予想していない場合は、人気馬から順に見ていく。印が集まっている馬はそれだけ能力が高く、買う材料が多いとプロが評価している証拠。かぎられた時間の中で効率的な方法だ。

縦の比較で見きわめる

　馬にはそれぞれの性格があり、気合を表に出す馬もいれば、内に秘める馬もいる。パドックでは気合を表に出す馬がよく見えるが、重要なのは出走馬同士の横の比較ではない。**その馬の過去の状態と比べてどうなのかという縦の比較**だ。過去のパドックの様子を覚えておいて、いつもと同じかどうかという縦の比較を心がけよう。特に好走時と同じ様子であれば、能力を発揮できる状態と判断できる。

下級条件戦でトレーニング

　パドックでは、「雰囲気がいい」「キビキビしている」などのイメージも重要になる。その感覚を養(やしな)うには、午前中の下級条件戦のパドックを数多く見るといい。重賞レースは究極に仕上げられた一流馬の戦いなので、どの馬もよく見えて当たり前だ。それよりも能力差や仕上げの差が出やすい下級クラスのレースでじっくり馬を見て、場数を重ねると、自分なりの馬の見方をすることができる。

4. CHECK! パドックで見るベストポジションはどこか

条件に合うポジションを見つけよう

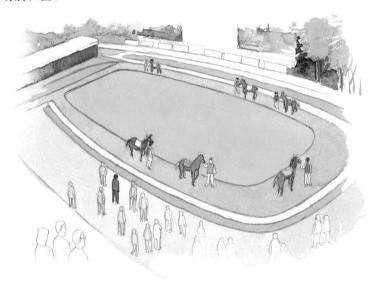

ベストポジションを探そう

　JRAのパドックはすべて左回りだが、パドックの形状は競馬場によって違う。たとえば東京競馬場は横長の楕円形だが、京都競馬場は丸い。毛づや、歩様、気合、全体的な仕上がりなど、自分が重視したいポイントがどの競馬場でも同じように確認できるよう、自分なりのベストポジションを競馬場ごとに見つけておこう。

パドックのマナーを守ろう

　競走馬はとてもデリケートな生き物だ。たとえば、前のレースが終わって多くの観客がパドックになだれ込んでくると、急にソワソワと落ち着きをなくす馬もいる。パドックは馬券判断に欠かせない場所だが、出走各馬にとってもレース直前の重要な時間。大きな声を出したり、カメラのフラッシュをたいたりは絶対にしてはならない。

馬体は語る
ばたいはかたる

競馬は生身の馬が走るのだから、馬券を検討するときに馬体に注目するのは当然のことだろう。ただし、いい馬体という褒め言葉は、漠然としていて捉えどころがないのも事実。馬体のどこに注目するかは、パドックに足を運ぶなどして自分なりに経験を積み、見る眼を養おう。

1. 名馬のイメージを知る

名馬を知る

　人間の世界で美男や美女に注目が集まるように、馬にもほれぼれするような馬体といわれる体形がある。個体差はあるが、重賞で活躍するような馬、ましてやＧＩレースをいくつも勝つような馬の体躯は、下級条件から脱出できない馬と比べると、オーラがあって格好がいい。その意味から**名馬といわれる馬を何頭も見る経験は大切だ。**

◎ 長躯短背 ⇨写真1

　いわゆる名馬は、体形が美しく皮膚が薄いことが多い。その姿形の美しさを表す言葉の代表例が**長躯短背**だ。**背中が短く腹の線が長いことが、競走馬の理想形**とされる。背中とは肩と腰の間の部分のことで、推進力の源泉となる腰が充実している馬

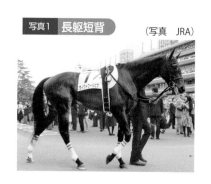

写真1　長躯短背

（写真　JRA）

は背中が相対的に短く見える。一方、腹の線が伸びやかな馬ほど、脚を前後に伸ばして大きな歩幅で走れると考えられている。重賞に出走するような馬はそれ相応の能力の持ち主だから、日頃から競馬週刊誌の誌上パドックなどで名馬のイメージをつかんでおきたい。

◯ 垢抜けた馬体 ⇨写真2

　全体の均整がとれた理想的な体形で、前躯と後躯がバランスよく発達

していること。**サラブレッドの場合は体長（胸前から臀端までの長さ）と体高（キ甲から地面までの長さ）がほぼ同じで正方形になる**。これにしなやかに伸びた首、小さな顔、皮膚の薄さなどが加わるとさらにいい。あくまでも全体のバランスが重要だ。見かけ倒しの例がないわけでもないが、判断材料に乏しい新馬戦のパドックなどでは買いの要素となる。

⭕ 皮膚が薄い

毛づやがよく、皮膚を通して筋肉の張りやしなやかさが一目で見て取れる状態。名馬の条件とされる。皮膚が薄い馬は代謝能力が高く、疾走時も発汗による体温調節を上手に行うことができ、その分だけスピードを維持する能力も高い。冬毛（→ 163 ページ）が伸びた状態ではこうはいかないので、冬場でも毛づやがよく皮膚が薄く見える馬は好調だと判断できる。

⭕ トモ（後躯）が発達 ⇨写真3

馬の馬体を前から前躯、中躯、後躯に三分した場合の後躯にあたる部分。つまり、腰から後ろの臀部や後ろ脚の部分を総合してトモという。この部分が充実している状態を**トモが発達している**、**トモの張りがいい**という。さらに、後ろ脚をしっかりと前に出して力強く歩いていることを**トモの踏み込みがいい**といい、調子のよさを示す。パドックで歩様（→ 166 ページ）をチェックするときの重要なポイントだ。

写真2　垢抜けた馬体　（写真　JRA）

アーモンドアイは前躯と後躯のバランスがよく、胴も長すぎず、短すぎず。距離を問わない活躍も納得。走らせるとさらに伸びやか。

写真3　トモが発達　（写真　JRA）

モズスーパーフレアは牝馬にしては大型だが、筋肉質でメリハリのある馬体が目を引く。特に後躯のボリュームが素晴らしい。

仕上がりとは何か

しあがりとはなにか

仕上がりとは、馬体のデキ具合のこと。馬体には個体差があり、毛色、体形、大きさなどは遺伝による影響が大きい。パドックでの気配や歩様にもそれぞれのクセがあり、何がいいとは一概にいえない。だが、「いい仕上がり」という必要な筋肉がつき、精神的にも充実している状態がある。好走したときの馬体を覚えておくことが重要だ。

1. 好調と判断したい仕上がり

好不調を見抜く

好調時は全身に張りがあって、馬体が大きく見える。逆に皮膚がくすんだ感じで馬体がしぼんで見えるときは調子を疑ったほうがいい。また、馬によって体形の違いがあるため、太い・細いの判断も一様にはできない。縦の比較が重要だ。好走時の馬体重とも比較して、数字の面での裏付けも行えばグッと精度は上がる。

◯ 好仕上がり ⇨写真1

仕上がりの良し悪しの判断には、下腹の線が重要。**腹帯（鞍をくくりつける帯）から後ろの線が緩やかな丸みを帯びつつ、自然に股下へせり上がっていくラインがベスト**。この線のカーブがたるんで見えると太め、丸みが不足していると細めと判断する。

◯ ふっくら見せる

必要な筋肉が充実して、全身がほどよく丸みを帯びた状態。減っていた馬体が戻り、いいときの状態に近づいている兆候でもある。小柄な馬、特に牡馬に比べて華奢な牝馬がふっくら見えるのは調子がいい証拠。ただし、太め残りと紙一重でもあるため、じっくり観察したい。

◎ 馬体重のわりに大きく見える

馬体重（→ 106 ページ）は１つの指標と考えるべきだが、**パドックで大きく見えた馬は馬体重をチェックしてみる**。馬の状態がよく、気合を表に出して力強く歩いている馬はひと回り大きく見えるもの

だ。見た目の印象より馬体重が少ない馬は、好調と判断できる。

◯ 馬体重が維持できている

　腹が切れ上がって見えても、もともとそういう体形の馬もいる。こういうときこそ縦の比較が重要。好走時の馬体重と比較して、数字の面での裏付けがあれば好走の可能性あり。

★ ギリギリの仕上がり ⇨写真2

　ぜい肉をそぎ落とし、必要な筋肉だけを残した微妙な仕上がり。**これ以上落としたら細めに転じるギリギリの究極の仕上げ**といえる。ここが勝負という厩舎サイドの心意気は感じられるが、吉と出るか、凶と出るかは実際に走ってみないとわからない。

写真1　好仕上がり

下腹の線を基準に仕上がりを判断。もともと大きい馬、もともと小さい馬もいるため、好走時との縦の比較が重要だ。

写真2　ギリギリの仕上がり

必要な筋肉だけを残した仕上がり。あとわずかで細めに転じる、究極の仕上げだ。

細めとギリギリの見分け方

　細めは必要以上に筋肉が落ちてしまった状態。体調を崩して飼い食いが落ち、体力が低下してしまっては好走は望めない。調教の影響で体重が少々減った程度なら、極限的な仕上がり状態とも考えられる。また、明らかに太いよりは細いほうがまだ望みがあると見る。ただし、ギリギリの仕上がりで好走した場合、次走以降では反動が心配されるため、調教過程などに注意したい。

2. 不調と判断できる仕上がり

△ 太く見える ⇨写真3

ぜい肉がつき、**下腹の線が緩んで見えたり、全体のバランスに比べて尻が大きすぎるように感じられたりする状態**。

休み明けなどで調教が足りず、大幅に馬体重が増えていれば太め残りとなる。ただ、2～3歳の成長期には短期間で大幅に馬体が充実することもあるし、太めで好走できる馬もいる。

写真3　太く見える

もともと大きい馬もいるので、縦の比較のほか、調教過程も踏まえて判断したい。

また、芦毛馬はほかの毛色に比べてふっくら見えやすい。パドックで前後を黒っぽい馬に挟まれた芦毛馬が、太めに見えることもよくある。

✕ 背割れしている ⇨写真4

腰や尻に余分なぜい肉がついた太めの状態。後ろから見たとき、背骨を挟んで左右の肉が盛り上がり、背中を中心に二分されて見える。明らかに太めの証拠。こんな状態では腹、胸、肩にもぜい肉がついているはずで、首が短く見えたりする。パドックでの脚どりも重く、気合いも不足していることが多い。

△ 細く見える ⇨写真5

身体全体がほっそりして、こぢんまりと見える状態。馬体が寂しいともいう。調教や輸送の影響で体重が大幅に減ってしまった場合が多く、精神的にも余裕がない。パドックではイライラしてイレ込み、発汗（→ 168 ページ）する馬も多い。こんな状態は✕だが、本来の体形が細めのために、細く見えたときに好走する馬もいる。個体差の認識は重要だ。

✖ 腹が巻き上がる

細めを表す言葉。馬体を真横から見たとき、下腹の線が股下に向かって切れ上がって見える状態で、**後ろ脚がやけに長く見える**。連戦の疲れや飼い食いが落ちた影響で馬体重が減っていることがほとんど。見た目の力強さに欠け、レースでも踏ん張りが利かない。

✖ ガレて見える

ガレるとは、やせること。必要以上にやせて走るための筋肉まで落ちてしまっていて、極度に細めの状態なので、明らかに調子も落ちている。馬体重も大幅に減っているはずで、パワーもスタミナも感じられず、競走能力に影響しないはずがない。

△ 馬体は仕上がる

休養明けの馬が、見た目も数字（＝馬体重）も好走時に近い状態で出走にこぎつけた状態。外見は合格だが、中身がともなうかどうかは、調教過程や最終追い切りとあわせて判断したい。

写真4　背割れしている

余計なぜい肉がつくと、後ろから見たときに左右の肉が盛り上がり、背が二分して見える。太めの証拠。

写真5　細く見える

その馬にとって細すぎる仕上がりなら、イレ込みや発汗などのサインで不調を見抜くこともできる。

毛づやを見きわめる

けづやをみきわめる

馬の毛づやとは、人間でいえば肌つやにあたる。体調がよければなめらかで光沢を帯びて見えるが、体調が悪いときはくすんで皮膚が厚ぼったく見える。ただ、見た目の印象に左右されるもので、毛色や天候によっても左右される。特に雨で濡れた馬体は、毛づやの良し悪しを見分けることが少しむずかしくなる。

1. 毛づやの良し悪しとは

○ 毛づやがいい ⇨写真1

毛並みがそろい、しっとりとしてつややかな状態。**なめらかで薄い皮膚を通して筋肉の躍動が伝わるような張り**が感じられ、馬体の中から光を放っているように見えれば文句なし。毛づやのいい馬は、状態がいいと判断できる。

✕ 毛づやが悪い ⇨写真2

毛並みがふぞろいで**ボサボサ、ゴワゴワしてくすんだように見える状態**。寒い時期に冬毛が生えることは珍しくないが、春〜秋に毛づやが悪いのは体調を崩していると考えていい。

写真1 **毛づやがいい**

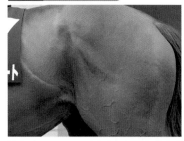

筋肉が張り、馬体が充実した様子が毛づやを通して伝わってくる。好調の証しだ。

写真2 **毛づやが悪い**

冬は毛づやの判断がややむずかしくなる。ただし、春〜秋に毛づやが悪い馬は明らかにマイナス。

2. 毛づやの見え方

○ 黒鹿毛が輝いて見える

黒鹿毛、青鹿毛、青毛など、毛色が黒っぽい馬の毛づやがいい状態で、特に好天の日は、陽光を反射してピカピカに見えることがある。ただし、芦毛などに比べてよく見えがちなのもたしかで、多少割り引く必要がある。逆に芦毛馬で毛づやがよく見えるなら、よほど調子がいい。

◎ 銭形の斑点が見える⇨写真3

毛づやが特にいいときに、馬体の表面に銭形の斑点が浮き上がって見えることがある。**特に腰のあたりに出ることが多い**。銭形の斑点が見える馬の体調は絶好調と見ていい。芦毛や鹿毛はほかの毛色に比べて出やすい（見えやすい）傾向があるため、

写真3 銭形の斑点が見える

芦毛の体調の判断材料としてぜひ覚えておきたい。

✕ 冬毛が伸びている

冬場は馬自身が寒さに備えるために体毛が伸びるが、冬毛が伸びると毛づやが悪く見える。どの馬にも起こる自然現象だが、牡馬に比べて牝馬のほうが伸びやすく、見た目の印象がさえなくなる。言いかえれば、**冬毛が伸びた牡馬の体調は疑ってかかったほうがいい**。牝馬でも冬毛がボサボサと毛羽だって伸びている馬は、皮下脂肪を蓄えて冬を越そうとしている状態で、競走するための体とはいいがたい。

△ 体毛を剃った馬

ジャパンカップなどで来日した欧州馬の中には、体毛を刈り込んでいる馬がいることがある。これは皮膚に刺激を与えて新陳代謝を促すための処置。最近は日本でも体毛を剃る厩舎があるが、調教後に体を洗った際に、乾きやすくする意味もある。

3. サラブレッドの毛色を知ろう

さまざまな毛色

　サラブレッドの毛色は親から遺伝する。もともと**栗毛**、**栃栗毛**、**鹿毛**、**黒鹿毛**、**青鹿毛**、**青毛**、**芦毛**の7種類に分類されていたが、のちに**白毛**が追加された。鹿毛がもっとも多く、栗毛、黒鹿毛とつづく。突然変異とみられる白毛は極端に少なく、青毛、栃栗毛の出現率もかなり低い。毛色ごとの特質を知ることは馬体の判断に役立つだろう。

栗毛 ⇨写真4

　短毛は黄褐色だが、金色っぽいものから赤褐色に近いものまで幅は広い。長毛は短毛より濃い茶褐色から、淡くて白っぽいものまである。白っぽい長毛はススキの穂に似ていることから、**尾花栗毛**と呼ばれる。代表例にテンポイント、テイエムオペラオー、ダイワスカーレット、オルフェーヴル。

写真4　栗毛　　（写真　JRA）

栃栗毛

　短毛は黒みがかった褐色だが、鹿毛に近い色からチョコレート色までいろいろ。長毛も、短毛に近い色から白っぽいものまでいる。青毛に次いで出現率は低い。代表例にサッカーボーイ、ノンコノユメ。

鹿毛 ⇨写真5

　もっともポピュラーな毛色で、全体の約半数を占める。短毛は赤褐色だが、カラートーンの明暗の幅は広い。栗毛と違い、長毛と四肢の下部が黒くなる。代表例にディープインパクト、ウオッカ、ロードカナロア、ジェンティルドンナ、キタサンブラック、アーモンドアイ。

写真5　鹿毛　　（写真　JRA）

黒鹿毛 ⇨写真6

短毛は黒みがかった赤褐色で、鹿毛に近いものから黒みがかなり強いものもいる。目の周辺や腋、ひばら、下腹、内股は褐色で、脚先や長毛は黒い。代表例にナリタブライアン、ブエナビスタ。

写真6 黒鹿毛 （写真 JRA）

青鹿毛 ⇨写真7

全身が黒っぽく、目や鼻の周辺、ひばらなどにわずかに褐色がみられる。精悍なイメージの馬が多い。代表例にサンデーサイレンス、コントレイル、デアリングタクト。

写真7 青鹿毛 （写真 JRA）

青毛 ⇨写真8

短毛・長毛ともに黒く、毛づやがいいと漆黒に光り輝いて見える。まれな毛色だが、季節によって黒鹿毛や青鹿毛のように見えることも。代表例にシーザリオ。

写真8 青毛 （写真 JRA）

芦毛 ⇨写真9

栗毛や鹿毛などもともとの毛色に白毛が混生していて、成長するにしたがって白毛が目立つようになる。真っ白になる場合もある。代表例にオグリキャップ、クロフネ、ゴールドシップ。

写真9 芦毛 （写真 JRA）

白毛 ⇨写真10

1979年に日本で初めて確認された毛色で、生まれたときから全身が白毛。遺伝的な仕組みはよくわかっていない。代表例にユキチャン、ブチコ、ソダシ。

写真10 白毛 （写真 JRA）

勝ち馬予想の1週間

競馬新聞（実績編）

競馬新聞（調教編）

パドック・返し馬

競馬番組とコース

現代競馬

馬券の買い方

歩様を見きわめる
ほ よ う を み き わ め る

馬が歩くときの脚さばきのことを、歩様という。歩様は馬の好不調を見きわめるための重要な判断材料だ。馬によってクセはあるが、四肢がリズムよくなめらかに動くのが好調時の歩き方。よほど極端に乱れていないかぎり、その差は微妙だが、パドックでは注意深く観察したい。

1. いい歩様の見分け方

◯ 踏み込みがいい・深い

後ろ脚を踏み出す動作が力強く、ときには前脚の踏んだ地点を越えて踏み込んでいく。**前脚の踏ん張りも利き、肩や首の動きもしなやかで目も輝いているはずで、全身に活気がみなぎり、好調**と判断できる。

◯ トモの返しがいい ⇨写真1

体重が前方に移動し、トモ（後躯）が地面から離れるときに蹴り出す力が強く、**蹄がくるっと後ろを向く状態**。歩く動作が力強くリズミカルで、関節のやわらかさも備えているときに見られる。

写真1　トモの返しがいい

◯ 前脚がすぐに地面を離れない

前脚が地面を離れるタイミングにゆとりがある歩き方。前脚がより長く地面についているため、後ろ脚は前脚の前方に踏み出て、前脚と後ろ脚が交差して見える。これは身体が柔軟で、元気がいい証拠だ。

◎ 前の馬に追いつく

歩くスピードが速く、前の馬を追い越しそうに歩く馬はたいてい体調がいい。 ただし、前の馬が遅かったり、チャカチャカと小走りで追いついたりしたのでは意味がない。前後の馬の歩様にも注意を払おう。

2. こんな歩様は要注意

❌／△ 肩の出が悪い ⇨写真2

写真2　肩の出が悪い

肩からつながる前脚の踏み出しが悪いこと。肩がコズんで前脚が伸びないため、歩幅が狭く**チョコチョコした歩き方**になる。後ろ脚の踏み込みにも推進力が感じられない。ただ、パドックを周回するうちに筋肉がほぐれ、**返し馬（→ 180 ページ）で改善されることもある。**

❌／△ コズむ・コズんでいる

調教の影響などで**筋肉痛（コズミ）を起こすと、歩くと痛いので歩様がぎくしゃくして見える**。肩と前脚の動きに注目すると見分けやすい。慢性的にコズんでいる馬は、コズミが軽ければそれなりに好調。

❌／△ 小走りになる

歩幅が狭く、チョコチョコと歩くこと。もともとのクセならいいが、コズミなどで後ろ脚の踏ん張りが利かない、精神的に余裕がなく落ち着きがないといったことが原因なら不安材料だ。

❌／△ 前の馬から離される

歩様が悪くて進み方が遅く、前の馬との間隔があいてしまう状態。コズミや気合不足、イレ込み（→ 168 ページ）などが原因なら不安材料。ゆったりと歩くタイプは、歩様がスムーズなら問題はない。

❌ 勝手に立ち止まる

周回途中で勝手に立ち止まり、厩務員（きゅうむいん）に促されてようやく歩き出すのは、気合不足か初めての競馬場で物見（ものみ）している状態。コズみがひどい場合もあり、レース直前の状態としては心もとない。

気合とイレ込み

きあいといれこみ

レースを間近に控えた馬は、ある種の興奮・緊張状態になる。適度な場合は気合としてプラス材料になるが、度を越すとイレ込みとしてマイナス材料になる。イレ込んだ馬は無駄な動きや過度の発汗で体力を消耗してしまい、レースで力を発揮することができない。パドックで馬の精神状態をしっかりと見きわめたい。

1. 発汗からイレ込みを見分ける

発汗 ⇨写真1

汗をかくこと。暑い時期に発汗するのは当たり前だが、ほかの馬に比べて**著しく発汗している場合はイレ込み**が疑われる。

✘ 頭から水をかぶったように汗をかいている ⇨写真2

1頭だけビッシリと汗をかいているのはイレ込みと見られる。馬の発汗は股下から腹にかけた部分からジワッと始まり、胸、肩、尻の上部、首から上へと広がっていく。したがって**首から上にも汗をかいている馬は異常に興奮し、かなりイレ込んだ状態**だと考えられる。

✘ 股間に白いものがこびりついている ⇨写真3

白く見えるのは、イレ込んだ馬が小走りになったため、汗がこすれ

写真1 適度な発汗	写真2 異常な発汗

暑いときは汗をかいて当然。また皮膚が薄くて状態のいい馬は、細かい汗の粒が噴き出すような発汗の仕方をする。

馬も太めのときは汗をかきやすい。明らかに馬体重が増えている馬が発汗している場合は、調整不足が疑われる。

て泡状になったもの。中には白い汗の跡がありながら、妙に落ち着いている馬もいる。これは**パドックに出てくる前にかなりイレ込んだあげく、すでに汗も乾いた状態**。体力は消耗し切っており、**祭りが終わった**ともいわれる。もちろん好走を望める状態ではない。

✕／△ ゼッケンの下から白いものが垂れている ⇨写真4

汗とゼッケンがこすれて白い泡状になり、それが流れたもの。そうなるまでにはかなり発汗しているはずで、イレ込みが疑われる。だが、程度が軽ければ大幅なマイナス材料ではない。けっしてプラスではないが、ほかの要素と合わせて判断すべきだ。

△ 暑いのに汗をかいていない

夏の暑い時期に汗をかくのは自然のことなので、汗をかけないのは体調に問題がある証拠。ただし、暑さへの適応力は個体差もあるので、他馬の発汗の様子などと比べて総合的に判断しよう。

◯ 透明な汗をかいている

全身に汗をかいていても、毛色を変えない程度の透明な汗ならあまり気にしなくていい。**夏場の短距離戦なら、その程度の気合乗りはむしろプラス**。ただし、皮膚の色が変わって見えるほどの大量の発汗は問題がある。

写真3　股間にこびりつく白い泡	写真4　ゼッケンの下から垂れる白い泡

小走りして汗がこすれ、泡状になったもの。イレ込むことでできるため、いい状態とはいえない。

汗がゼッケンでこすれ、泡状になったもの。程度にもよるが、かなり発汗している証拠。

169

2. 歩様からイレ込みを見分ける

◯ 一定のリズムで歩けている

　小走りに近い歩き方でも、一定のリズムを保って歩けていれば気合と見ていい。

△／✕　たびたび歩様が乱れる

　パドックを周回中に一度ぐらいハネても、イレ込みとは決めつけられない。しかし、たびたびハネたり、立ち上がったりして厩務員をさんざん手こずらせ、騎手が乗ってもそのままならイレ込みと判断する。

3. 目つきからイレ込みを見分ける

◯ 涼しい目つきをしている ⇨写真5

　精神的に安定し、適度に気合が乗った馬の目つきは涼しげ。前方をしっかり見つめ、最後まで集中して歩けていればなおいい。

△／✕　白目をむいている、目が血走っている ⇨写真6

　目を血走らせて白目をむいているのは、冷静さを失っている状態。目が血走って馬が激しく前に行きたがり、厩務員が両手で引き綱を引っ張っているようならイレ込み気味だ。

写真5　涼しい目つきをしている

涼しげな目つきは落ち着き、適度に気合が乗っている状態を物語っている。プラス材料だ。

写真6　目が血走っている

目に興奮が表れていても、厩務員が片手で抑えられるくらいなら、気合いの範疇とみていい。

4. 動作からイレ込みを見分ける

○／△ 首を激しく上下させる

　歩くリズムに合わせて首を上下させるのは、適度に気合が乗っているから。ただし、パドックに出てすぐに激しく動かすようでは気合乗りが早すぎて、レースに向かう頃には疲れてしまう可能性もある。パドックを回るうちに徐々に首を動かすようになったり、騎手が騎乗してからこうした動作を見せたりする場合は好材料である。

△ チャカチャカする

　馬が気負い込んで**小走りになったり**、**後ろ脚を蹴り上げたり**、**首を左右に振ったり**することを「チャカチャカする」という。いずれも落ち着きのなさの表れ。無駄な動作でレース前に消耗してしまう可能性が高い。チャカチャカして落ち着きのないことを、**うるさいところを見せる**という。だが、チャカチャカすることがその馬の個性である場合もある。前走時や好走時との縦の比較が重要だ。

小走りになる

後ろ脚を蹴り上げる

△／✕ ツル首で厩務員を引っ張る

　ツル首（→ 175 ページ）は闘志の表れだが、度が過ぎるとイレ込みと見なければならない。目安となるのは厩務員の引き綱の状態で、**軽く片手で持ったままの状態なら問題はない**。両手で引っ張ったり、体重をかけて引っ張り返している場合はイレ込みが疑われる。

馬具の装着を見逃すな

ばぐのそうちゃくをみのがすな

馬の集中力を高め、レースで能力を発揮させるため、馬具を装着することがある。新たに馬具をつけてきたときは、レースで一変する可能性があり、パドックでの様子に注目する必要がある。馬柱に「B」「ブリンカー」として掲載されているので、新しくつけた場合や外した場合はチェックしたい。

1. 矯正馬具でレースに集中させる

馬は臆病な動物

　馬は臆病な草食動物だ。音に敏感で、視野も 350 度と非常に広い。そこでレースに集中させるために、視覚や聴覚を制限する馬具をつけることがある。良くも悪くも**初めて装着するときの効果がもっとも大きい**が、初めての馬具を気にして走ることがおろそかになり、**2度目以降に効果が表れることもある**ので、2走目までは要チェック。馬具に慣れるにしたがって効果が薄れることもある。

メンコ ⇨写真1
ふくめん

　覆面のこと。通常は耳をすっぽりと隠す耳覆いがついていて、**周囲の音や他馬の足音を気にする馬などに効果が**ある。耳覆いのついていないメンコは鼻頭といい、耳の動きを確認できる。頭絡の上からメンコをつけている場合はレースでは外すが、頭絡の下につけている場合はそのままレースに臨む。
とうらく

写真1　メンコとブリンカー

写真は耳覆いがついたメンコ。また、ブリンカーの装着の有無は新聞にも掲載されるのでチェックしたい。

ブリンカー（遮眼革） ⇨写真1

　メンコの目の周囲につけて、目の後方の視界をさえぎる馬具。**レースで他馬を怖がったり、よそ見をしたりする馬などに用いられる**。通常は左右両側につけるが、馬のクセや気性によって片側だけの場合もある。過去のレースで、スタートでもたついていたような逃げ馬がつけ

てきたときは要チェックだ。

ホライゾネット（パシュファイヤー）
　メンコの目の部分に網目状の覆いがついたもの。ブリンカーの一種。レース中に跳ね上がる砂が目にかかるのをいやがる馬に用いられる。視野を制限するため、レースに集中する効果が生まれることもある。

シャドーロール ⇨写真2
　下方の視野をさえぎる馬具で、頭絡の鼻革（はながわ）にかぶせて装着する。**地面に映った影を怖がる馬などに用いられる**。その他、装着すると脚元（あしもと）を見ようとして首を下げて走るようになるため、首の高いフォームを矯正するために用いられることもある。

チークピーシーズ ⇨写真3
　目の外側の頬の位置につけて、横や後方の視野をさえぎる馬具。

写真2 **シャドーロール**

地面に映る影を怖がる馬に効果がある。3冠馬ナリタブライアンもつけており、シャドーロールの怪物と呼ばれた。

写真3 **チークピーシーズ**

横や後方の視野をさえぎることができる馬具。馬の視野を限定し、レースに集中させることができる。

2. 脚元を守る装具

バンデージ
　肢巻（しまき）。レース中の外傷を予防するために、脚の下部（管（かん）や球節（きゅうせつ））に包帯のように巻き付ける。腱や靭帯（じんたい）を保護するため、サポーターやテーピングのような効果を期待して巻く場合もある。

勝ち馬予想の1週間

競馬新聞（実績編）

競馬新聞（調教編）

パドック・返し馬

競馬番組とコース

現代競馬

馬券の買い方

耳や首の動きに注目

みみやくびのうごきにちゅうもく

馬の耳はクルクルとよく動き、馬の気持ちを代弁するといわれている。耳から馬の発する感情を察知できるようになろう。また首の動きにも、馬の体調のよさや気合の乗り具合が表れるため、状態を判断する材料として注目したい。

1. 耳の動きから状態を見抜く

⭕ 耳を前に向けている

パドックを周回しながら**耳が前方に向いているのは、平常心が保たれている証拠**。立ち止まった状態で耳の向いた方向を見つめている場合は、そちらに何か関心を引くものがある状態。

耳を前に向けている

耳をクルクル動かす

❌ 耳をクルクル動かす

あたりの様子が気になり、気が散っている状態。若駒（わかごま）が初めての競馬場で不安を感じて警戒しているときなども、こうした仕草を見せる。レースに向かう心構えができていない。

🔺 耳をしぼる

耳をピタリと後方に倒す仕草で、敵意や警戒心の表れ。さらに歯をガチガチ噛み鳴らすのは威嚇（いかく）の表現。ただし、レース中は少し意味合いが異なる。余裕を持って走っているときは耳を立てているが、苦しくなったり、ゴール直前で必死に追われたりすると耳を絞る。時計を出していないとか、調教内容が軽すぎるとかという場合は、好走の反動が出ている疑いがある。

2. 首の動きから状態を見抜く

◎ 首を前に伸ばしている

　首を水平よりさらに低くして伸びやかに前へ差し伸ばし、ゆったりとした歩調で歩いている様子。リラックスした状態にあることを示す。歩様が力強く、グイグイと前へ進む感じで静かな闘志が感じられればさらにいい。

◎／△ ツル首になっている

　馬が**アゴをグッと引いて、首をツルのように丸く曲げ込んだ状態**。闘志満々で十分に気合いが乗っている。ただし、パドックに出てきたときからツル首では、気負いすぎも懸念される。また、イレ込んで小走りになり、厩務員に手綱を引かれたときもツル首の状態になるので、馬の歩調や厩務員の手元に注目して見分けたい。

ツル首になっている

○ 前に伸ばした首を左右に振る

　前方に伸ばした首をゆったりと左右に振るのはリラックスした状態。好調で気分よく歩いている。イレ込んで首を左右に激しく振るときは歩様に力がなかったり、小走りになったり、発汗していることが多い。

○ 歩調に合わせて首を前後に振る

　首を上げてはいるもののツル首にはならず、自然に首を振りながらテンポよく歩いているのは好調時の仕草。自然な気合の表れ。

○／△ 首を激しく上下させる

　周回するうちに徐々に、あるいは騎手が騎乗して首を激しく上下させた場合は気合いが乗っている状態。ただし、パドックを周回する間ずっとこの状態だと、レースまでに疲れてしまう危険性がある。

尾や尻も状態のバロメーター

おやしりもじょうたいのばろめーたー

競走馬の下半身は、走るための推進力の源泉。

そのため、パドックでは、尾や尻にもおおいに注目したい。目の光や耳、首の動きほど雄弁ではないが、尾の状態や動き、尻の状態にも目を配ると、馬の見せる好不調のサインを見つけることができる。

1. 尾の状態

◎ 尾の付け根が持ち上がって見える ⇨写真1

いわゆる**尾離れがいい状態**で、臀部に力強さがみなぎっている。力強い歩様で歩いているときに見えることが多い。

△／✗ 尾を断続的に振りつづける

馬の尾には汗を払い、虫を追い払う役目もあるが、断続的に振りつづけている場合は精神的なイラつきが懸念される。

△／✗ 尾が尻に張りついたように見える ⇨写真2

尾が付け根から垂れ下がり、尻に張りついたように見えるときは、たいてい筋肉の張りも乏しく、歩様にも力強さが感じられない。

写真1　尾の付け根が持ち上がって見える	写真2　尾が尻に貼りついたように見える

力強く歩いていると、尾の付け根が持ち上がって見える。好調と見ていい。

ぺたりと尾が尻に張りついて見えるときは、力強さが足りなく、マイナス材料だ。

✖ 尾が股間に入っている

尾が股間に入って見えるのは、不安やおびえを感じて馬体が縮こまっている状態。レースに臨む精神状態ではない。

― 尾の根元に赤いリボンをつけている

蹴り癖注意の表示。こうした馬の後ろに立つのは危険なので、周囲の人の注意を喚起するためにつけられる。気性の荒さや精神的な弱さがある可能性はあるが、調子とは関係がない。

2. 尻周辺は発汗・ボロ・馬っ気に注意する

✖ 尻の上のほうまで汗をかいている

暑い時期はどの馬も汗をかくが、**尻の上部まで発汗するのは異常**。イレ込みの可能性が高いので、他馬の発汗状態と比較してみる。

― 盛り塩をしている

厩舎関係者が故障や事故がなく無事に走ってほしいという願いを込めて、尻にひとつかみの塩を盛ること。最近ではあまり見られない。

― ボロ（糞）をした

パドックを歩いていた馬が、ボロをすることは珍しくない。人間だって緊張すると催すことがあるはずで、特に問題はない。

✖ 下痢気味のボロをした

通常のボロはポトッと落ちるが、ビシャビシャした下痢気味のボロだった場合は体調に問題がある証拠。この場合、見た目にも元気がないはずだ。

✖ 馬っ気を出して歩いている

牡馬がペニスを勃起させて歩いているのは発情の証拠。過去に好走例がないわけではないが、レース直前の状態としてはおおいに問題がある。

厩務員と騎手も観察
きゅうむいんときしゅもかんさつ

競走馬は厩務員に引かれてパドックを周回する。たいていは1人で引くが、馬の状態によっては2人で引くこともあり、パドックでの関係者の様子からも馬の状態を推測することができる。また、騎手はパドックを出る直前に馬にまたがるが、そのときの馬の反応や状態の変化も見過ごしてはいけない。

1. 厩務員の引き方を観察する

◎／✕
二人引きをしている ⇨写真1

　馬の左右両側に人がついて引くことを、二人引きという。適度な気合乗りを感じるなら◎。**一人引きでは抑え切れないほどイレ込んで、二人引きにせざるを得ない状態なら✕だ。**

△ 途中から二人引きになった

　パドックを周回中に気合が乗

写真1　**二人引きをしている**

二人引きをしているだけで判断するのは早計。馬の様子を確認し、イレ込みかどうかを判断する。

りすぎてイレ込み気味になり、二人引きになるのは、原則としてマイナス材料だ。

◯／△ 厩務員を引きずるように歩いている

　元気よくキビキビ歩いていれば好材料だが、厩務員を手こずらせているならイレ込み気味と見る。イレ込みかどうかは、歩様の乱れや発汗から見分けよう。

✕ 厩務員に引っ張られて歩いている

　厩務員に引かれて、仕方なく歩いているように見えるのはマイナス。体調が悪い、コズんで（筋肉痛）歩くのが遅い、物見をしているなど理由はいろいろあるが、状態としてはよくない。

2. 引き綱の張り具合に注目する

◎ 厩務員の引き綱がピンと張っている

　馬が先に立ってグイグイと歩き、ほどよい気合が感じられる状態。**厩務員は前後の馬との間隔を保つ程度に手綱を引き、馬もそれに素直に応じて周回している**。非常に調子がいいと判断できる。

◯ 厩務員の引き綱が適度に緩んでいる

　馬と厩務員の歩調が合って歩けている状態。**手綱が少々緩んでいても適度な速さで歩けているのは、体調のいい証拠**。

△ 厩務員のほうへ顔を向けている

　若駒（わかごま）にしばしば見られる**甘えの仕草**。顔だけでなく馬体全体が横向きになり、厩務員になだめられながら歩くようでは心もとない。

✕ 厩務員のほうへ馬体を向けて横歩きになる

　甘える気持ちがさらに強まると、馬体全体が厩務員のほうに向き、横歩きになってしまう馬もいる。馬をくるりとひと回りさせて真っすぐ歩き出せればいいが、それを繰り返すようでは問題だ。

3. 騎手が騎乗したときの変化に注意する

◎ 騎手がまたがったらシャンとした

　ユルユル歩いていた馬が、騎手がまたがると急に気合を表に出してピリッとすることがある。特に自分からハミを噛んでやる気を見せるのは、自ら臨戦態勢を整えたということで、頼もしくさえある。

◯ 騎手が乗ってから首を上下させて騎手がのめった

　パドック周回中にも見られる動作だが、だいたいは気合が乗ったことを示す。騎手の騎乗で、レースへ臨むスイッチが入ったとみる。

✕ 騎手が騎乗したら暴れた

　騎乗後に脚を跳ね上げたり、首を振って暴れたりするのはよくない。乗られたことが気に入らず、折り合いを欠く可能性もある。

（ ほんばばにゅうじょう・かえしうまのみかた ）

本馬場入場・返し馬の見方

発走の15分ほど前になると、出走馬は誘導馬に先導されて本馬場へと入ってい
く。原則として馬番の番号順に登場し、馬名がアナウンスされる。厩務員が引き綱
を外すと軽くダクを踏み、返し馬へと移る。当日の調子を判断するうち、80％はパ
ドックで、残りの20％は本馬場入場（→182ページ）と返し馬（→184ページ）を
確認する必要がある。

1. 競走馬の走り方を知る

ダク （→182ページ）

ダクとは、**速歩（トロット）**のこと。脚を高く上げながら、右前脚と
左後脚、左前脚と右後脚の組み合わせで2拍子のテンポを軽快に繰り
返す、はずむような歩様。**体調がよくてコズミ（筋肉痛）のない馬は、
高く脚を上げて軽快にダクを踏む。**パドックでコズんでいた馬でも周
回中に筋肉がほぐれ、コズミが解消されれば普通にダクを踏める。

キャンター （→184ページ）

駈歩の一種で、ゆるやかな駈歩。速い駈歩はギャロップという。左
後→右後・左前→右前の順に脚を使って走るが、右後脚と左前脚が同
時に着くので、**足音はパカラッ・パカラッという3拍子に聞こえる。**

ギャロップ ⇨写真1

襲歩ともいう。もっともスピ
ードに乗っている状態。レース
はこの走り方になる。速い順に
襲歩（ギャロップ）＞駈歩（キ
ャンター）＞速歩（トロット、
ダク）＞常歩（ウォーク）となる。

写真1 ギャロップ

もっとも速いギャロップ。レースにおけ
る走り方で、見た目にもスピード感にあ
ふれている。

2. 本馬場入場と返し馬の重要性

パドック80%＋返し馬20%

　馬の調子を見るのはパドックだけでいい、という意見もある。ただし、返し馬で一変する馬がいるのも事実だ。また、返し馬を行わない馬もいて、そのような馬は調子におおいに問題があると見ていい。

　そのため、パドックでの結論は80％まで。**パドックで見きわめた調子や気合が持続されているかどうか、残る20％を返し馬で確認する**。たいていはパドックでの判断に念を押すものになるが、返し馬の確認が予想の精度をさらに上げる。

本馬場入場はこう見る

　本馬場入場と返し馬を見るには、パドックから移動する必要がある。しかも、場内アナウンスとともに次々に出走馬が出てくる。ほとんどの馬がダクからすぐにキャンターの返し馬へと移るので、全馬を詳細に観察するのはなかなかむずかしい。そのため、**パドックで気になった馬を中心に、ダクの踏み方や気配の変化を数頭に絞って見る**ようにしよう。

返し馬はここを見る

　注目点は、ダクからキャンターへスムーズに移れるかどうか。騎手と折り合いがついているかどうか。締め切り時間は目前で、とても悠長に見てはいられないが、パドックで得た情報を生かすも殺すも返し馬次第だ。そのためには、パドックで「これだ」と思った軸馬か、取捨の判断に迷った馬に的を絞って返し馬を観察するといい。

本馬場入場で情報を補う

ほんばばにゅうじょうでじょうほうをおぎなう

本馬場入場は紹介アナウンスとともに馬番号順に入場するが、パドックで騎手が騎乗しなかったり、イレ込み気味の馬を先に本馬場に入れたりすることもある。その後、返し馬、待機所での輪乗りを経てスタートするが、関係者の工夫の意味を読み取るためにも本馬場入場は見る意義がある。

1. ダクの踏み方のチェック

◎ ダクを踏みながら首を前に伸ばしている

首を前へ前へと低く伸ばし、コースを舐めるように進んでいく姿が見られることがある。これは騎手の指示でダクを踏んでいる馬が気持ちよく走ろうとしている状態で、騎手との折り合いもついている証拠。

▲ ダクの出が悪い

ダクを踏むときに前脚をスムーズに運べない状態。原因は肩のコズミなどだが、この後の返し馬でほぐれることもある。

― 柵に沿って横歩きをした

本馬場に入って厩務員（きゅうむいん）の引き綱が外されると、柵に沿って横歩きをする馬がいる。そのままスムーズに返し馬に移れるようなら問題はな

写真1　本馬場に入場する出走馬

馬番号順に入場してくるが、気合の乗っている馬は前の馬を追い越したりする。

い。いつまでも走り出さないようなら、何か問題があると考えられる。

2. パドックとの変化を見逃すな

○ パドックで落ち着いていた馬が興奮している

　パドックとは一変して首を激しく振ったり、目つきもギラギラさせ、前の馬を追い抜くように入場してくる馬は、レースを意識して走る気になっていると見られる。パドックで騎手が乗った時点、本馬場へ脚を踏み入れた時点などがターニングポイントとなる。

写真2　ダクを踏む競走馬

速歩、トロットともいう。右前脚と左後脚、左前脚と右後脚の組み合わせで2拍子のテンポで歩く。

○／△ パドックと同様に落ち着いている

　ほとんどの馬は本馬場に入るとレースを意識して興奮状態になるが、中には変化を見せない馬もいる。目に光があり、静かな闘志を秘めて悠然と落ち着いているのならいい。だが、レースの直前になってもスイッチが入らない状態なら問題だ。どちらであるかの判断は、返し馬（→ 184 ページ）でチェックする。

✗ パドックでイレ込んでいた馬が落ち着いている

　イレ込んで**疲れて消耗した状態**。ほとんどの馬は騎手が騎乗すると気合が入るものだが、イレ込みやすい馬はなおさらその傾向が強い。それが本馬場に入って、かえって落ち着いているのは普通ではない。こういう場合は**返し馬を行わず、ダクのまま待機所に行ったりする**。

○ パドックで見られたコズミがなくなっている

　パドックでぎごちなく歩いていた馬が高々と前脚を上げてダクを踏めているようなら、**筋肉がほぐれてコズミが解消された**と判断できる。パドック周回中のウォーミングアップがうまくいった証拠。

返し馬で調子の最終確認

かえしうまでちょうしのさいしゅうかくにん

返し馬とは、出走馬が本馬場に入場し、スタンド前でダクを踏んだ後、向正面に向かってキャンターを行うこと。レース直前の馬の走りを確認するもので、パドック～本馬場入場につづく、当日の調子を判断する作業の総仕上げとなる。ここまで積み上げてきた予想を生かすためにも、ぜひ確認したい。

1. 返し馬のチェックポイント

○ スムーズにキャンターに移れた ⇨写真1

ダクからキャンターに移ることを、**キャンターにおろす**ともいう。軽くダクを踏んだ後、スムーズにキャンターに移れることが大切。なめらかに走り出せるのが好調の証拠。

写真1　キャンターに移る

もっとも本番モードに近づく瞬間だ。注目馬に絞って、調子の最終確認をしよう。

✕ スムーズにキャンターに移れない

ダクを踏むのがぎごちない上に、なかなかキャンターに移れないのは、コズミがひどくて前脚を出すと肩が痛い状態だから。**前走や調教の疲労が残っている**と考えられ、大きなマイナス材料。キャンターに移ってもスピードが乗らないことが多い。

△ しばらく厩務員がついていく

馬が走りたがっても厩務員が引き綱を放さないまま、コーナーのほうへ歩いていくことがある。たいがいは**イレ込みがひどく、そのまま放すと暴走する恐れがある**からだ。マイナス材料ではあるが、この後で普通に返し馬ができ、そのまま輪乗りに加われているなら、返し馬としては大きな問題はない。

✖ 放馬した

　騎手を振り落として、空馬（からうま）で走ってしまうことを放馬という。落馬の原因はイレ込んで歩様（ほよう）を乱した馬がつまずいたり、スタンドの歓声に驚いた馬が立ち上がったりした場合が考えられる。すんなり捕まればいいが、**長い距離を走ってしまうと体力を消耗し、精神的なダメージも受ける**。馬体検査で異常がなければレースに加わるが、疲労がひどければ競走から除外されることもある。

✖ 首を上げて左右に振ったりしている

　キャンターに入っても馬の姿勢が定まらず、首を振って騎手を手こずらせているのは、**折り合いがついていない状態**。返し馬でこの状態では、レース本番でも折り合いを欠く危険性が高い。

✖ 騎手が手綱をしごいている

　返し馬は走りたがる馬を抑えながら走るのが普通。馬の行く気に任せているときは騎手は鞍上（あんじょう）で動かず、走りすぎだと思えば手綱を引く。手綱をしごいたりムチを入れたりするのは馬を走らせる動作であり、返し馬でこうした動きが見られるのは、**気合不足、コズミ、太め**などが原因で、いずれにしてもマイナス材料だ。

◎ 向正面ですんなり止まった

　返し馬ではキャンターに移るときだけでなく、止まるときのスムーズさが重要。折り合いがついているときは、騎手が軽く手綱を引くだけで適当なところですんなり止まり、ゆっくりと待機所へ入っていく。**逆に止まるときに騎手が立ち上がるのは、折り合いに問題がある**可能性が高い。

✖ 返し馬を行わない

　ダクのままキャンターには移らず、そのまま待機所へ入っていっただけでは、返し馬を行ったことにはならない。つまり、返し馬ができない状態だと考えられる。イレ込んで消耗してしまったり、馬体重が大幅に減った状態でレースに臨んでいる場合などに、**少しでも体力を温存しようとして返し馬を省いたということ**だ。

ブルボン敗戦に距離適性を痛感！

ミスターシービー、ミホノブルボン／菊花賞

3歳クラシック最後の菊花賞。皐月賞、日本ダービーにつづいてこのレースを制覇すれば、"3冠馬"の栄誉ある称号が与えられる。しかし、おいそれとそれは手にできない。80年にも及ぶ長い競馬の歴史の中でもセントライト、シンザン、ミスターシービー、シンボリルドルフ、ナリタブライアン、そしてディープインパクト、オルフェーヴル、コントレイルと、三冠馬は8頭しかいない。このうちセントライト（1941年）は私がまだ生まれる前だし、シンザン（1964年）も学生時代のことで、記録などでしか知らない。だが、ミスターシービー以降の6頭は、菊花賞が行われる京都競馬場でその偉業の達成を目撃している。

シービーの早仕掛けに ぶったまげた第44回菊花賞

あまりにも衝撃的だったのは1983年のミスターシービーである。2周目2コーナーでは、誰もが"そんなに後ろでいいの"と思ったであろう、ほとんどドン尻。そこから行きだすと、"ゆっくりと上りゆっくりと下らなければならない"、いわれるところの「心臓破りの丘」、3〜4コーナーの坂ではなんと2番手にまで進出してしまったではないか。無謀！

誰もがそう思う間もなく、4コーナーでは前にいた馬を抜いて先頭に躍り出ると、直線は独壇場の3馬身ぶっちぎり。言葉は悪いが"ぶったまげた"のは私ひとりではあるまい。

「あんなめちゃくちゃな乗り方はない」「強引すぎる、馬が強いから勝ったけど……」との非難の声もどこ吹く風。手綱を取った当の吉永正人は、「行き出したらもう止まってくれない馬だもん、ああ乗るしかなかった」と、ケロリ。

そういえば、若くしてこの世を去った名手・中島啓之騎手からこんな話を聞いたことがあった。

「オレはミスターシービーなんかに頼まれたって乗らないよ」「あんな気性が激しくて、いうことを聞かない馬はいないからね」「おっかなくて乗ってなんかいられねえよ」「あれはマーちゃん（吉永正人騎手）にしか乗れない馬なんだ」と。

それほど乗り難しい馬を三冠に導いた吉永正人、絶賛こそすれ非難なんてとんでもない。

調教では馬の本質は変えられなかった

　"3冠"に話を戻そう。これまで春の2冠を制し、菊花賞に挑んだのは全部で16頭（8頭は骨折などで3戦目は不出走）。このうち8頭が栄冠に輝いたわけだが、残る8頭の中にあともう一歩、2着で涙を呑んだ馬が3頭いる。1950年のクモノハナ、1953年のボストニアン、1992年のミホノブルボンである。そして、教えられたのはミホノブルボンである。

　父マグニテュード（その父ミルリーフ＝14戦12勝、英ダービー、凱旋門賞などを制した歴史的名馬）、母カツミエコー（その父シャレー）との間に生まれたこの馬は、その血統とは裏腹に、同じ父の桜花賞馬エルプス同様、スピードの勝ったタイプに出た。それを立証するかのように1000mの新馬戦をレコード勝ちし、3戦目に現在の朝日杯フューチュリティS を勝って2歳（当時は3歳）チャンピオンになった。年が明けると、スプリングS（GⅡ）→皐月賞→日本ダービーとアッという間に二冠を達成。秋はトライアルの京都新聞杯（GⅡ）で無傷の7連勝を飾って、菊花賞を迎えたのである。

　シンボリルドルフ以来の無敗の3冠馬誕生の期待が高まる中、その一方であり余るスピードと、前へ前へと行きたがる（スプリングS以降はすべて逃げ切り）激しい気性が、菊花賞3000mでは災いしはしないかとの不安の声もあった。

　これに敢然と立ち向かい、無敗の3冠達成を目指したのが、誰あろう、この馬の管理者・戸山為夫調教師だった。

　"ついて来られる馬だけついて来い"とばかりに、1日に坂路4本など、馬が壊れんばかりの過酷な運動量、スパルタ教育をミホノブルボンに施した。それに耐えたブルボンは、まるで筋肉の鎧で身を包んだような馬体で菊花賞に挑んできた。結果2着が、果たしてスパルタ調教の成果だったのかどうか。それについて戸山調教師はこう話している。

　「調教では馬の本質は変えられなかったな」

　つまり、ミホノブルボンはその血統はどうであれ、頭の高い走法、回転の速いフットワーク、容易に抑えが利かない激しい気性、サイボーグのような分厚い筋肉におおわれた馬体などから、本質的にはマイラー、あるいはスプリンターだったのだ。それを師は、並外れたスパルタ調教で距離克服を試み、ステイヤーにまで変貌させようとしたわけだが、変貌させられなかったということだ。馬の本質（マイラー）を変え得なかったことの証明が3冠を逸し、初めて

他馬の後塵（こうじん）を拝した菊花賞だったのである。

　角度を変えてみると、菊花賞を勝てなかったものの2着は確保したのだ。この結果から「3000mだって走れたじゃないか、もう少しで勝てた」「距離適性だってあったんだ」との見方、考え方もあろうかと思う。しかし、私はまったく違う。「3000mだったからミホノブルボンは2着に甘んじた、負けた。あり得ない話だが、2400m以下の菊花賞なら勝っていた」「2着できたのは能力の絶対値が上だっただけのこと」と考えた。

　だって、そうではないか。日本ダービーでは4馬身もの決定的な差をつけ、影すら踏ませなかったライスシャワーに、菊花賞では1馬身以上の遅れを取り、3着馬にはアタマ差まで脅かされているのである。そんな菊花賞2着のどこに、3000mへの距離適性があったというのだ。

　ミホノブルボンに教えられたと、最初に書いた。そう、あれほどまでに強くて完璧だったブルボンが菊花賞で負けた理由を突き詰めて、サラブレッドにおける本質（距離適性）を改めて教えてもらったのだ。それを考えてレースを検討し、各馬の能力を判断することの重要さも重ねて教えられた。

　最後にこの菊花賞、私は単勝1.5倍にまで支持されたミホノブルボンに◎を打っていない。筋肉の塊（かたまり）のようなブルボンの馬体に、菊花賞3000mは長すぎるとの判断からである。

京都10R　第53回菊花賞（GI）						（芝3000m・良・18頭）		
着順	枠番	馬番	馬　名	重量	騎手	タイム着差	調教師	単勝人気
1	4	8	ライスシャワー	57.0	的場均	3:05.0	飯塚好次	②
2	4	7	ミホノブルボン	57.0	小島貞博	1 1/4	戸山為夫	①
3	5	10	マチカネタンホイザ	57.0	岡部幸雄	アタマ	伊藤雄二	③
4	1	2	メイキングテシオ	57.0	大崎昭一	7	橋口弘次郎	⑥
5	8	18	ダイイチジョイフル	57.0	千田輝彦	2	伊藤雄二	⑧
6	7	15	セキテイリュウオー	57.0	田中勝春	1/2	藤原敏文	⑬
7	3	5	ワカサファイヤー	57.0	小屋敷昭	1 1/2	野元昭	⑩
8	1	1	ヤマニンミラクル	57.0	河内洋	クビ	浅見国一	⑤
9	7	13	ヤングライジン	57.0	佐藤哲三	1 1/4	中村近	⑫
10	3	6	グラールストーン	57.0	松永昌博	ハナ	松永善晴	⑨
11	8	16	スーパーソブリン	57.0	横山典弘	1/2	稗田研二	④
12	2	4	メイショウセントロ	57.0	上篭勝仁	クビ	星川薫	⑱
13	8	17	セントライトシチー	57.0	南井克巳	1	清水出美	⑮
14	5	9	ランディーバーン	57.0	菅谷正巳	1/2	菅谷禎高	⑯
15	7	14	バンブーゲネシス	57.0	武豊	クビ	武邦彦	⑦
16	6	12	キョウエイボーガン	57.0	松永幹夫	3/4	野村彰彦	⑪
17	2	3	サンキンタツマー	57.0	石橋守	3	橋口弘次郎	⑭
18	6	11	ヘヴンリーヴォイス	57.0	田面木博公	アタマ	高松邦男	⑰

ハロンタイム／13.1-11.4-11.5-11.8-11.9-12.3-13.1-13.1-13.2-13.3-13.0-12.3
-11.6-11.8-11.6
上がりタイム／4F 47.3 － 3F 35.0

単勝730円　複勝170円 110円 220円　馬連490円　枠連490円

世界との差はいかに!?

トウカイテイオー、ナチュラリズム／ジャパンカップ

　ジャパンカップは2020年で記念すべき40回となった。もうそんなにも回を重ねたのかとの思いしきりである。

　私は1981年の第１回からジャパンカップを見、予想もしてきた。一番衝撃的だったのは、やはり第１回である。１～４着の上位を外国馬に独占され、我が◎モンテプリンス（２番人気）は、"どこさもない"７着、世界と日本とのレベルの違いを痛いほどに思い知らされた。

　このときの勝ち馬メアジードーツ（米）が、これといった重賞勝ちもない名もない馬だっただけに、なおさら世界との距離を感じさせられたのである。

　第２回も外国馬に勝たれ、ジャパンカップは外国馬のためにあるといわれ始めたとき、第３回で２着したのが日本のキョウエイプロミス。そして、第４回にはまさかの日本馬カツラギエースの逃げ切りがあり、つづく第５回はまたしても日本馬シンボリルドルフのＶ。この頃から、日本の馬には世界とのレベル差はともかく、"地の利"があるといわれるようになったと思う。

生来の動物好きが形成した相馬眼

　2020年までの40回を振り返ると、外国馬14勝に対して日本馬は26勝だから、数字の上では日本馬は互角以上に戦っている。だからといって、一概に日本馬が世界的レベルに達したとはいえないが、ジャパンカップが日本で行われている以上、日本馬のＶチャンスは十分。"アゴ足つき"（出張経費はすべてJRAの負担）で招待されることもあり、物見遊山的にやってくる外国馬も多いとなれば、なおさらチャンスは広がると考えていい。そう、地の利に加え、いうところの"やる気"が違うからである。

　ジャパンカップの予想を立てるうえで、もっとも楽しみなのは外国招待馬の評価である。各馬の戦績はJRAがデビュー戦からのすべてを発表してくれるので、それを見ればわかる。しかし、その戦績通りにランク付けができるかといえば、そう簡単にはいかないのがジャパンカップなのである。戦績、格はもうひとつでも体調のよさが際立っている馬、

日本の軽い芝に対応できる、いや、軽い芝が合っている馬を探し出すこと、それがジャパンカップでの私の最大かつ最重要な仕事、そう考えて取り組んできた。

私は生来の動物好きである。犬はもちろんのこと鶏や山羊、今では禁止されているがメジロやヤマガラ、ホオジロなどの野鳥もたくさん飼った。中でも伝書鳩は、大の愛好家で、鳩レースにも参加させていた。みなさんは鳩を見てその体形の違いがおわかりになるだろうか。多くの方々は毛色の違いくらいしか判別できないのではありませんか。でも、学校でとられる時間はともかく、それ以外の時間の大半を鳩と過ごしていた私には、その体形の違いはもちろん、空を舞う飛び方まで1羽、1羽判別でき、仮に50羽を飛行訓練させていたとして、1羽でも欠けたり、1羽でも他人の鳩が加わっていたりしたら、その異常にすぐさま気付いたほどだった。知らず知らずのうちに1羽、1羽を観察するようになっていたからだと思う。

この経験が、馬の世界に入ってからおおいに役立っている。ジャパンカップにおける外国招待馬の評価にもどれほど役立ったことか。あれは平成4年のジャパンカップだったと思う。この年の外国招待馬は7頭。多くの支持を受けていたのはイギ

リスのGⅠ馬ユーザーフレンドリーだったが、私が◎を打ったのはオーストラリアからやってきたナチュラリズム。440キロの牡馬にしては小さい馬だったが、全身これバネといった感じで、とにかくバネの利いたフットワークが魅力的だった。ずばりといえば、いかにも軽い芝の日本の競馬向き。対してユーザーフレンドリーは、気性に問題がありそうな目つきをしていたし、胴長のスタミナタイプで、日本競馬への適性には？マークがついたのである。こいつならナチュラリズムで負かせるとの判断のもと、◎を打ったのだ。

トウカイテイオーに 復活の兆しを感じる

この年の日本馬はどれも評価が高くなく、岡部幸雄騎乗のトウカイテイオーの5番人気が最上位の評価。しかし、私はそのトウカイにVまである▲をつけた。たしかにトウカイテイオーは、春の天皇賞で1番人気で5着。秋初戦の天皇賞でも、これまた1番人気で7着と期待を裏切ってはいたものの、実はこの2つの天皇賞の中身はぜんぜん違っていた。春は5着とはいえ直線ズブズブの1秒7の大差負け。ところが、秋は7着と着順こそ悪かったが、勝ち馬との時計差はたったの0秒5。負けても見せ場がたっぷりあった。この点

を評価したのだ。

　最後の直線、一足先にインいっぱいから抜け出したナチュラリズムに、外から猛然と襲いかかったトウカイテイオー。この手に汗握る両馬の死闘は、トウカイテイオーがクビ出たところがゴールだった。珍しく、あの冷静沈着な岡部の、右手を挙げてのガッツポーズが今も鮮明に記憶されている。私は最近の成績から▲にとどめていてもトウカイテイオーに勝たせたいとの心情があったし、単勝オッズがナチュラリズム6.7倍に対して10倍ときては、トウカイテイオーの単勝を買わずして何を買えというのだ。思いっ切りトウカイテイオーの単勝で勝負させてもらったし、馬連は前記2頭▲◎の⑦－⑭（4890円）が大本線。

　その翌年も、さらにその翌年も私は毎日のように東京競馬場に出かけていき、外国招待馬を観察し、取材を重ねた。おかげで3年連続してジャパンカップは予想的中。友人から、"ジャパンカップは和さん（私のこと）にお任せ"とのありがたい言葉ももらった。

　これからも外国招待馬が入厩（にゅうきゅう）したその日から東京競馬場へ行こう。そして、ジックリと観察させてもらう。ただし、近年の外国招待馬は自国で調教をほとんどすませてきてしまい、来日そのものが遅いし、日本ではほとんど強い調教をしない。これでは馬体を見ることはできても、全力で走る姿や息遣いは観察できないわけで、いきおい成績に重きを置くことにもなりかねない。ぜひ、外国招待馬には東京競馬場で最終追い切りを願いたい。

東京10R　第12回 ジャパンカップ（GI）						（芝2400m・重・14頭）	
着順	枠番	馬番	馬　名	重量	騎手	タイム・着差	調教師	単勝人気
1	⑧	⑭	トウカイテイオー	57.0	岡部幸雄	2:24.6	松元省一	⑤
2	⑤	⑦	ナチュラリズム	57.0	L.ディットマン	クビ	D.L.フリードマン	②
3	⑥	⑨	ディアドクター	57.0	C.アスムッセン	1/2	J.ハモンド	④
4	⑥	⑩	レガシーワールド	55.0	小谷内秀夫	3 1/2	戸山為夫	⑩
5	⑧	⑬	ヒシマサル	55.0	武豊	3/4	佐山優	⑧
6	①	①	ユーザーフレンドリー	53.0	G.ダフィールド	3/4	C.E.ブリテン	①
7	⑥	⑩	レッツイロープ	55.0	D.ビードマン	4	J.カミングス	③
8	③	④	レッツゴーターキン	57.0	大崎昭一	1 3/4	橋口弘次郎	⑪
9	②	②	イクノディクタス	55.0	村本善之	クビ	福島信晴	⑭
10	④	⑤	ドクターデヴィアス	55.0	C.マッキャロン	ハナ	P.チャプルハイアム	⑦
11	⑦	⑪	クエストフォーフェイム	57.0	P.J.エデリー	クビ	R.フランケル	⑥
12	⑤	⑧	ヤマニングローバル	57.0	河内洋	ハナ	浅見国一	⑫
13	③	③	ヴェールタマンド	57.0	D.ブフ	1 1/2	E.ルルーシュ	⑨
14	⑦	⑫	ハシルショウグン	57.0	鈴木啓之	3	赤間清松	⑬

ハロンタイム／12.9-11.2-12.8-11.7-11.7-11.5-11.8-11.9-12.3-12.6-11.7-12.5
上がりタイム／4F　49.1　－　3F　36.8
単勝1000円　複勝350円 230円 260円　馬連4890円　枠連2290円

障害レースの楽しみ方

障害レースの出走馬

　平地（ひらち）の競走で頭打ちになった馬が、障害に転向するのが一般的だ。ただし、障害馬の経歴は平地重賞勝ち馬から未勝利馬まで経歴は千差万別（せんさばんべつ）だし、平地の成績とは連動しない。たとえば、2001〜2020年の JRA 賞最優秀障害馬（6頭）の平地成績は、未勝利・1勝・2勝馬が1頭ずつ。このうち、未勝利馬の1頭であるオジュウチョウサンは障害で大成したのちに、平地の1・2勝クラスを連勝してみせた。

障害と血統

　三冠牝馬（ひんば）メジロラモーヌを輩出したモガミの産駒は、中山大障害（J・GⅠ）の勝ち馬を5頭輩出し、障害に強い種牡馬（しゅぼば）として知られた。一方、2004年の最優秀障害馬ブランディスは、スピードタイプのサクラバクシンオー産駒、2008・09年の最優秀障害馬・キングジョイの曾祖母はスプリンターズ S を連覇したメイワキミコだ。このように 3000m 以上が当たり前の障害レースで、短距離血統の馬が活躍している例もある。

父子ジャンパー

　2000・01年の最優秀障害馬・ゴーカイの母はオークス2着のユウミロク（父カツラノハイセイコ、その父ハイセイコー）。ゴーカイ産駒のオープンガーデンは 2009年のペガサスジャンプ S を制し、2010年中山グランドジャンプ2着。J・GⅠ父子制覇を期待するファンは多かった。

落馬のリスク

　障害レースに落馬のリスクはつきもの。どんなに飛越（ひえつ）が上手くても状態がよくても、他馬の落馬事故に巻き込まれたらお手上げだ。1999 年の京都ハイジャンプ（J・GⅡ）では 13 頭中 7 頭が落馬。勝ったロードアトラスは 1 番人気だったが、2着は 12 番人気のフジノセイガイハ（馬連 1 万 7710 円）。障害レースでの大勝負は、避けたほうが賢明だ。

迫力満点の障害レース。レース数が少なく、実績評価はむずかしい。また、落馬など不測の事態が起こりやすく、大きな勝負は避けたいところだ。

第 3 章

競馬番組と
コースを知る

Contents

けいばばんぐみというかれんだー

競馬番組というカレンダー

競馬ファンの多くは、JRAの開催がある土・日曜日を中心に予想を考える。だが、調教師や騎手など、毎日が競馬一色の関係者は地方競馬や海外も含めて、いつ、どの競馬場で、どんなレースがあるのかがわかる競馬番組というカレンダーの中で動いている。予想する立場としても、厩舎サイドの思惑を読むうえで、競馬番組についてぜひ押さえておきたい。

1. 知っておきたい競馬開催に関する知識

競馬場

JRAには10ヵ所の競馬場がある。そして、**関東圏・関西圏の各1場ずつの2場、ときにはローカルを加えた3場で同時に競馬が開催されている**。競馬場のコース形態には、それぞれ特徴がある。調教師は管理馬がもっとも得意とするコースやレース条件を考えて、出走計画を立てている。

競馬番組表

各競馬場の1開催（原則として8日）ごとのレースの一覧。年齢・条件、平場・障害の別、競走番号、距離、コース、出走条件、重賞の賞金額などが一目でわかるようになっている。

ローテーション

競馬番組の中から、各馬の能力に合ったレースを選定していくことは調教師の重要な業務の1つ。相手関係も考慮する必要があるし、抽選などで除外になることも想定しなければならない。その意味では、出走させたいレースに出走できるかどうかも重要だ。

除外

出走希望馬が多い場合、重賞では優先出走順（トライアルレースによる優先出走権、賞金順など）が設定されているため、狙ったレースに出られないことがある。特別レースや平場の場合は抽選で出走馬が

決まる。出走可能頭数を上回る馬が出馬投票（出走するための手続き）することがほとんどなので、除外は珍しいことではない。

除外のリスク

　休み明けの場合は除外によって出走が延び、そのぶん調教ができて、プラスに働くことはある。しかし、**目標としたレースに出走できなかったことで、仕上げに狂いが生じる可能性もある**。

トライアルレース

　クラシックをはじめとするGIレースには、優先出走権が与えられるトライアルレースが設定されている。目標レースに確実に出走するには、トライアルレースで所定の条件をクリアすることが手っ取り早い。しかし、目標は先にあることを考えると、100％の仕上げは避けたいところ。**条件クリア＝馬券に絡むこと**にはなるが、予想をむずかしくする要素の1つだ。

2. CHECK! JRAの開催スケジュールを把握する

JRAの年間スケジュール（2020年版）

月	競馬場／開催日数	1月	2月	3月	4月	5月	6月	7月	8月	9月	10月	11月	12月
札幌	14								1札幌 2札幌				
函館	12						1函館 2函館						
福島	20				1福島			2福島				3福島	
新潟	26					1新潟			2新潟 3新潟		4新潟		
東京	45		1東京			2東京	3東京				4東京 5東京		
中山	43	1中山		2中山	3中山					4中山			5中山
中京	23			1中京						2中京			3中京
京都	37	1京都 2京都			3京都						4京都		
阪神	48			1阪神 2阪神			3阪神 4阪神					5阪神 6阪神	
小倉	20		1小倉						2小倉				

おおむね8日を1開催として、各競馬場でレースが開催される。競馬番組は毎年変更があるものなので、JRAのホームページなどで確認しよう。

JRAの競馬番組

じぇーあーるえーのけいばばんぐみ

JRAは春競馬と秋競馬、その間をつなぐローカル開催(→198ページ)の夏競馬の3シーズンに分かれている。春秋の見どころはGIを頂点とする重賞路線で、その前哨戦として、3歳GIへの優先出走権が得られるトライアルレース、勝てばGIへの優先出走権が得られるステップレースが設けられている。

2歳戦・11月	12月	3歳戦・1月	2月	3月	4月
		京 芝2000m 若駒S(L)		阪 芝2000m 若葉S(L)	
東 芝1400m 京王杯2歳S(GII)	阪 芝1600m 朝日杯FS(GI)	京 芝1600m シンザン記念(GIII)	京 芝1800m きさらぎ賞(GIII)	中 芝1800m スプリングS(GII)	中 芝2000m 皐月賞(GI)
阪 芝1600m デイリー杯2歳S(GII)	中 芝2000m ホープフルS(GI)	中 芝2000m 京成杯(GIII)	阪 芝2200m すみれS(L)	中 芝2000m 弥生賞(GII)	
東 芝1800m 東スポ杯2歳S(GII)		中 芝1600m ジュニアC(L)	東 芝1800m 共同通信杯(GIII)	阪 芝1800m 毎日杯(GIII)	阪 芝1600m アーリントンC(GIII)
				名 芝1400m ファルコンS(GIII)	中 芝1600m ニュージーランドT(GII)

牝馬限定路線

阪 芝1400m ファンタジーS(GIII)	阪 芝1600m 阪神JF(GI)	京 芝1400m 紅梅S(L)	京 芝1600m エルフィンS(L)	阪 芝1600m チューリップ賞(GII)	阪 芝1600m 桜花賞(GI)
		中 芝1600m フェアリーS(GIII)	東 芝1600m クイーンC(GIII)	阪 芝1400m フィリーズレビュー(GII)	
				中 芝1600m アネモネS(L)	
				中 芝1800m フラワーC(GIII)	阪 芝2000m 忘れな草賞(L)

古馬戦・1月	2月	3月	4月	5月
京 芝2200m 日経新春杯(GII)	京 芝2200m 京都記念(GII)	阪 芝3000m 阪神大賞典(GII)	京 芝3200m 天皇賞(春)(GI)	東 芝2500m 目黒記念(GII)
中 芝2200m AJCC(GII)		中 芝2500m 日経賞(GII)		
	中 芝1800m 中山記念(GII)	名 芝2000m 金鯱賞(GII)	阪 芝2000m 大阪杯(GI)	東 芝1600m 安田記念(GI)
		名 芝1200m 高松宮記念(GI)	京 芝1600m マイラーズC(GII)	東 芝1400m 京王杯SC(GII)
			東 芝1600m ヴィクトリアM(GI)	

※2021年開催等を参考に作成。
※京都競馬場のレースは改修工事のため、2024年3月までは他場で代替施行。
※2020～2021年はオリンピックの影響で変則開催。

1. 2・3歳戦と古馬戦

JRAではGⅠを頂点とするクラス分けのもと、2歳戦、3歳戦、3（4）歳以上戦というレース体系が確立されている。3歳以上の重賞には、中長距離、短距離、ダート路線がある。

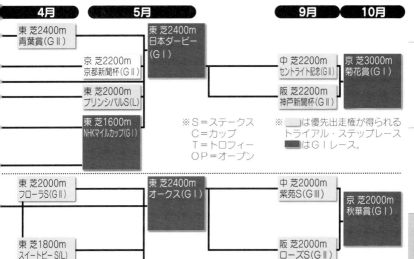

4月	5月	9月	10月
東 芝2400m 青葉賞(GⅡ)	東 芝2400m 日本ダービー (GⅠ)	中 芝2200m セントライト記念(GⅡ)	京 芝3000m 菊花賞(GⅠ)
	京 芝2200m 京都新聞杯(GⅡ)	阪 芝2200m 神戸新聞杯(GⅡ)	
	東 芝2000m プリンシパルS(L)		
	東 芝1600m NHKマイルカップ(GⅠ)		

※S=ステークス
C=カップ
T=トロフィー
OP=オープン

※ ▢ は優先出走権が得られる
トライアル・ステップレース
■ はGⅠレース。

東 芝2000m フローラS(GⅡ)	東 芝2400m オークス(GⅠ)	中 芝2000m 紫苑S(GⅢ)	京 芝2000m 秋華賞(GⅠ)
東 芝1800m スイートピーS(L)		阪 芝2000m ローズS(GⅡ)	

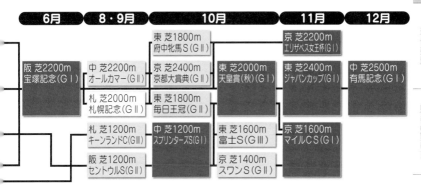

6月	8・9月	10月	11月	12月
		東 芝1800m 府中牝馬S(GⅡ)	京 芝2200m エリザベス女王杯(GⅠ)	
阪 芝2200m 宝塚記念(GⅠ)	中 芝2200m オールカマー(GⅡ)	京 芝2400m 京都大賞典(GⅡ)	東 芝2000m 天皇賞(秋)(GⅠ)	東 芝2400m ジャパンカップ(GⅠ)	中 芝2500m 有馬記念(GⅠ)
	札 芝2000m 札幌記念(GⅡ)	東 芝1800m 毎日王冠(GⅡ)		
	札 芝1200m キーンランドC(GⅢ)	中 芝1200m スプリンターズS(GⅠ)	東 芝1600m 富士S(GⅢ)	京 芝1600m マイルCS(GⅠ)
	阪 芝1200m セントウルS(GⅡ)	京 芝1400m スワンS(GⅡ)		

ろーかるかいさいのねらいかた
ローカル開催の狙い方

中央競馬の10競馬場のうち、大都市圏に位置する東京・中山・京都・阪神の4競馬場を中央開催というのに対し、札幌・函館・福島・新潟・中京・小倉の6競馬場をローカル開催という。ローカル開催の競馬場は小回り・平坦の傾向があるため、得意・不得手とする馬がいる。

1. 輸送がカギを握るローカル開催

遠征競馬

東西のトレセンから離れた**ローカル開催（札幌、函館、福島、新潟、中京、小倉）**に出走すること。輸送手段の発達で、馬の適性に合ったレースを選びやすくなった。それとは別に、関西馬が関東圏で走る**東上**、関東馬が関西圏で走る**西下**を意味することもある。

滞在競馬

出走する競馬場の馬房に早めに移動し、そこに滞在してレースに臨むこと。トレセンからの輸送距離が長い北海道開催（札幌、函館）はほとんどがこのパターンとなる。栗東留学（→ 252 ページ）も一種の滞在競馬といえる。また、**輸送に弱い馬は、当日輸送や直前輸送のないローカルの滞在競馬が向いている**。

2. ローカル開催のチェックポイント

ローカルホース

ローカル開催で別の馬のように活躍する馬がいる。**コースの得手・不得手、季節による影響、滞在競馬が向くなどの理由**が考えられる。ローカルのコースは坂の起伏が小さいので**平坦巧者**ともいうが、坂が苦手というよりも、ローカルコースと相性がいいというニュアンスだ。

ご当所馬

ローカル開催に出走する地元馬主の馬。馬主の出身地ではなく、その馬主が加入している馬主協会（競馬場ごとに設置）の所在地を地元

と考える。地元でいいところを見せたい馬主の心情に配慮して勝負がかりになることが多く、ローカルでは注目に値する馬券作戦の1つ。

夏馬

　サラブレッドは暑さに弱いが、新陳代謝が上がって筋肉がほぐれる夏競馬が得意な馬もいる。2015 ～ 2016 年にアイビスサマーダッシュ（GⅢ）を連覇したベルカントは6勝中4勝を、2018 年に同レースを制したダイメイプリンセスは7勝中4勝を7～8月にあげている。

3. サマーシリーズで夏競馬を楽しむ

　サマーシリーズとは、6月末から9月中旬に設定されるポイント制の競走。**スプリント、マイル、2000 の3シリーズがあり、各シリーズでの合計得点が最上位の馬がチャンピオンとなる。**3シリーズにおける獲得得点を競うサマージョッキーシリーズも、同時開催される。

■サマーシリーズの対象レース

サマースプリント（1200m）		サマーマイル（1600m）		サマー2000（2000m）	
函館スプリントS	函館GⅢ	米子S	阪神（L）	七夕賞	福島GⅢ
CBC賞	中京GⅢ	中京記念	中京GⅢ	函館記念	函館GⅢ
アイビスサマーダッシュ	新潟GⅢ	関屋記念	新潟GⅢ	小倉記念	小倉GⅢ
北九州記念	小倉GⅢ	京成杯AH	中山GⅢ	札幌記念	札幌GⅡ
キーンランドC	札幌GⅢ			新潟記念	新潟GⅢ
セントウルS	阪神GⅡ				

※アイビスサマーダッシュのみ 1000m。

■サマーシリーズのポイント

競走	1着	2着	3着	4着	5着	6着以下
GⅡ	12	6	5	4	3	1
GⅢ	10	5	4	3	2	1
L	8	4	3	2	1	1

4. 個性派ローカルホース！

　中央開催での成績はイマイチだが、小回りのローカル競馬場で良積を残す個性派のローカルホースがいる。記憶に残る存在だ。

◇**メイショウカイドウ**…2004 年の小倉記念はじめ、小倉大賞典、七夕賞など小倉・福島のローカル重賞を5勝した。

◇**エリモハリアー**…函館記念3連覇（2005 ～ 2007 年）。函館で活躍。

もっと知りたい交流レース

もっとしりたいこうりゅうれーす

日本の競馬は、日本中央競馬会（JRA）が主催する中央競馬と、県または政令指定都市が主催する地方競馬に分けられる。両者は別々に運営されているものの、交流レースの実施や馬券の相互発売などを通じて連携を強めている。馬柱をより精細に読み解くためには、地方競馬に関する知識も必要だ。

1. 地方競馬を知る

地方競馬

公営競馬ともいう。**15 競馬場**（帯広はばんえい専用、2020 年現在）で実施。地方競馬の連合組織として、**地方競馬全国協会（NAR）**がある。中央競馬にはない**ナイター競馬**などを実施している。

交流レース

地方と中央の相互交流は 1995 年からスタート。地方競馬で実施されるものと、中央競馬で実施されるものとに分けられる。

JRA 認定競走（地方）

JRA が賞金を補助するレースで、**勝ち馬は JRA の特別指定交流競走 特指 に出走できる**。JRA へ転厩する場合は、認定馬房と呼ばれる専用馬房が使用できるなどの優遇措置がある。

指定交流競走（地方）

地方競馬において、JRA 所属馬が出走できるレース。出走条件は各競馬場によって違いがある。

指定交流競走（中央）

地方競馬所属馬が出走できる JRA のレースで、**指定競走**と**特別指定競走**の 2 種類がある。平場戦はほとんどが指定競走、特別レースと重賞はほとんどが特別指定競走として実施されている。

指定競走　指定

　地方競馬に所属する競走馬（ 地 ）が出走でき、地方競馬所属騎手が騎乗できるレースのうち、一部の条件クラスの特別指定競走を除くレース。**GⅠレース**とその**ステップレース**、**ダート重賞競走**、**オープン特別**は原則として指定競走。

特別指定競走　特指

　JRA 2歳認定競走、または一定の地方競馬のレースで1着になった地方所属馬（ 地 ）が出走でき、地方競馬所属騎手が騎乗できる。

ダートグレード競走

　指定交流レースの一種。日本グレード格付け管理委員会（中央競馬会・地方競馬全国協会など）が認定したダートの重賞競走。中央・地方所属馬のどちらも出走でき、**ダート最強馬が集う**。歴史の浅いレースもあり、年によって条件変更があるので注意しよう。

2.　CHECK! 交流重賞で活躍するダート馬に注目

　交流レースでは圧倒的に JRA 所属馬が強く、それをはばんだ地方所属馬は数少ない。逆に JRA のダート重賞が手薄（ GⅠは2レースのみ）なため、交流重賞を主戦場とするダート馬もいる。

■地方競馬の主なGⅠ（JpnⅠは国際格付けのない競走）

月	レース名	格付け	競馬場	距離	出走条件
1～2	川崎記念	JpnⅠ	川崎	2100m	4歳以上
5	かしわ記念	JpnⅠ	船橋	1600m	4歳以上
6	帝王賞	JpnⅠ	大井	2000m	4歳以上
7	ジャパンダートダービー	JpnⅠ	大井	2000m	3歳
10	マイルチャンピオンシップ南部杯	JpnⅠ	盛岡	1600m	3歳以上
11	JBCレディスクラシック	JpnⅠ	―	1400～1800m	3歳以上牝馬
11	JBCスプリント	JpnⅠ	―	1000～1600m	3歳以上
11	JBCクラシック	JpnⅠ	―	1800～2100m	3歳以上
12	全日本2歳優駿	JpnⅠ	川崎	1600m	2歳
12	東京大賞典	GⅠ	大井	2000m	3歳以上

JBC競走は3つのJpnⅠを同日開催。競馬場が毎年持ち回りで開催するため、距離に幅がある。

身近になった海外遠征

みぢかになったかいがいえんせい

日本の競馬会に在籍する馬が海外に行って、外国のレースに出走することを海外遠征という。以前はなかなか結果が出せなかったが、近年は格の高いレースで好走するケースが増えている。だが、体力面・精神面で大きな負担を強いられることは否定できない。帰国直後のレースでは、体調の見きわめが重要だ。

1. 国際的な競馬のルール

パートⅠ国

競馬の国際化に対応するため、1981年に国際セリ名簿準備委員会（ICSC）が組織され、**世界の競馬開催国はパートⅠ・Ⅱ・Ⅲに分類**された。分類基準は①競走に制限がないこと、②競走数・出走頭数・賞金額が一定水準以上、③主要競走の数やレベルが一定水準以上、などである。日本は②③については問題なかったが、①の条件を満たすために外国産馬の出走制限を緩和し、国際交流競走を増やした。その結果、2007年にパートⅠ国への昇格が認められた。

国際格付け競走

パートⅠ国に昇格したため、ICSCの基準にしたがって国際格付けを持つ重賞をGⅠ〜Ⅲ、それ以外をJpnⅠ〜Ⅲと表記するようになった。ただしJRAでは、2010年から日本ダービーを含む3歳の5大クラシックをはじめ、2歳重賞などの25競走が新たに国際競走となったため、**すべての平地競走が国際競走**となっている。

検疫

各国の動物検疫所が行う輸出検査と輸入検査。検査内容は国によって異なるが、日本は馬が出国する直前と入国直後のそれぞれ5日間、検疫専用の厩舎で血液、体温、心肺機能、馬体などを検査し、伝染病の有無や健康状態を調べる。輸出検査は原則として馬を受け入れる側の国の規則や要請にしたがって行われ、取り決めのあるワクチンの接種の確認などが行われる。

着地検疫

　海外遠征から帰国した馬は輸入検査後、都道府県の家畜保健衛生所によって3週間の着地検疫を受ける。伝染病の潜伏期間などを考慮したもので、他馬と隔離した状態に置かれる。検査場所は隔離可能な場所であればよく、競馬場の厩舎でもよい。競馬場内の国際厩舎で検査を受ければ、検査中にその競馬場のレースに出走することもできる。

2. CHECK! 海外で好走する日本調教馬が増えている

　日本競馬界の悲願だった海外GⅠの初勝利は、1998年の**シーキングザパール**(モーリス・ド・ギース賞／仏)と**タイキシャトル**(ジャック・ル・マロワ賞／仏)。両馬は外国生まれの日本調教馬であり、日本産馬による初勝利は2001年、**ステイゴールド**による香港ヴァーズ。

海外GⅠを勝ったおもな日本調教馬(2013～2020年)

年	馬名	レース名	国	騎手
2013	ロードカナロア	香港スプリント	香	岩田康誠
2014	ジャスタウェイ	ドバイデューティフリー	U	福永祐一
	ジェンティルドンナ	ドバイシーマクラシック	U	R.ムーア
2015	モーリス	香港マイル	香	武豊
	エイシンヒカリ	香港カップ	香	武豊
2016	リアルスティール	ドバイターフ	U	R.ムーア
	モーリス	チャンピオンズマイル	香	J.モレイラ
	エイシンヒカリ	イスパーン賞	仏	武豊
	サトノクラウン	香港ヴァーズ	香	J.モレイラ
	モーリス	香港カップ	香	R.ムーア
2017	ヴィブロス	ドバイターフ	U	J.モレイラ
	ネオリアリズム	クイーンエリザベスⅡカップ	香	J.モレイラ
2019	アーモンドアイ	ドバイターフ	U	C.ルメール
	ディアドラ	ナッソーS	英	O.マーフィー
	ウインブライト	クイーンエリザベスⅡカップ	香	松岡正海
	ウインブライト	香港カップ	香	松岡正海
	リスグラシュー	WSコックスプレイト	豪	D.レーン
	メールドグラス	コーフィールドカップ	豪	D.レーン
	グローリーヴェイズ	香港ヴァーズ	香	J.モレイラ
	アドマイヤマーズ	香港マイル	香	C.スミヨン
2020	ダノンスマッシュ	香港スプリント	香	R.ムーア
	ノームコア	香港カップ	香	Z.パートン

U=アラブ首長国連邦、香=香港、仏=フランス、英=イギリス、豪=オーストラリア

東京競馬場の特徴

とうきょうけいばじょうのとくちょう

日本競馬の最高峰である日本ダービー（東京優駿）やオークス（東京優駿牝馬）、ジャパンカップなどが行われる。パドックと本馬場をつなぐ地下馬道をガラス越しに見られるホースプレビューがある。また、メインスタンドであるフジビュースタンドのほか、1993年に完成したメモリアルスタンドでも観戦できる。

1. 東京競馬場の特徴

コース形態	左回り
芝コース	2083.1m　直線525.9m　オーバーシード
ダートコース	1899m　直線501.6m
障害コース	1674.7m
開催GI	ダービー　オークス　NHKマイルC　ヴィクトリアマイル 安田記念　天皇賞·秋　ジャパンカップ　フェブラリーS

※芝コースはすべてAコースのもの。

長い直線

最後の直線は国内屈指（新潟外回りに次ぐ2番目）の長さを誇る。逃げ馬には、最後まで粘り切る脚力と精神力が求められる。ただし、差し・追い込み馬の騎手たちが直線を意識しすぎるとスローペースにはまり、逃げ・先行馬に楽をさせてしまうこともある。

2度の坂越え

1コーナーから向正面半ばまでは長く緩やかな下りだが、3コーナー手前に高低差1.5mの坂が待ちかまえる。これを上り切ると短い平坦部分を挟んで再び下り勾配、さらに4コーナーの手前からは再び上りとなる。ゴール手前480〜260mで2.1m上る勾配は中山や阪神に比べれば緩やかだが、**だらだら坂**と呼ばれる難所。非力な馬にはかなりこたえる。**ごまかしが利かないタフなコース**で、展開の利だけでは簡単に勝てない。

ダートもタフ

ダートコースは日本一のスケールを誇る。アップダウンの構成は芝

コースと同じだが、ゴール手前の上り勾配の高低差は2.4mで芝コースよりもきつい。スピードだけでなく、タフな心肺能力が要求される。

2. 主なコース・距離別のポイント

芝1400m

スタート地点から3コーナーまでの距離は300mと短いが、急坂があるせいか、あまりハイペースにはならない。思い通りのポジションが取りやすい**真ん中より内側の枠に有利な傾向**がある。脚質による有利不利はあまりなく、自分のレースができるかどうかがカギ。この距離でもマイル（1600m）をこなせるだけのスタミナが要求される。

芝1600m

安田記念、ヴィクトリアマイル、NHKマイルカップなど、最強マイラー決定戦の舞台。スタート地点が向正面の右手奥なのでバックストレッチが長く、枠順（わくじゅん）の有利不利はあまりない。そのバックストレッチが緩やかな下りになっているため、平均ペース以上の緩みのないペースになりやすく、勝負は直線に向いてから。ただし**追い込み一辺倒では厳しく、粘り強い先行力または長く持続する末脚（すえあし）が必要**。純粋なマイラーよりもやや距離の融通が利く、**中距離志向の馬に分**がある。

芝1800m

スタート地点は1～2コーナー間のポケット地点で、約150m進んだところで向正面の直線に出る。この合流地点までのポジション争いは激しくなるものの、全体的な流れは落ち着きやすく、速い上がりの脚を確実に使える馬に向いている。**先行する能力のない内枠（うちわく）の馬、多頭数の大外枠（おおそとわく）は不利な傾向**がある。

芝2000m

1コーナー奥のポケットからスタートし、約100mで2コーナーのカーブが待ち受けるため、外枠の馬が内へ入るのはむずかしい。したがって、**外枠の逃げ・先行馬にとっては難コース**。だが、内枠で先行できる馬には有利。一般的に内枠が断然有利なコースとして知られ

ているが、天皇賞・秋では７枠の好走例が少なくない。難所の２コーナーをすぎれば幅が広々として直線も長いので、いい脚を長く使える馬なら枠順の不利も補えるということだろう。

芝2400m

　日本ダービー、オークス、ジャパンカップという国内最高峰のＧⅠレースが競われる。スタートは正面スタンド前で１コーナーまでの距離が長いので、枠順の有利不利はない。最後の直線が長いため、**上級レースになればなるほど逃げ・先行馬の押し切りはむずかしい**。厳しい流れになりがちなＧⅠでは、持続力と瞬発力を兼ね備えた末脚、スタミナが求められる。**馬場が悪化した場合は逃げ・先行馬が強い**。

芝2500m

　スタンド前の直線の坂下から発走するため、スタート直後に坂を上り、３コーナー、さらに最後の直線と３度の坂越えをこなさなければならない。長距離戦でも緩みのない流れになることが多く、必ずしも逃げ・先行馬が有利ではない。最後の直線が長いだけに、**馬群がダンゴ状態で差し・追い込み馬にチャンスが生まれるか、もしくは前がバテて後続に差されるケースが多い**。レース数は少ないが、重賞では目黒記念（ＧⅡ）とアルゼンチン共和国杯（ＧⅡ）が行われる。

芝3400m

　府中きっての長距離戦・ダイヤモンドＳ（ＧⅢ）のコース。平均ペースを中団で追走した馬が好走している。

ダート1300m

　東京競馬場のみで実施される距離だが、展開的には他場のダート1200m戦と同様に考えていい。スタート地点から３コーナーまでは340mあるので、外枠の先行馬でも好位置につけることができる。枠順の有利不利はないが、ペースが落ち着きやすく、**スピードのある逃げ・先行馬が良績**を残している。

ダート1400m

100m違うだけの1300m戦とコース形態は近いものの、求められる能力は異なる。逃げ・先行馬に有利な点は同じだが、スピード色が濃い1300mとは違い、ハイペースを乗り切れる粘り強さやスタミナも必要。**上のクラスになるほど、差し馬が台頭する**ケースが増える。

ダート1600m

フェブラリーSのコース。第1関門はスタートダッシュができるかどうか。**発走直後が芝コースなのでダート専用馬は苦戦する傾向にある**。また、外枠ほど芝の上を長く走ることになるため、芝も走れる逃げ・先行馬が外枠に入った場合は外枠有利だ。先行馬のほうがやや分がいいものの、ダート1300・1400m戦と比べれば差し馬の好走が多い。

ダート2100m

スタンド前中央からスタートし、1コーナーまで230mあるため、ポジション争いが熾烈になり、**大外枠は不利**。向正面でペースが落ちやすいが、そこでスムーズに折り合え、かつ直線までスタミナを温存できる馬が強い。古馬戦は、ダート長距離戦での実績を重視したい。

3. CHECK! 東京競馬場の各コースを確認する

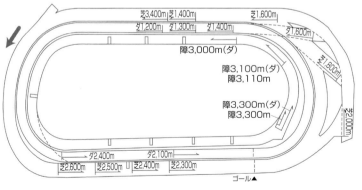

何といっても525.9mという長い直線が特徴だ。日本ダービーや天皇賞・秋、ジャパンカップなどのGIレースの舞台として、日本競馬史に残る名勝負を生み出してきた。

中山競馬場の特徴

なかやまけいばじょうのとくちょう

芝コースは2コーナーで分岐して内回りと外回りに分かれ、3コーナー地点で再び合流するレイアウト。内回りは外回りに比べてかなりタイトで、小回りのイメージが強い。皐月賞は内回り、スプリンターズSや朝日杯FSは外回り、有馬記念は外回りコースからスタートするが2周目の2コーナーから内回りに入る。

1. 中山競馬場の特徴

コース形態	右回り
芝コース	内回り1667.1m　外回り1839.7m 直線310m　オーバーシード
ダートコース	1493m　直線308m
障害コース	1456.4m　たすき447.5m、424.3m
開催GI	皐月賞　有馬記念　スプリンターズS　ホープフルS 中山グランドジャンプ　中山大障害

※芝コースはすべてAコースのもの。

内回りはローカルサイズ

　内回りの1周は1667.1mで、札幌競馬場の1640.9mとさほど変わらない。直線の310mも中央4馬場（東京・中山・京都・阪神）では最短で、中京競馬場（412.5m）よりも短い。つまり、やや大きめのローカル競馬場というイメージだ。ただし、**コース全体の高低差はJRA10競馬場中最大の5.3m**。ダートも同じくローカルサイズに近いが、こちらも高低差は4.5mもある。

中央開催の権威を誇示する急坂

　スタンド前から1〜2コーナーに向かって上り勾配がつづき、2コーナー手前が最高点。内回り・外回りともそこから下り勾配となり、平坦部分を挟んでホームストレッチの半ばまで長い下り坂がつづく。**ゴール手前70〜180m地点の上り坂の勾配は2.24%で、高低差は2.2m**。まさに**日本一の急坂**で、ここが小回りかつ平坦のローカルコースと決定的に違う。快調に飛ばしてきた馬の脚色が急に鈍り、ゴー

ル前の逆転につながるのもこの急坂のせいだ。小回りコースでは逃げ・先行馬が有利だが、勝つためにはパワーと精神力が要求される。ダートも坂のキツさは同様だ。

トリッキーな障害コース

深くえぐれた谷を上り下りするバンケットを擁するスリリングなコース。春の中山グランドジャンプ、暮れの中山大障害の2度しか使用されない襷コースには大竹柵、大生け垣が待ち受けている。

2. 主なコース・距離別のポイント

芝1200m・外回り

スプリンターズSが行われるコース。2コーナー奥からスタートし、3コーナーまで約400mの下り坂があり、加速がついたまま最後の直線に向かう。直線距離が短いため、**追い込み一手の脚質には不向き**。**先行力があり、急坂でもいい脚を使える馬に向く**。

芝1600m・外回り

1コーナーのポケットから出て、おむすび型のコースを1周するイメージ。朝日杯フューチュリティSが行われる。2コーナーをスムーズに回って向正面でいい位置を取るためには、**内枠が断然有利**。コースの最高点から外回りの3コーナーの中間まで一気に駆け下りるため、**ハイペースになりやすい**。ゴール前でバッタリ止まる馬も少なくないが、逃げ・先行馬の前残りはおおいに期待できる。差し馬なら直線入り口で好位につけられ、急坂を克服して前をとらえる瞬発力があることが望ましい。

芝1800m・内回り

向正面に出るまで2つのコーナーを回るため、1コーナーで外を回されると二重の不利で距離ロスが大きい。そのため、**先行馬の外枠はかなり不利**。また、コーナーを4つ回るので器用さを備えた逃げ・先行馬に分がよさそうだが、先行争いが激しくなるため、差し・追い込み馬が健闘している。ただし、**馬場が渋った場合は先行脚質が有利**。

芝2000m・内回り

　内回りをぐるりと1周する皐月賞のコース。2度の坂越えと4つのコーナーをこなすには、スピード、スタミナ、器用さが求められる。スタートから1コーナーまでは405mあり、高低差のある坂を上るため、**ハイペースにはなりにくい**。ここで先手を取れた先行馬は、向正面の下り坂で息を入れながら最後の直線に向かうことができるため、そういう展開になると後続馬は苦しくなる。**先行馬に有利なコース設定**といえる。**多頭数の大外枠は、不利**と考えていい。

芝2200m・外回り

　スタート地点から最初のコーナーまでは2000mと同じ展開だが、外回りのおむすび型をほぼ1周する。向正面から3〜4コーナーの中間までは緩やかなカーブでスピードに乗りやすいため、ここで一気にペースが上がって、ゴールまでなだれ込むパターンが多い。**ロングスパートができる馬を見つけたい。**

芝2500m・外→内回り

　年末の風物詩として数々の名勝負を生んだ有馬記念のコース。スタートは外回りの3コーナー手前で、2周目の2コーナーから内回りに入る。スタート直後の3コーナーからスタンド前に出てくるまで先行争いが繰り広げられるため、主導権争いは激化しやすい。**先行できる馬のほうが有利**で、差し・追い込み馬の場合は、よほど抜けた能力の持ち主でないと勝つのはむずかしい。

芝3600m・内回り

　暮れの名物レース・ステイヤーズSが行われる。内回りを2周する間に急坂を2回、コーナーを8度も通過するため、豊富なスタミナに加えて、**先行できるレース巧者が活躍**している。

ダート1200m

　向正面奥の芝からスタートし、ほぼ一直線に3コーナーへ向かう。しかも、坂の頂上から3コーナーに向かって下りになっているため、

発走直後からスピードがつきやすい。内枠の馬はよほど上手くスタートしないと、外からかぶせられてしまう。そのため、**中山コースでは珍しく外枠有利な傾向**にある。もちろんスタートダッシュがよく、**すんなり先頭に立てさえすれば内枠が有利**。

ダート1800m

スタートから1コーナーまで距離があるので、**枠順(わくじゅん)の有利不利はそれほど影響がない**。ただし、先行馬であればやはり内枠がほしい。パワー型に有利な時計がかかるコースなので、バテない先行馬が狙い目。実力が拮抗(きっこう)しているレースなら人気薄の前残りにも検討の余地がある。

ダート2400m・2500m

コーナーを6度も回る長距離戦だけに、ペース配分が重要。レースをつくれる先行タイプが有利。

3. CHECK! 中山競馬場の各コースを確認する

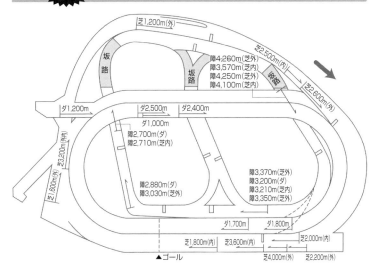

まさに心臓破りともいうべき、ゴール直前の急坂は運命の分かれどころ。ローカルに似た小回りでありながら、中央開催の権威を誇るゆえんは、この急坂にあるといえる。

京都競馬場の特徴
きょうとけいばじょうのとくちょう

別名は淀。2023年4月に「センテニアル・パーク」としてリニューアル・オープン、特徴的だった円形パドックは見やすい楕円形に改められた。3コーナーで内回りと外回りに分かれて4コーナーで合流するレイアウトのため、内回りと外回りで直線の長さが異なる。大レースでは3コーナーの坂での駆け引きが見物となる。

1. 京都競馬場の特徴

コース形態	右回り
芝コース	外回り1894.3m　直線403.7m 内回り1782.8m　直線328.4m　オーバーシード
ダートコース	1607.6m　直線329.1m
障害コース	普通1413.8m　大障1399.8m
開催GI	天皇賞・春　秋華賞　菊花賞　エリザベス女王杯 マイルCS

※芝コースはすべてAコースのもの。

心臓破りの丘

　3コーナーに小高い丘のように設けられた坂の高低差は、外回りで4.3m、内回りで3.1mもある。向正面の半ばから3コーナーにかけて上り、4コーナーにかけて下る。この丘を除くと直線も含めてほぼ平坦。以前は「ゆっくり上り、ゆっくり下れ」といわれたが、最近は**坂の下りで勢いをつけて直線へ向かうパターンが増えた。**

瞬発力が生きる高速馬場

　3コーナーの急なアップダウンはたしかに難所だが、ここさえ上手くこなせれば余力を残して直線に向ける。しかも、**ほかは平坦なので他場に比べて速い時計が出やすい。**この傾向はダートも同様。

内回りは器用さが必要

　外回りに比べてコンパクトで、**明らかに先行有利。**コーナーのカーブがタイトなので、器用さも要求される。

外回りは差し・追い込み有利

外回りの直線は約404mで、新潟外回り、東京に次いで3番目に長い。おまけに**平坦なので、差し・追い込み馬の強襲が決まりやすい。**

生け垣が勝負を分ける

3コーナーから4コーナーにかけて、内回りと外回りは生け垣で隔てられている。外回りコースだと、直線を向いたとたんに生け垣が切れて、いきなり前が開ける。後続馬はこの生け垣をゆっくり回り、ポッカリあいたインコースに突っ込むことができる。

2. 主なコース・距離別のポイント

芝1200m・内回り

スタート地点は、向正面の直線の半ば。コーナーに向けては上り坂だが、コーナーの入り口から一気に坂を下ることになる。最後の直線が平坦で短いため、**逃げ・先行馬に有利。**時計も速くなりがちで、差し馬はどのくらい速い上がりの脚を使えるかが問われる。

芝1400m・外回り

スタート地点は内回りのやや右側だが、3コーナーに向かって坂を上り、下り坂で加速しながら4コーナーへ向かう。直線入り口が内回りとの合流地点となる。そのため、有利にレースを進めていた先行馬も加速がつきすぎてコーナリングに失敗すると、**脚をためてインを突く後続馬に内をすくわれることがある。**同距離の内回りとは性質がまったく異なるので、内回り1400mを勝ち上がってきた馬については距離適性よりも、コース適性の有無を見きわめたい。

芝1600m・外回り

2コーナー奥のポケットからスタート。3コーナーまでは700mもあるので、枠順の有利不利は関係ない。コーナーも2回のみで、最後の直線も平坦で400m以上あり、**脚質よりはこのコースへの適性が問われる。**たとえば、このコースで行われるマイルチャンピオンシップでは、同じ馬が複数年にわたって好走する例が目立っている。

芝 1800m・外回り

芝 1600m 外回りのスタート地点から、200m 下がってスタート。2 コーナーポケットの最奥からスタートするため、3 コーナーまでは 900m もあり、**枠順は関係ない**。前半はスローペースになりやすく、逃げ・先行馬に有利だが、ロングスパートができる差し馬も台頭する。

芝 2000m・内回り

メインスタンドの前から発走する秋華賞のコースだが、多頭数（たとうすう）だと最終コーナーでゴチャつきやすく、非常にリスキー。好位を確保するには内枠（うちわく）がやや有利だが、テン（スタート）からペースが速くなりやすい。上がり 3 ハロンのタイムもかなり速いが、前は簡単には止まらない。3 コーナー過ぎあたりで後続が早めに仕掛けると乱ペースとなり、差し馬が台頭する余地はある。ただし、**本来は先行抜け出しが理想で、差し馬なら 4 コーナーで馬群（ばぐん）の中団より前につけられる好位差しができるかどうかが明暗を分ける**。

芝 2200m・外回り

エリザベス女王杯のコースで、実力馬が底力を発揮しやすいコース。メインスタンド前の直線入り口からスタートして外回りを 1 周。1 コーナーまで 400m あるため、枠の内外は問わない。前半はスローペースになりやすく、3 コーナーの下り坂から一気にペースが上がる。ロングスパートの末脚（すえあし）比べになるので**速い上がりタイムがある馬に有利**だが、前半のペース次第で逃げ・先行馬の前残りもあり得る。

芝 2400m・外回り

4 コーナー奥のポケットからスタートし、最初の直線は 600m。枠順に有利不利はなく、スローペースで上がり勝負の競馬になることが多い。4 コーナーでインを突ける差し馬に魅力がある。

芝 3000m・外回り

菊花賞とオープンレースのみで使用される特別なコース。スタート地点は向正面で外回りコースを 1 周半するため、距離ロスのない内枠

で主導権の取れる先行馬はレースがしやすい。前半はスローペースで、2周目3コーナーの下りからペースアップするケースが多く、直線が平坦なために**上がり勝負の競馬になりやすい**。そのため、後方待機型でも、4コーナーでは好位に上がっていることが必要だ。

芝3200m・外回り

　天皇賞・春専用コース。菊花賞より200m延びるだけだが、菊花賞はAコース（幅35m）で天皇賞・春はDコース（幅25m）。差し馬が4コーナーで外を回ると距離ロスが大きく、届かないことがある。

ダート1200m

　3コーナーまで緩やかに上り、3〜4コーナーを下って最後の直線に向かう。枠順にはあまり影響されないが、**多頭数の大外枠はマイナス。スタートダッシュを利かせて、粘り込む逃げ・先行タイプが有利。**

ダート1800m・1900m

　スタートから1コーナーまで280mあり、好位を確保するためには**内枠が有利**で、コーナーで外々を回される外枠はかなり不利。**内枠に入った逃げ・先行馬に良績が集中**している。

3. CHECK! 京都競馬場の各コースを確認しよう

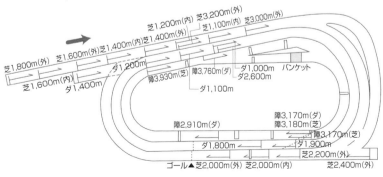

　3コーナーの急なアップダウンをどう走るかがポイント。天皇賞・春や菊花賞といった長距離GⅠや、牝馬の3冠レースの最後の1戦・秋華賞が行われる名物競馬場だ。

阪神競馬場の特徴
はんしんけいばじょうのとくちょう

おむすび型の小回りで、コース形態による有利不利が問題となっていた。2006年に従来の3〜4コーナーの外側に外回りコースを新設し、日本屈指のスケールを持つ競馬場に生まれ変わった。従来のコースは内回りとして使用されている。外回りの1周距離2089mは東京競馬場（2083.1m）を上回り、日本最長。

1. 阪神競馬場の特徴

コース形態	右回り
芝コース	外回り2089m　直線473.6m　オーバーシード 内回り1689m　直線356.5m
ダートコース	1517.6m　直線352.7m
障害コース	1366.7m　たすき403.7m
GI	桜花賞　宝塚記念　大阪杯　朝日杯FS　阪神JF

※芝コースはすべてAコースのもの。

ゴール前に急坂

内回りでは残り800m、外回りでは残り600mから、直線の半ばにかけて緩やかに下り、直後に**急な上り坂が待ち受けている**。高低差は1.8mだが、**勾配は1.5%で中山（1.6%）に匹敵する難所**。急坂で一気に脚色を鈍らせる馬も少なくない。

長いバックストレッチ

外回りコースの直線は、内回りに比べて100m以上も長い。しかも、その先に待ち受ける急坂を意識したジョッキー心理がスローペースを生む。特に**芝1800mでは、スローペースになりやすい**。

スパイラルカーブ

1〜2コーナーでは、芝・ダートともにスパイラルカーブ（入口から出口にかけて半径が小さくなる形状のカーブ）が導入され、3コーナーも緩やかに改修された。カーブの出口のほうが小回りになるため、高速で突っ込んできた馬は外に振られ、馬群がばらけやすくなる。改修前に比べて、**フェアで紛れが少ないコース**となっている。

2. 主なコース・距離別のポイント

芝1200m・内回り

　内回りで3コーナーまでの距離が短く、あきらかに内枠かつ逃げ・先行馬が有利。スタート直後が下りなのに、残り200mあたりから急坂になるというアップダウンが特徴で、**京都に比べると一本調子での逃げ切りはむずかしい**。全体的に力と瞬発力が要求される。

芝1400m・内回り

　3コーナーまで距離はあるが、スタート直後の先行争いは避けられない。**先行しての粘り込みが利きやすく、外々を回らされて距離をロスする外枠よりも内枠が有利な傾向**。先行力のあるパワー型に向く。

芝1400m・外回り

　ゴール前の直線が473.6mと、内回りコースよりも120m近く長いため、**差し・追い込み馬の好走も多い**。距離ロスのリスクがある**外枠よりも、内枠が有利な点は内回りと同様**だ。

芝1600m・外回り

　桜花賞や阪神ジュベナイルフィリーズという華やかな牝馬GIの舞台。改修でスタート直後の急カーブがなくなり、長い直線が2本とコーナーが2回という形状に変わった。外枠不利の解消が期待されたが、3コーナーまで馬群がダンゴ状態で進む多頭数では、依然として**内枠有利の傾向**にある。最後の直線が473.6mあり、直線に向いてから追い出せばよく、レースはしやすくなっている。改修前よりもペースは落ち着く傾向で、差し・追い込みが届かないことが増えている。最後の直線が長くても、**脚質の有利不利はあくまでペース次第**。

芝1800m・外回り

　スタート地点は1400m内回りと同じだが、**外回りのためスローペースになりやすい**。古馬の上級クラスでも前半3ハロンより後半3ハロンのほうが速くなるが、前も止まらないので**追い込み一手では不利**。先行力があって、速い上がりタイムもある馬に向く。

芝2000m・内回り

スタート地点は芝2400m外回りと同じで、内回りを1周する。スロー〜平均ペースが多く、**距離ロスのない内枠が有利**。後方待機馬が台頭するには、逃げ・先行馬がそろってハイペースになることが条件。内回りを2周する芝3000mも、同様の傾向がある。

芝2200m・内回り

春のグランプリ・宝塚記念のコース。外回りコースの4コーナー出口付近からスタートして内回りを1周。スタート直後が長く緩い下り坂なので前半から速いラップが出て、馬群（ばぐん）が縦長になりやすい。**全体に速いペースになるので最後は瞬発力勝負**だが、ゴール前の急坂を克服するスタミナも必要。ただし内回りの直線は短いので、差し馬も早めに仕掛けて4コーナーでは好位につきたい。**直線一手では届かない**。

芝3000m・内回り

向正面（むこうじょうめん）の2コーナー寄りからスタート。コーナーを6度通過し、急坂を2度上るだけのスタミナが必須。距離実績を重視すべきだ。

芝3200m・外／内回り

1周目が外回り、2周目が内回り。2度の坂越えと距離を克服するスタミナを備えた逃げ・先行馬に向く。

ダート1200m

スタート直後は平坦（へいたん）で、残り1000m地点から4コーナー出口までが下り、ゴール前200mが急坂というタフなコース。京都に比べると前残りが少なく、外からの差しも決まりやすいが、コーナーがきついので外に振られると大きなコースロスとなる。直線部分が長いので、枠順（わくじゅん）は**揉まれにくい中〜外枠がよく、出脚の速いパワータイプに適している**。

ダート1400m

1200mのスタート地点からコーナーポケットの奥方向へ200m下がった位置からスタートするため、レースの傾向は似ているが、馬群

が縦長になりやすい傾向がある。芝の部分からスタートするため、**芝もこなせる馬なら外枠が有利**となる。揉まれやすい**最内枠は不利**。

ダート 1800 m

スタート直後にゴール板前の坂があり、１コーナーまでは 303 m。先手を取りたい馬は外枠からでも強引に行くことが多く、多頭数でもかぶされない**外枠が有利**となる。コーナーを４度通過し、直線は352.7 m。脚質的には**先行有利**だが、先行争いが激化する**上級クラスでは差し馬が台頭**することが多い。かつてはダートＧⅠジャパンカップダートの舞台だった。

ダート 2000 m

JRA では唯一阪神だけにある距離。芝の内回りコースの４コーナーポケットからスタートし、１コーナーまでは 500 m以上もある。芝の上を 80 mほど走るため、スタート直後のラップは速くなりがちだが、１コーナーを過ぎると落ち着きやすいので、**逃げ・先行馬に有利**。急坂を２度越えるため、スタミナとパワーが要求されるタフなコース。**他場の長距離ダート実績を考慮したい**。

3. CHECK! 阪神競馬場の各コースを確認する

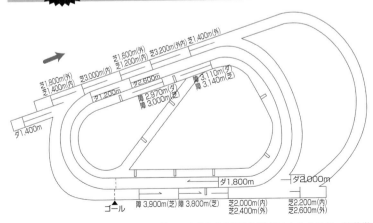

2006 年に改修されたことで、内外の枠順で大きな有利不利は改善されたようだ。桜花賞の季節には、700 本のソメイヨシノが馬場を華やかに彩る。

中京競馬場の特徴
ちゅうきょうけいばじょうのとくちょう

ローカル開催でGIの高松宮記念とチャンピオンズカップが行われる。

2012年にリニューアルオープンし、国内初のソーラーパネルを採用したエコ競馬場となった。スタンドはガラス張りのツインハット、大屋根のペガサススタンドの2つ。きしめん、みそカツなどのご当地グルメと高松宮記念メモリアルガーデンは必見。

1. 中京競馬場の特徴

コース形態	左回り
芝コース	1705.9m　直線412.5m　オーバーシード
ダートコース	1530m　直線410.7m
障害コース	芝コースを使用
開催重賞	高松宮記念　チャンピオンズC（以上GI）　金鯱賞 東海S（以上GII）　愛知杯　ファルコンS　CBC賞 プロキオンS　中京記念　中日新聞杯（以上GIII）

長い直線＋急坂

　生まれ変わった中京競馬場の**最後の直線の長さは、京都の外回りを上回る**。新たに設けられた坂の勾配（こうばい）は中山の2.24％に次ぐ2％で、**西日本ではもっともきつい急坂**となる。典型的な平坦（へいたん）・小回りだった旧コースの面影はなく、まったく新しい競馬場だと考えたほうがいい。

緩急をこなす自在性が必要

　このコースの特徴は、そのアップダウンにある。ゴール地点から向（むこう）正面（じょうめん）にかけては緩やかな上り勾配だが、向正面の半ばから4コーナーまでは一転して下り坂となる。ここで勢いがつきすぎるとコーナーでふくれ、芝でもダートでも距離ロス（こうむ）を被る。直線に向くといきなり高低差約2mの急坂が待ち受けているが、問題はそのあと。上り切ってもまだ直線半ばで、ゴールは200mも先だ。ダラダラと上る東京とも、坂を上ればすぐゴールの中山とも違う、**独特なコース構成で、ペースの緩急に対応できる自在性が必要**だ。

ダートコースもタフ

　改修によってダートコースの１周距離は、東京、京都に次ぐ３番目の長さになった。直線も東京に次ぐ２番目の長さで、最後の直線の勾配は 1.14％。芝よりは緩やかだが、中山に次ぐ２番目の急坂だ。アップダウンの構成は芝コースとほぼ同じだから、ゴール手前の上り勾配を上った後にさらなる余力が要求される。**芝以上にタフなコースといえるかもしれない。**

2. 主なコース・距離別のポイント

芝 1200 m

　向正面の真ん中付近からスタートし、緩い上りを 120 m進むとあとは下りに入る。３コーナーまで距離があるのでハイペースになりやすく、基本的に差し馬に有利。コーナーがきついせいか、**内枠の馬を見ながらレースができる外枠の好位差しの成績がよい。**スプリントＧⅠの高松宮記念や CBC 賞がこのコースで行われるが、コーナーが３つから２つに減り、これまでよりも実力馬が力を発揮しやすくなりそう。新装初回（2012 年）の高松宮記念はカレンチャンが２番手から抜け出したが、２着は追い込んだサンカルロだった。この結果が示すように、**逃げ・先行馬同士での決着はあまりない。**

芝 1400 m

　３歳重賞のファルコンＳのコース。２コーナーの出口付近からスタート。しばらくは緩やかな上りだが、向正面の中間あたりから下りになってペースが上がる。1200 m同様、ハイペースになりやすく、差し・追込馬の成績がよいが、下り坂を利してスピードに乗れる外枠の先行馬の好走例も目立つ。**逃げ切りは至難のわざ**だ。

芝 1600 m

　この距離はフルゲート 16 頭。１〜２コーナー間の斜めの引き込み線からスタートし、左にカーブしながら本コースに入る。札幌 1500 mや中山芝 1600 mと似た形態だが、中山のマイルほど外枠不利とはなっていない。むしろ２コーナーで外からかぶされるせいか、１枠は

不振だ。坂を上ってからの余力が勝負を左右するので、**いい脚を長く使える馬を軸**にしたい。

芝2000m

スタート地点はホームストレッチの中央よりやや左。坂の途中からスタートする上に、1コーナーまでに距離があるので、スローペースで縦長の展開になることが多い。2012年愛知杯は軽ハンデの逃げ・先行馬で決着したが、同年の金鯱賞は差し馬同士だったように、**全体的には差し馬の好走例が多く**なっている。枠順（わくじゅん）についての有利不利はないが、**逃げ・先行脚質（きゃくしつ）なら内枠が理想で、1枠の逃げ馬に要注意**。

芝2200m

4コーナーのポケットからスタートし、スタンド前の長い直線を走り抜けて1コーナーへ入るので、流れは落ち着くことが多い。**ゴール前の急坂を2度フルに駆け上がるので、キレよりもバテないタフさが必要**。スタミナさえあれば、脚質や枠順は問わないコース。

ダート1200m

向正面入り口からスタートし、緩やかな上り坂が約220m。3コーナーまで距離があるため、短距離戦にしてはペースが落ち着く。4コーナーまでは下り坂なので、ここで加速して最後の直線に向かう。ゴール手前380〜220mは高低差1.8m、1.14％の急勾配だが、**内枠の逃げ・先行馬が有利**。

ダート1400m

スタート地点は2コーナー奥のポケットなので、ダートコースに入るまでに約200mも芝を走ることになる。この芝の部分で好位を取ろうとして先手争いが激化し、1200m戦とはまったく異なる展開を見せる。ところがハイペース必至なのに、**結果的には先行有利で、差し・追い込み馬が届かないケースが多い**。それほど最後の坂が利いているということだ。他場の1400m実績は参考にならず、**同じ芝スタートの東京ダート1600mのイメージに近い**。

ダート 1800 m

東海 S（G II）のコース。上り坂の途中からのスタートなので、アップダウンの構造は芝 2000 m とよく似ている。1〜2 コーナーはほぼ平坦で、向正面までは緩い上り。残り 980 m から 4 コーナーめがけて下っていく。芝 2000m ほどスローペースにはならず、平均〜ハイペースが多い。**枠順を問わず逃げ・先行馬のほうが成績はよく、差し馬でも中団につける脚はほしいところで、極端な追い込み脚質では通用しない。**

ダート 1900 m

4 コーナーの入り口、急坂の手前からスタートするうえに、1 コーナーまで距離があるのでペースは比較的落ち着く。芝の 2200 m 同様、急坂を 2 度上るタフなコースで、スタミナがモノをいう。レース数はあまり多くないが、**逃げ・先行馬がそのまま流れ込むレースが多く**なっている。

3. CHECK! 中京競馬場の各コースを確認する

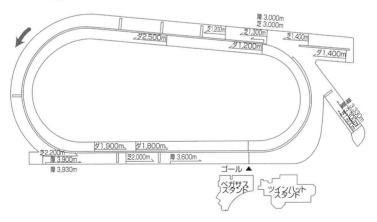

2012 年のリニューアルによって、京都競馬場の外回りを上回る長い直線、中山競馬場に次ぐ急坂と、ローカルながらタフで迫力満点の競馬場に生まれ変わった。3 月に行われる春のスプリント王決定戦・G I 高松宮記念は必見。

福島競馬場の特徴

ふくしまけいばじょうのとくちょう

東北で唯一のJRA競馬場。コースの高低差自体は問題にするほどではないが、芝コースを1周する間に2度のアップダウンが組み込まれているのが特徴。ただし、勾配は緩やかなので、レースへの影響は考えなくていい。また、ほかのJRA競馬場とは違い、パドックがスタンドの2階にある。

1. 福島競馬場の特徴

コース形態	右回り
芝コース	1600m　直線292m　オーバーシード
ダートコース	1444.6m　直線295.7m
障害コース	芝コースを使用　たすき490.9m
開催重賞	福島牝馬S　ラジオNIKKEI賞　七夕賞　福島記念（すべてGⅢ）

※芝コースはすべてAコースのもの。

典型的な小回り

　1周の距離が短いので、どうしてもコーナーが多くなる。1700m・1800mで4つ、2400mでは6つのコーナーを回る。しかもカーブがきつく、上手に回らないと外にふくれて距離ロスが生じるため、跳びが大きい**大型馬より小兵や牝馬が活躍**する傾向にある。差し・追い込み脚質の馬なら、なおさら器用さが必要だ。直線が短いので、3コーナーあたりで騎手のゴーサインに即座に反応できなければ、とても届かない。

スパイラルカーブ

　3〜4コーナーは緩やかなスパイラルカーブで、スピードが落ちにくい。加えて、4コーナーから直線にかけてはわずかながら下り勾配で、スピードが持続する。スピードを維持したままコーナーを曲がる**逃げ・先行馬が有利**。馬場状態がいい開幕週は、なおさらその傾向が顕著となる。

アップダウンの繰り返し

　高低差は最大でも 2.1mの平坦(へいたん)コースだが、起伏箇所が多い独特のアップダウンとなっている。ゴール板付近から2コーナー手前までなだらかに下り、緩やかな上りに転じた後、バックストレッチ中央までの100mで1m上る急勾配がある。3〜4コーナーはフラットだが、4コーナーから直線はまた緩やかに下り、120mで1m以上の上り勾配を駆け上がってゴールとなる。

開催後半は外差し

　梅雨の時期に重なる福島開催は、馬場が悪化しやすい。改修されて水はけはよくなったが、馬場状態の変化には注意が必要。馬場が荒れると、外から差してくる馬が届きやすくなる。

2. 主なコース・距離別のポイント

芝 1200m

　引き込み線からのスタートで、コーナーまでは距離があり、しかも緩やかな上り坂。逃げ・先行馬に有利だが、枠順(わくじゅん)はあまり気にしなくていい。3〜4コーナーのスパイラルカーブもスピード馬に有利で、コース適性は重要なファクターだ。

芝 1700m

　正面スタンド前からの発走。1コーナーまではわずか200mで、先行争いは熾烈(しれつ)をきわめる。スタート直後から速いラップを刻む展開が多い。先行し、かつスピードを持続できる馬に向く。コーナーを4度も回るため、**外枠の馬は外々を回らされて不利が大きい**。先行馬有利だが、ペースは速くなりがちで逃げ切りはむずかしい。

芝 1800m

　正面スタンド前の右側からスタートし、1コーナーまでは300m。中山1800mに似たイメージだが、1700m戦に比べれば前半のペースは落ち着きやすい。**平均ペースまでなら逃げ・先行馬が有利**だ。

差し・追い込み馬が台頭するためには、前半のペースがかなり速くなることが前提になる。1700 mと同じく、コーナーを4度も回るために外枠は不利だ。

芝2000 m

4コーナーのポケットからスタートする。1コーナーまで500 mあるが、先手争いが激しくなることが多く、**内枠がやや有利**。小回りコースでの実績があり、**先行する能力のある馬に向いている**。馬場が荒れ出す後半の開催では、スタミナや距離実績に着目したい。

芝2600 m

坂を4度上って3度下り、コーナーを6度通過するトリッキーなコース。それだけに福島競馬場のコース実績に注目。前半はゆったり流れ、2周目の3コーナーからペースが上がるため、波乱が起きる要素も大きい。

ダート1000 m

コース幅が狭く、フルゲートでも12頭。たまに2歳新馬戦や3歳未勝利戦が組まれる程度でレース数は少ない。スタートダッシュと二の脚の速さが必須で、3コーナーで先頭に立てればそのまま押し切れる。**内枠の逃げ馬が断然有利**。

ダート1150 m

芝コースを横切って、ダートコースに入っていく。枠順には関係なく、スピード能力で勝負が決まり、1000 m戦同様、逃げ・先行馬が有利な傾向がある。

ダート1700 m

スタート直後に坂を上ってコースを1周する。福島競馬場は先手必勝という騎手心理もあり、直線は約296 mもあるが先行争いは激しくなる。他場に比べて砂が深く、**パワーで押し切るタイプの逃げ馬が活躍**する。

ダート 2400 m

レース数の少ない距離だが、小回りコースで6度のコーナーを通過する。**先行馬が有利だが、逃げ切るのはむずかしい。**

3. CHECK! 福島競馬場の各コースを確認する

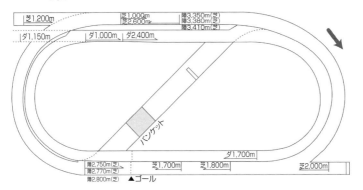

サマー 2000 シリーズ（→ 199 ページ）の初戦、七夕賞（G Ⅲ）などの重賞が行われる。典型的な小回りコースで、牝馬や小兵の馬たちの好走に注目だ。

競馬 豆知識 JRAのさまざまな施設を楽しむ

馬事公苑（東京都世田谷区上用賀2-1-1）　2022年秋頃まで休苑

　オリンピックの馬術競技も行われる、日本屈指の馬術の拠点。JRA主催の馬術大会や、「馬に親しむ日」などのイベントも開催される。

三木ホースランドパーク（兵庫県三木市別所町高木）

　西日本屈指の馬術施設で、研修センター、宿泊施設、輸入検疫施設などを併設。元競走馬による障害馬術大会が人気。

ＪＲＡ競馬博物館（東京都府中市日吉町1-1 東京競馬場内）

　競馬の歴史やしくみ、顕彰馬などを紹介し、さまざまな角度から競馬の魅力を発信するアミューズメント・ミュージアム。

根岸競馬記念公苑（馬の博物館）（神奈川県横浜市中区根岸台1-3）

　近代競馬発祥の地、根岸競馬場跡地に設けられた博物館。ポニーや日本の在来馬を飼育し、ふれあいイベントが開催されている。

Gate　J. TOKYO（東京都港区新橋4-5-4 JRA新橋分館1F）

Gate　J. OSAKA（大阪府大阪市北区芝田2-1-16 ウインズ梅田A館地下フロア）

　競馬に関する映像視聴や書籍の閲覧、データ検索などができ、競馬関連グッズも買える。写真展やトークショーも随時開催されている。

新潟競馬場の特徴

にいがたけいばじょうのとくちょう

ローカルでは唯一、内回りと外回りの2コースを持つ。日本最大のスケールを誇る外回りコースは、日本で最長の直線（約659m）を有する左回りコース。1000mの直線競馬が見られるのも、国内では新潟競馬場だけだ。スタンドから見ると、3〜4コーナーははるかに遠い。長い直線と広大な馬場で展開されるスピードレースは圧巻。

1. 新潟競馬場の特徴

コース形態	左回り
芝コース	外回り2223m　直線658.7m　オーバーシード 内回り1623m　直線358.7m
ダートコース	1472.5m　直線353.9m
障害コース	芝コースを使用
開催重賞	新潟大賞典　アイビスサマーダッシュ　レパードS 関屋記念　新潟記念　新潟2歳S　新潟ジャンプS （すべてGⅢ）

※芝コースはすべてAコースのもの。

スピード全開

　日本最大のスケールを誇る**外回りコースは、1周2223m（Aコース使用時）。日本で最長の直線（約659m）**は東京競馬場より130m余り長い。平坦（高低差は芝70cm、ダート60cm）で直線が長いため、純粋にスピード能力が問われる。

　坂のあるコースでスピードを殺されていた非力な馬たちが、変わり身を見せることがしばしばある。コースレコードは他場に比べて2〜3秒も速い。

決め手勝負の外回り

　どの距離も1コーナーまでが十分に長く、曲がるコーナーは2つだけというコースレイアウト。最後の直線が約659mという長さを騎手も意識するせいか、前半はおおむねスローペースとなりやすい。直線に向いてからヨーイドンの上がり勝負の競馬になることが多く、**決め手のある馬**でないと勝ち負けはむずかしい。

内回りも決め手比べ

　外回りに比べればこぢんまりと映るが、内回りの直線約 359 mは中山よりも長い。外回りに比べれば逃げ・先行馬の出番が増えるが、やはり決め手のある馬が有利。ダートコースの直線も JRA 競馬場で 3 番目の長さを誇り、芝コースと同様の傾向にある。

砂地の競馬場

　水はけがいい砂地だった土地につくられたため、芝コースは雨が降っても重たくなりすぎず、あまり時計がかからない傾向がある。

2. 主なコース・距離別のポイント

芝 1000 m（直線）

　4 コーナーのポケットからまっすぐゴールをめざす直線競馬。重賞はアイビスサマーダッシュ（G Ⅲ）が行われ、純粋にスピードを競う名物レースとして定着している。ほかのレースで荒らされていない**外側の芝を走れる外枠が有利**で、ほとんどの馬がスタート後に外側に進路を取る。レコードタイムは 53 秒 7 で、他場と比較してもケタ違いに速い。

芝 1200 m・内回り

　向正面の入り口からスタートし、コーナーまでは 448 m。最後の直線は約 360 mあるため、**枠順の有利不利はない**。全体的にフラットなのでスピード能力がストレートに出やすく、**逃げ・先行馬に有利**な傾向がある。

芝 1400 m・内回り

　1200 mのコースのスタート地点を 2 コーナーのポケットにずらした形状で、3 コーナーまでの直線が 648 mもある。これは芝 1600 mの外回りよりも長い。この直線でペースが上がりやすいため、**先行馬だけでなく、差し馬も活躍する傾向がある**。東京 1400 mに実績のある馬は注目だ。枠順に有利不利はないはずだが、**多頭数になると最内枠や大外枠の成績がさえない**。

芝1600m・外回り

　向正面の中央付近からスタートし、3コーナーまでの直線は550mもあるため、前半のペースは落ち着きやすい。最後の直線は約659mあるので、上がり3ハロンの時計は前半3ハロンの時計を上回るレースが多い。**先行馬・差し馬の成績は拮抗**しているが、逃げ馬には苦しく、速い持ちタイムと上がりタイムを持つ馬に向くコース。

芝1800m・外回り

　最初の直線が748mもあるため、スタート直後のラップは速くても中盤で落ち着く傾向がある。全体的にはスロー〜平均ペースになることが多いが、最後の直線が長いためか**逃げ馬は不振**。勝負は直線の追い比べというパターンとなり、**差し馬が台頭**する。開催後半では外枠が有利。

芝2000m・内回り

　3歳未勝利戦を中心に開催されるコースで、最初の直線は長いがハイペースになりやすい。しかし、コーナーを4回通過するので、時計がかかる。**末脚の鋭い馬中心で、逃げ・先行馬の前残りを絡めるのが馬券作戦の鉄則。**

芝2000m・外回り

　スタートしてから3コーナーまでは948mの直線もあるため、先行争いは比較的穏やか。ただし、この距離でもコーナーが2度しかなく、時計が出やすい馬場なのでスピード能力は必要。勝負は最後の直線で決まるため、ほとんどのレースで**差し・追い込み馬が有利**となり、1〜3着独占のケースも少なくない。いい脚を長く使える馬を見つけることが大切だ。

芝2200m・内回り

　1コーナーまで636mあり、ペースは落ち着きやすいが、直線の短い内回りを意識して後続馬も早めに動くせいか、先行馬と中団待機の差し馬の活躍が目立つ。**逃げ馬には厳しいコース**となっている。

芝 2400 m・内回り

スタート直後は緩やかな下りで、1コーナーまでは836 m。前半のペースが速く、中盤で落ち着き、直線での決め手勝負になりやすい。**先行タイプを軸に、持ちタイムの速い馬、速い上がりタイムのある馬を絡めたい。**

ダート 1200 m

2コーナーのポケットから、芝コースを横切って進む。3コーナーまでは525 m、最後の直線も阪神並みの354 mで、ローカルとしては長い。スタートダッシュと持続するスピードが問われるコースで、**内〜中枠の先行馬が強い。**

ダート 1800 m

1〜2コーナーのカーブがタイトで馬群が縦長になりやすいため、1コーナーまでの位置取りが重要。**内枠の逃げ・先行馬が有利**だが、1200 m戦に比べれば**差し馬にも台頭の余地がある。**

ダート 2500 m

最初の3コーナーまで約350m、最後の直線も353.9m。**コーナーがタイトなコースを1周半回るため、先行馬が有利。**

3. CHECK! 新潟競馬場の各コースを確認する

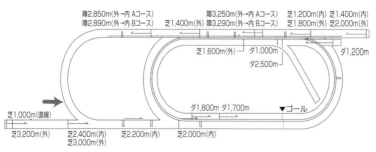

日本で唯一、直線競馬（1000m）が開催される新潟競馬場。それ以外のレースも広いコースと長い直線によって、スピード感あふれるレースが展開される。

札幌競馬場の特徴

さっぽろけいばじょうのとくちょう

かつてはダートコースのみだったが、1990年に洋芝コースに転換。その内側にダートコースを新設した。半径が大きい緩やかなカーブのため、1周距離（1641m）のわりに直線が約266mと短い。高低差の小さい平坦（へいたん）なコースだが、芝コースはパワーが必要な深い洋芝となっている。

1. 札幌競馬場の特徴

コース形態	右回り
芝コース	1640.9m　直線266.1m　洋芝
ダートコース	1487m　264.3m
障害コース	なし
開催重賞	札幌記念（GⅡ）　クイーンS　キーンランドC エルムS　札幌2歳S（すべてGⅢ）

※芝コースはすべてAコースのもの。

洋芝大好きな馬は？

　洋芝は野芝よりも葉丈（はたけ）が長いため、深くて力のいる芝コースになる。野芝に比べて踏まれ弱いが、札幌開催は年に2回で16日程度。しかも1日の芝のレースを5レースまでに制限し、保護に努めている。この**洋芝を得意とする馬を見つける**のも楽しみの1つで、コース実績に注目したい。ちなみに、一般的なJRAの競馬場は野芝の上に洋芝を秋蒔きするオーバーシードで、冬場も枯れにくく、荒れにくい。

独特の円形状コース

　芝コースの**1周距離は、ローカル6場の中では新潟に次いで長い約1641m**。それなのに**直線が約266mと短い**のは、コースが全体的に丸いから。4つのカーブが緩やかで大きいためで、一般的な競馬場を楕円とすれば、札幌はより円形に近いレイアウトになっている。そのため、馬群（ばぐん）の外を回ると不利が大きい。芝コースの内側につくられたダートコースにも同じことがいえる。

ジョッキーの東西対決

　現在では有力騎手がフリーとして独立するケースが多いため、西も東もないが、特に札幌開催は美浦・栗東それぞれに所属するジョッキーが入り混じって騎乗する。東西のトップジョッキーの直接対決による駆け引きも見どころだ。

クラシック候補を探せ

　数あるローカル開催の中でも、福島・新潟・小倉ではなく、涼しくて過ごしやすい**札幌でデビューする素質馬は少なくない**。いち早くクラシック候補を見つけるには、素質馬の集まる札幌新馬戦（メイクデビュー）に注目だ。

2. 主なコース・距離別のポイント

芝1000m

　新馬戦中心のマイナーコース。経験のない若駒が平坦コースをスピードに任せて突っ走るレースで、**素質のある馬が先行して押し切る**のが勝ちパターン。

芝1200m

　コースが平坦である上にコーナーが緩やかなので、スピードの違いがストレートに出やすく、**逃げ・先行馬に有利**。洋芝でも開催前半の良馬場なら、1分8秒台が出る。開催後半になるにつれて時計がかかり出すと、差し・追い込み馬にもチャンスが生まれる。スタートから最初のコーナーまで400mあるため、**枠順の有利不利はない**。

芝1500m

　札幌開催だけの距離設定となっている。1～2コーナーの引き込み線からスタートし、約170mをほぼまっすぐに走って向正面に出る。2コーナーまでの先行争いが激しくなりやすく、速いラップが刻まれる。**内枠の先行馬に有利で、外々を回らされる外枠の差し馬には不利となる**。

芝1800 m

正面スタンド前から発走し、コーナーまでの180 mが勝負どころといってもいい。しかもコーナーを4度も通過するため、まさに**先手必勝のコース**だ。上のクラスになるほどハイペースになる傾向にあるが、それでも前の馬が残る先行有利の傾向がある。

芝2000 m

引き込み地点からスタートし、スタンド前を通って1周する。コーナーまで380 mあるため、前半のペースはスローになりやすく、上のクラスでも前半1000 mで60秒を切ることは珍しい。洋芝で上がりの時計もかかるため、**コース適性のある差し馬なら十分に狙える**。

芝2600 m

コーナーを6度も通過するタフなコース。最初のコーナーまでが短く、先手争いは激しくなり、1周目の正面スタンド前でペースが緩む。2周目の向正面までででさらにペースダウンし、3コーナー過ぎからのロングスパート勝負。**洋芝の長距離戦だけにスタミナは絶対条件**だ。

ダート1000 m

芝の短距離と同じく、基本的に**逃げ・先行馬が有利**。スタートダッシュを利かせて、そのままゴールへなだれ込むイメージだ。最初のコーナーへ向かって外からかぶせられることも多く、内枠はやや不利。

ダート1700 m

コーナーを4度回るが、他場よりはカーブが緩やか。先行争いはそれほど厳しくもないが、全体的に時計が速く、**逃げ・先行馬が活躍**している。フルゲートは13頭と少ないが、1000 m戦と同様に**内枠はやや分が悪い**。

ダート2400 m

年により、おおむね3歳以上1勝クラスと3歳未勝利戦で使用される。**コーナーを6度も回るため、先行馬が有利**となっている。

3. CHECK! 札幌競馬場の各コースを確認する

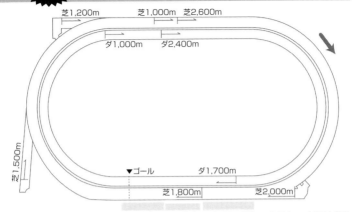

芝1,200m　芝1,000m　芝2,600m
ダ1,000m　ダ2,400m
芝1,500m
▼ゴール　ダ1,700m
芝1,800m　芝2,000m

夏の涼しい北海道で行われる新馬戦（メイクデビュー）は、翌年のクラシック候補が多くデビューする注目レースだ。また、札幌記念（GⅡ）は秋のGⅠ戦線へつづく、ローカル開催屈指のハイレベルなレースとなっている。

競馬豆知識　最寄りのウインズを知る

　JRAには全部で35の場外勝馬投票券発売所（ウインズ）がある。一般的なウインズのほか、エクセルという有料会員限定のウインズ、馬券発売のみを行うライトウインズがある。

[北海道・東北地区]
ウインズ札幌、ウインズ釧路、ウインズ津軽、ウインズ盛岡、ウインズ水沢、ウインズ横手、ウインズ三本木、ウインズ新白河

[関東地区]
ウインズ銀座、ウインズ後楽園、ウインズ錦糸町、ウインズ浅草、ウインズ汐留、ウインズ新宿、ウインズ渋谷、ウインズ立川、ウインズ川崎、ウインズ横浜、ウインズ新横浜、ライトウインズ阿見、ウインズ浦和、ウインズ石和、エクセル田無、エクセル伊勢佐木、エクセル茨城境

[中部・関西地区]
ウインズ名古屋、ウインズ京都、ウインズ難波、ウインズ道頓堀、ウインズ梅田、ウインズ神戸、ウインズ姫路、エクセル浜松、ライトウインズりんくうタウン

[中国・四国・九州地区]
ウインズ米子、ウインズ広島、ウインズ小郡、ウインズ高松、ウインズ佐世保、エクセル宮崎、ウインズ博多、ウインズ八代

函館競馬場の特徴

はこだてけいばじょうのとくちょう

JRA10場の中ではもっとも歴史が古く、19世紀中期の草競馬にさかのぼる。夏の北海道競馬の開幕を受け持つ競馬場で、スタンドから津軽海峡や函館山が眺望できる。1周距離は福島や小倉より長いが、JRA全10競馬場の中で直線がもっとも短く、芝コースで約262m。東京競馬場の半分以下だ。

1. 函館競馬場の特徴

コース形態	右回り
芝コース	1626.6m　直線262.1m　洋芝
ダートコース	1475.8m　直線260.3m
障害コース	なし
開催重賞	函館スプリントS　函館記念　函館2歳S（すべてGⅢ）

※芝コースはすべてAコースのもの。

洋芝適性が勝負を分ける

　洋芝に変わって水はけはよくなった。だが、開催後半は馬場が傷んで時計がかかり、**コース適性の有無が顕著**に表れるようになった。

日本一短い直線

　ゴール板が4コーナー寄りにあるため、**直線は10競馬場中最短の約262m**。しかも3〜4コーナーから直線、さらにゴールまで緩やかな下り勾配なので、一瞬の切れる脚が勝負を分けるコースとなっている。

2. 主なコース・距離別のポイント

芝1000m

　2歳新馬戦専用コース。スタートからコーナーまでが短いため、スピードのある逃げ・先行タイプが強い。

芝1200m

　コース中の最低地点からスタートし、3.4mを駆け上がる。コーナーまでの距離が比較的長いため、差し馬にも活躍の余地がある。

芝1800m・2000m

コーナーを4度通過するので先行馬が有利だが、差し馬が台頭するケースも少なくない。枠順も特に気にする必要はない。

芝2600m

コーナーを6度通過する間に坂を2度上り、1度下る。小回りで直線も短いが、バテた前の馬を後続馬が捉えるパターンが多い。

ダート1000m

最後の直線はJRA最短の約260mで、ゴール前100mはフラット。逃げ・先行馬が圧倒的に強く、枠順は砂を被らない外枠が有利。

ダート1700m

コーナーを4度通過する形状で先行馬が有利。ただし、逃げ馬の成績はあまりよくなく、末脚のしっかりした差し馬の健闘が目立つ。

ダート2400m

コーナーを6回通過し、アップダウンを繰り返すタフなコース。レース数は少ないが、ペース次第で差し馬でも好走する傾向がある。

3. CHECK! 函館競馬場の各コースを確認する

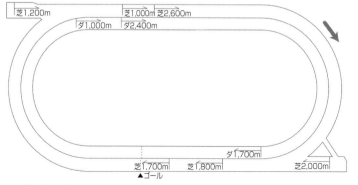

芝1,200m　芝1,000m　芝2,600m
ダ1,000m　ダ2,400m
ダ1,700m
芝1,700m　芝1,800m　芝2,000m
▲ゴール

JRAの競馬場の中でもっとも古い歴史を持つ函館競馬場。札幌競馬場と同じく洋芝の芝コースはパワーのいる馬場となっている。

小倉競馬場の特徴
こくらけいばじょうのとくちょう

九州で唯一のJRA競馬場。モノレールの駅と直結していて交通の便がいい。平坦・小回りがピタリと当てはまるローカルらしい競馬場で、九州産馬限定レースも行われる。ローカルで障害専用コースがあるのも小倉だけだ。中央開催がない小倉開催時には、関西所属のトップジョッキーが多く参戦する。

1. 小倉競馬場の特徴

コース形態	右回り
芝コース	1615.1m　直線293m
ダートコース	1445.4m　直線291.3m
障害コース	1309m　たすき415.7m
開催重賞	小倉大賞典　小倉記念　北九州記念 小倉2歳S　小倉サマージャンプ（すべてGⅢ）

※芝コースはすべてAコースのもの。

典型的な平坦・小回り

　直線は平坦だが、実際は2コーナー付近が高く、芝コース全体の高低差は2.96ｍ。2コーナーにかけて上ったぶんを2段階の下り勾配で下り、フラットな直線に向かう構成。ダートコースもほぼ同様。

2. 主なコース・距離別のポイント

芝1000ｍ

　3〜4コーナーに高低差1ｍの下りがあるほかはフラットでスピードが出やすい。新馬戦を含めて内枠の逃げ・先行馬が圧倒的に強い。

芝1200ｍ

　2段階の下り勾配で加速し、スパイラルカーブでスピードを落とすことなくフラットな直線を駆け抜ける。先手必勝だが、先行争いが激化すると差しも届き、馬場が荒れる開催後半は外差しも決まる。

芝1800ｍ

　前半はスロー〜平均ペースになり、上がり勝負になることが多いが、

開催前半の時計の速い馬場では逃げ・先行馬が活躍している。

芝2000m

　最初のコーナーまで472mあるが、**1800m戦に比べてハイペースになりやすい**。向正面でペースダウンした後に再加速するため、**末脚の確かな差し馬に向く**。紛れが少なくコース適性は重要なファクター。

ダート1000m

　砂が厚めで力を要する。下り坂でスピードに乗りやすく、逃げ・先行馬が圧倒的に有利で、馬群に包まれにくい中～外枠の成績がいい。

ダート1700m

　1コーナーまで343mあってペースが落ち着きやすく、逃げ・先行馬が有利だが、4コーナーで好位に付けられる差し馬も好走する。

ダート2400m

　1周半でコーナーを6度回るタフなコース。最後はゴールになだれ込むような決着になりやすく、前にいる馬が有利になる。

3. CHECK! 小倉競馬場の各コースを確認する

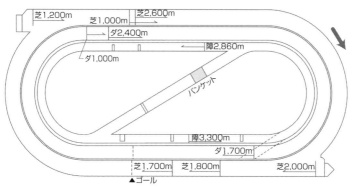

夏季は北海道開催とともに、はくぼレースが行われている。はくぼレースとは、JRAサマーステージ期間に小倉の1レース、函館・札幌の2レースにかぎり、最終レースの発走時刻が17:10となるレースのこと。

走らず飛んだディープの衝撃

イナリワン、ディープインパクト／天皇賞・春

　数あるJRAの競馬場の中で、私が一番好きなのは京都競馬場である。中庭が池になっていて、いつも黒鳥などの水鳥が浮いている。向正面には淀川の土手が隣接し、池越しのこの眺望は、しばし都会の喧騒を忘れさせてくれる。

　京都競馬場の春といえば、何をおいても天皇賞、思い出深いのはイナリワンが勝った1989年である。公営から鳴り物入りで中央に来たこの馬、初戦すばるS（OP）、2戦目の阪神大賞典（GⅡ）で4、5着に負けてしまい、いたく評価を落としていた。そのイナリワンに私が◎を打った理由、根拠はこうだ。

敗戦の中に見えた
芝と長距離への適性で◎

　「前2戦は負けるべくして負けたレース。敗因ははっきりしている。それより、もう一度思い出そう、あのやわらかい、しなやかなフットワークを。断じてダート馬ではない。それなのにダートでデビューから8連勝し、公営のその年のチャンピオンホースを決める東京大賞典を勝っている、それほど非凡な潜在能

力の持ち主であるということを。

　そして、目を見張るばかりの今回の追い切り。GOサインが出ると重心を沈めて、驚くなかれラスト1Fは11秒2を叩き出したではないか。中央入りして初めて見るイナリワンの勇姿。初めて満足のできるデキ、天才・武豊への騎乗依頼はそこからきた」

　「あの歴史的名馬ミルリーフ（英国ダービー、キング・ジョージ6世＆クイーン・エリベスS、凱旋門賞など14戦12勝）を父に持つ、このミルジョージ産駒イナリワンは450キロがやっとの大きくはない体、柔軟なフットワークを見るまでもなく、ダートより芝のほうが断然いい。ずばり、芝3200mの天皇賞向き。第99回天皇賞は◎イナリワンが勝つ」

　大いなる喜びは、断言した通りにイナリワンが勝ってくれたことはもちろんだが、それにも勝る喜びがあった。それは、この"◎イナリワンが必ず勝つ"との私の記事に、かの有名な大作家・五木寛之先生が目をとめてくださったこと。そして、イナリワンからの馬券を買われたそうな。見事にイナリワンが勝つと、

その翌日の月曜日からコラム「流されゆく日々」の中で、"天皇賞は日刊ゲンダイでV"とのタイトルのもと、お褒めの言葉を3日間も書きつづってくださったのである。いわく、「私も物を書いてメシを食っているのでわかるが、記者の天皇賞の記事の行間にはイナリワンが絶対勝つとの自信がほとばしっていた。イナリワンを買わずにはいられなかった」。そして、最後に、「どうせならもっとたくさん買っておけばよかった」と締めくくってくださったのだ。

3200mで叩き出した驚異の上がり3F 33秒5

2400mを走ったあとの残り800mを44秒6、600mを33秒5で走るなんて。

「ディープインパクトはターフを走らずに飛んでいた」

春の天皇賞で大衝撃を受けたのはあのディープインパクトの2006年である。ディープが勝つのはわかっていた。わかってはいたがこんな馬っているのかと、恐ろしいほどの衝撃を受けたのである。もちろん私も二重丸、いや、三重丸を打ってはいたのだが――。

武豊をして、「今日は本当に飛んでくれました」といわしめたから、衝撃的だったのではない。2着馬を3馬身半も千切ったからでもない。

従来のそれを1秒も短縮する、3分13秒4のレコードで走られてのビックリ仰天だ。こういうと、「ディープほどの馬がレコードを出したからって、別に驚くこともないだろうに」との声も聞こえてきそうだが、それは違う。こんな驚きは、めったやたらにあるものではない。

具体的に説明しよう。この天皇賞、前半の1マイルは1分37秒7で通過した。たとえば、マイネルキッツが勝った2009年が1分37秒0の通過だから、とくに速いペースではない。むしろ、遅いくらいだ。つまり、常識的にはレコード決着などあり得ない流れ――にもかかわらず、レコードが1秒も更新された驚きである。

前半が遅くてスピード、スタミナを温存できればその分、後半が速くなるのは自明の理。しかし、それにも限度というものがある。1600mを1分37秒7で通過して、2400mが2分28秒6。たとえスローとはいえ、ここまで走ってきてあとどれだけのスタミナが残せるというのだ。3分14秒4のレコードより速いタイムで走るには、残り800mを最低でも45秒7で走らなければならない。800m45秒台のラップは、1200mのスプリント戦だって遅くはない。もし、これ以上とばせば、ラストはバタバタになってしまうのがオチなのだ。

ところが、ディープインパクトは

2400mを走った後の残り800mをなんとなんと44秒6（推定）、600mを33秒5の速さで走り抜けてしまったのである。そして、気がつけば1秒の時計短縮をはかっての3分13秒4のレコードというわけだ。しかも、ゴール前の100mは流していたではないか。

馬ならぬペガサス、ディープインパクトのすごさ

単なる"走り"では、とうていこんな記録は生まれない。武豊のいうように、"飛んでいた"からこそ、言葉を変えていうなら、ディープインパクトはサラブレッドならぬペガサスだったからこそ、これほどのとてつもない数字が記録されたのである。3200mの天皇賞・春、秋を含めて、レースの上がり4F44秒台、3F33秒台が記録されたのは、あとにも先にもこの1回だけである。上がり4F44秒6、3F33秒5のディープインパクトに私がどれだけの衝撃を受けたか、これでおわかりいただけたかと思う。

そして、ここで得た教訓は、"長距離戦はちょっとでもかかってはダメ"、ペースの緩急に関係なく、どんなときでも乗り手の意のままに動けるディープだからこそ、3200mでこんな快記録が叩き出せたのだということ。ステイヤーの本質がここにある――。

京都10R	第99回**天皇賞・春（GI）**		（芝3200m・良・18頭）				
着順	枠番	馬番	馬　名	重量	騎手	タイム 着差	調教師	単勝 人気
1	❶	①	イナリワン	58.0	武豊	3:18.8	鈴木清	④
2	❼	⑬	ミスターシクレノン	58.0	河内洋	5	小林稔	⑯
3	❷	④	スルーオダイナ	58.0	岡部幸雄	3 1/2	矢野進	①
4	❹	⑧	ワコーリューオー	58.0	南井克巳	ハナ	伊藤雄二	⑪
5	❽	⑯	ランニングフリー	58.0	菅原泰夫	1/2	本郷一彦	②
6	❺	⑨	チュニカオー	58.0	田原成貴	クビ	谷八郎	⑧
7	❶	②	マウントニゾン	58.0	東信二	1/2	森安弘昭	⑬
8	❺	⑩	ウェルネス	58.0	丸山勝秀	ハナ	渡辺栄	⑰
9	❸	⑤	ミヤマポピー	56.0	松田幸春	1 3/4	松田由太郎	⑩
10	❼	⑭	プレジデントシチー	58.0	村本善之	クビ	中尾謙太郎	⑭
11	❸	⑥	ゴールドシチー	58.0	本田優	1 3/4	清水出美	⑥
12	❼	⑮	コクサイトリプル	58.0	柴田政人	クビ	稗田敏男	③
13	❹	⑦	カゲマル	58.0	田面木博公	8	高松邦男	⑮
14	❻	⑫	センシュオーカン	58.0	松永幹夫	1/2	大久保洋吉	⑫
15	❽	⑰	ナムラモノノフ	58.0	岡富俊一	2	野村彰彦	⑨
16	❷	③	ダイナカーペンター	58.0	加用正	10	増本豊	⑦
17	❽	⑱	ミホノカザン	58.0	西浦勝一	大差	山岡浩久	⑱
中止	❻	⑪	カツノコバン	58.0	久保敏文		松田博資	⑤

ハロンタイム／13.2-11.5-11.9-12.4-12.7-12.9-12.2-12.9-12.9-12.5-12.6-
12.6-12.0-12.2-12.0-12.3　　上がりタイム／4F　48.5　−　3F　36.5

単勝930円　複勝300円　2010円　140円　枠連3320円

本当に強い馬、名馬の条件とは

ダイワスカーレット、キタサンブラック、アーモンドアイ／天皇賞・秋

　私が初めて見た天皇賞は1966年、秋の第54回。大学生だった私は、まさか競馬の世界に飛び込むなど思ってもいなかった。それもプロの競馬記者、予想家になるなんて——。

　当時の天皇賞は春も秋も3200m。秋の天皇賞が2000mに変更されたのはその18年後の1984年、ジャパンカップが新設されてからである。

　日刊ゲンダイの記者になっていた私は本紙予想を任され、ミスターシービーに◎を打った。見事に私の期待に応えてくれたミスターシービー、鞍上が今は亡き友・吉永正人とあっては、忘れようとしても忘れられない天皇賞である。

競馬に勝って勝負に負けたダイワスカーレット

　もう1つの忘れられない天皇賞・秋は2008年。ウオッカとダイワスカーレットの15分にも及ぼうかという長ーい写真判定が続き、結果はウオッカがスカーレットをわずかに2センチだけ差し切っていた。

　2000m1分57秒2のレコード決着（当時）は史上最高の名勝負といわれ、新聞各紙も勝ち馬ウオッカを大

絶賛。でも、私に言わせてもらえば、この名勝負を演出したのはダイワスカーレットであり、断じてウオッカではない。そう、本当の勝ち馬はダイワスカーレットなのだと——。

　約7ヵ月ぶりの出走だったダイワスカーレットは仕上がっていたが、初コースの東京でテンションが高かった。前半5F58秒7のラップはダイワスカーレットにとってさほど速くないが、ハミをかんで走る姿に気負いが感じられた。自信の◎だったが、その掛かる姿に"直線大バテするかも"と不安がよぎった記憶がある。

　そんな走りでありながら4コーナーを回ると後続を突き放し、逃げ切った（私にはそう見えた）かと思えた。残り200mで鞍上の安藤勝己が外の馬に併せに行っていれば、あるいは他馬が併せに来ていれば、ダイワスカーレットはもう一脚使って間違いなく逃げ切ったはずだ。

　そばに馬がいなくなったことの不運。電光掲示板の上位に7番（ダイワスカーレット）ではなく14番（ウオッカ）が映し出されたとき、オーナーの大城敬三氏が「負けて強し」とお

っしゃった通り、第138回天皇賞・秋の主役はダイワスカーレットだった。競馬に勝って勝負に負けた――。

スカーレットが示す
本当に強い馬、名馬の条件

　プロの目から見て、あの天皇賞・秋のウオッカは、内容ではダイワスカーレットに負けていた。それはそうだろう、前後半の差が０秒２差というよどみのないペースでウオッカは折り合いがつき、ディープスカイ（３着）と叩き合って伸びた。しかも、この天皇賞勝ちが評価され、ジャパンカップで３着（２番人気）に負けたのに、年度代表馬に選出されたのである。

　一方、ダイワスカーレットは続く有馬記念を勝ちながら、特別賞にすら選ばれなかった。安田記念も勝ってGI２勝のウオッカの実績は、年度代表馬にふさわしいかもしれない。しかし、ダイワスカーレットは日本一を決める有馬記念を牝馬ながら勝ったのだ。それほどの馬を顕彰せず、歴史に残さないなら、年度代表馬ほかの表彰などやめてしまったほうがいい。

　幸運なウオッカと不運なダイワスカーレット。GI７勝のウオッカに対し、スカーレットは４勝。だからだろうか、ウオッカは高く評価され、名馬、女傑の代名詞のように扱われ

ているが、私は断然ダイワスカーレットに軍配を上げる。なぜなら――。

　レースに勝つことは強さの証明。一方、負けることは弱さの証明である。名馬は弱くてはならないし、もちろんモロくてもいけない。

　シンザン（15・４・０・０）、シンボリルドルフ（13・１・１・１）、ディープインパクト（12・１・０・１）など、歴代の名馬といわれる馬たちは、ただ勝つだけでなく、負けても２着、３着を外していない。

　GI７勝を含め10勝したウオッカは、確かに名馬たる資格は十分だ。しかし（10・５・３・８）で、16回も負け、11回も連対を外している。

　私にとってウオッカは瞬間的にはGI馬でも、平凡なオープン馬になり下がることもしばしば。とうていシンザンやシンボリルドルフ、ディープインパクトには及ばない。

　必ずしも絶好調でなかったり、展開が向かなかったりすると、簡単にズッコケてしまうウオッカに対し、ダイワスカーレットの全成績は（8・4・0・0）。生き物であるサラブレッドは常に絶好調でいられるはずもないが、長い休養明けの天皇賞・秋のような難条件でも僅差の２着を外さない。そこが偉大だ。

　ウオッカとの絶対的な違いが、ここにある。これぞまさしく名馬の証し、ウオッカの上を行く何よりの証

拠だ。ダイワスカーレットが無事で、仮にもう一度、天皇賞でウオッカと戦ったらとの思いは今も消えない。

本当に価値のある競馬をした馬を評価する

レコード決着（当時）だったダイワスカーレットとウオッカの年と対極をなすのが、不良馬場だった2017年だ。勝ったのはキタサンブラックで、両レースのタイム差は10秒以上もあった。

私は3歳までのキタサンブラックをあまり評価しておらず、馬体のよさに気づいたのは2016年の天皇賞・春だ。先行・逃げ切り脚質で気分よく走らせれば強い、絶対能力より精神力で勝ったタイプだと思う。

全成績は（14・2・4・2）で、馬券に絡まなかったのはダービーと宝塚記念だけだが、私としては14着、

9着と大敗した点が気に入らない。

天皇賞・秋では、2019・2020年を連覇したアーモンドアイが記憶に新しい。彼女の全成績は（11・2・1・1）。GＩ勝利数や総収得賞金の記録を書き換えた歴史的名馬には違いないが、レースでの強烈な強さが感じられず、有馬記念9着も減点材料。予想では◎をつけたこともあるけれど、シンザン・シンボリルドルフ・ディープインパクト級かと問われるとNoである。

天皇賞・秋で、競馬に勝って勝負に負けたダイワスカーレットを基準にすると、レースでもっとも価値ある内容を残した馬が見えてくる。キタサンブラックやアーモンドアイも名馬には違いないが、ダイワスカーレットを基準にして見れば、その評価は下げざるを得ない。

着順	枠番	馬番	馬　名	重量	騎手	タイム着差	調教師	単勝人気
東京11R　第162回**天皇賞・秋（GＩ）**　（芝2000m・良・12頭）								
1	❼	⑨	アーモンドアイ	56.0	C.ルメール	1:57.8	国枝栄	①
2	❺	⑥	フィエールマン	58.0	福永祐一	1/2	手塚貴久	⑤
3	❻	⑦	クロノジェネシス	56.0	北村友一	クビ	斉藤崇史	②
4	❽	⑪	ダノンプレミアム	58.0	川田将雅	2	中内田充正	⑥
5	❻	⑧	キセキ	58.0	武豊	2 1/2	角居勝彦	④
6	❸	③	ダイワキャグニー	58.0	内田博幸	2 1/2	菊沢隆徳	⑩
7	❽	⑫	ジナンボー	58.0	M.デムーロ	クビ	堀宣行	⑨
8	❷	②	カデナ	58.0	田辺裕信	1/2	中竹和也	⑪
9	❼	⑩	スカーレットカラー	56.0	岩田康誠	アタマ	高橋亮	⑧
10	❺	⑤	ウインブライト	58.0	松岡正海	1 1/4	畠山吉宏	⑫
11	❶	①	ブラストワンピース	58.0	池添謙一	3/4	大竹正博	⑦
12	❹	④	ダノンキングリー	58.0	戸崎圭太	7	萩原清	③

ハロンタイム／12.7 - 11.7 - 12.1 - 12.1 - 11.9 - 12.0 - 11.7 - 10.9 - 11.1 - 11.6
上がりタイム／4F 45.3 - 3F 33.6
単勝140円　複勝110円 260円 140円　枠連780円　ワイド420円 180円 670円
馬連970円　馬単1180円　3連複960円　3連単4130円

日本国内の競馬場をチェック！

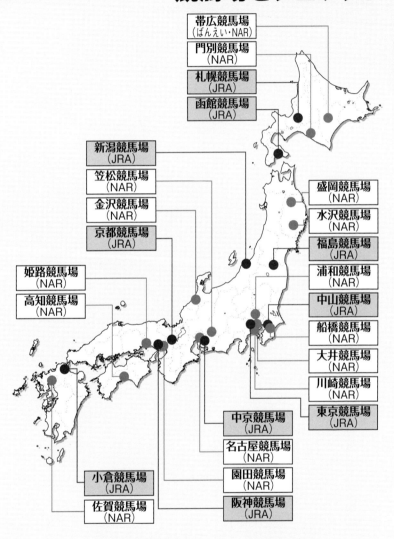

帯広競馬場
（ばんえい・NAR）

門別競馬場
（NAR）

札幌競馬場
（JRA）

函館競馬場
（JRA）

新潟競馬場
（JRA）

笠松競馬場
（NAR）

金沢競馬場
（NAR）

京都競馬場
（JRA）

姫路競馬場
（NAR）

高知競馬場
（NAR）

盛岡競馬場
（NAR）

水沢競馬場
（NAR）

福島競馬場
（JRA）

浦和競馬場
（NAR）

中山競馬場
（JRA）

船橋競馬場
（NAR）

大井競馬場
（NAR）

川崎競馬場
（NAR）

東京競馬場
（JRA）

中京競馬場
（JRA）

名古屋競馬場
（NAR）

園田競馬場
（NAR）

阪神競馬場
（JRA）

小倉競馬場
（JRA）

佐賀競馬場
（NAR）

第 **4** 章

現代競馬の傾向と対策

Contents

げんだいけいばのかんがえかた
現代競馬の考え方

厩舎が東西に分かれている中央競馬では、長く西高東低がつづいている。また、地方競馬は存続の危機に直面しているが、かつては70を超える地方競馬が隆盛を誇り、人気も売上も地方が中央を上回っていた。その一方、競馬後進国とみなされていた日本は2007年にパートI国と認められ、世界の中でその存在感を増している。

1. 現代競馬を知ろう

馬は厩舎を選べない

　競馬ファンの多くは競馬新聞を手にしたときから、競馬について真剣に考えるのではないだろうか。だが、馬主や調教師にとっては目標レースを定めたときからレースはすでに始まっている。いや、それどころではない。競走成績がすべての競走馬は、どこで生まれたか、どの厩舎に預けられるかで一生が左右される。誤解を恐れずにいえば、ハイセイコーもオグリキャップも最初から中央競馬で走っていれば、あれほどのアイドルホースにはならなかったかもしれない。

　現代社会でも格差が社会問題になるように、**競走馬の世界にも見えない壁が存在する**。それは競馬の予想に必ずしも必要ではないが、知っておくことで、また違った競馬の楽しみ方ができるかもしれない。

美浦トレセンと栗東トレセン

　中央競馬在籍馬のうち、美浦トレセン（茨城県美浦村）の厩舎に所属する馬を関東馬、栗東トレセン（滋賀県栗東市）の厩舎に所属する馬を関西馬という。基本的に関東馬は関東圏（東京、中山、福島、新潟）の、関西馬は関西圏（京都、阪神、中京、小倉）の競馬場で開催されるレースに出走することが多い。ただし、**輸送手段の進化により、東西の出走の自由度はかなり高くなっている**。

設備の差、人の差

　東西のトレセンを比較すると、規模では南北2つの馬場を有する美

浦が上回るが、所属する調教師や騎手の数はほぼ同じ。在厩馬数は栗東トレセンのほうがやや多いが、西高東低といわれるほどの差があるわけではない。**調教施設の問題、それを使いこなす人間の問題などが東西格差の要因**となっているといえる。

2. CHECK! データで見る東西の比較

関東・関西の騎手・調教師数（2021年1月6日現在）

	関東（美浦トレセン）	関西（栗東トレセン）
騎手	64	71
調教師	97	97

※騎手は短期騎手免許取得者を含む。
※技術調教師（研修期間中）東西を除く。

関東・関西の条件特別登録馬数（2021年1月現在）

	関東				関西			
3歳	オープン	1勝クラス	未勝利	新馬	オープン	1勝クラス	未勝利	新馬
	32	259	1377	492	41	267	1186	521
4歳以上	オープン	3勝クラス	2勝クラス	1勝クラス	オープン	3勝クラス	2勝クラス	1勝クラス
	178	226	516	835	378	327	556	766
合計	3915				4042			

※障害馬を除く。
オープンクラスなど、上級クラスの馬が多いということは、当然レベルの高い証拠だ。また、未勝利など、下級クラスに馬が多いということは、なかなか上のクラスに勝ち上がれていないことを表している。

3. トレセンの調教公開と施設見学に参加する

　トレセンでは**調教公開**や**施設見学**などを実施している。こうした機会を利用して、馬たちのふだんの素顔をのぞいてみよう。

　調教公開は原則として、東西ともGIレース当該週の水曜日。調教見学と宿泊がセットになったツアー（美浦）、一般調教公開・厩舎応援ツアー（栗東）なども実施されている。施設見学は美浦は毎週土曜・日曜で、第2日曜はウマシタ（馬に親しむ日）として実施。栗東はGIレース当該週の水曜日に実施している。

西高東低はいつまでつづく!?

せ い こ う と う て い は い つ ま で つ づ く ！ ?

かつて中央競馬では関東馬が圧倒的に強かった。だが、1988年に初めて関西馬が関東馬を勝利数で上回って以来、関西馬が関東馬を圧倒する西高東低に転じた。以後、美浦の低迷は長きにわたるが、このままでは終われない。遅ればせながら、改革の取り組みが始まりつつある。

1. 西高東低の実態を読み解く

日本ダービーを勝つなら関西入厩!?

東高西低が指摘される中、2006年の東京で開催された日本ダービーに出走した関東馬はわずか1頭。これは極端な例としても、1998から2008年まで、関西馬が日本ダービーに11連勝した現実がある。

2001年以後のダービー馬20頭中、関東馬はわずか3頭。出走頭数でも水をあけられている（→下表）。これでは馬主としても、栗東トレセンに入厩させたくなるはずだ。

ここ5年のダービー上位馬と出走頭数

	2016年		2017年		2018年		2019年		2020年	
1着	関	西	関	東	関	西	関	西	関	西
2着	関	西	関	西	関	西	関	東	関	東
3着	関	東	関	西	関	東	関	西	関	西
出走数	東	西	東	西	東	西	東	西	東	西
	7	11	4	14	6	12	7	11	8	10

ダート路線も関西優勢！

JRAのダートGⅠはフェブラリーS（東京）とチャンピオンズC（中京）の2レースのみ。**このところ関東馬の出走はめっきり少なく、1〜3頭程度で、それほど関西のダート馬は層が厚い。**

それを象徴するのが、2020年のGⅢ根岸S（東京）。フェブラリーSのステップレース（1着馬が優先出走権を獲得）だが、**関東圏で実施されるにもかかわらず、出走全馬が関西馬だった。**これはグレード

制が導入された1984年以来、初めてのことである。根岸Sを勝った
モズアスコット（栗東・矢作芳人厩舎）が、フェブラリーSも制した。

2. CHECK! 東西の勝利数を比較してみよう

　西高東低を如実に物語る勝利数と、それを取り巻く事情は下記のように変遷してきた。

1985年	栗東トレセンに坂路が完成。
1987年	この年までは、美浦所属馬の勝利数が栗東所属馬を上回る。
1988年	美浦所属馬1634勝、栗東所属馬1678勝と拮抗。
1989年	美浦1559勝、栗東1774勝と大きく逆転。 →これを機に、東西の差は拡大をつづける。
1993年	美浦トレセンに、それまでなかった坂路が完成。
1994年	ナリタブライアンが3冠達成（栗東・大久保正陽厩舎）。
1997年	美浦トレセンに「森林馬道（北の杜）」が開設。
2003年	東西差が漸減し、240頭まで縮小。
2005年	ディープインパクトが3冠達成（栗東・池江泰郎厩舎）。
2011年	オルフェーヴルが3冠達成（栗東・池江泰寿厩舎）。 2010年代に入ると、再び差が開く傾向に。
2019年	美浦トレセンで、新ウッドチップコースの使用開始。
2020年	美浦トレセンの坂路改造工事がスタート。

関東馬と関西馬の勝利数の比較（2020年12月末現在）

	勝利数			重賞勝利数		GI勝利数	
	関東	関西	西－東	関東	関西	関東	関西
2015年	1497	1946	449	43	92	7	14
2016年	1518	1880	362	53	87	16	18
2017年	1465	1991	526	48	90	8	18
2018年	1428	2029	601	44	97	11	18
2019年	1474	1983	509	45	95	8	18
2020年	1459	2005	546	41	98	8	18

勝ち馬予想の1週間

競馬新聞（実績編）

競馬新聞（調教編）

パドック・返し馬

競馬番組とコース

現代競馬

馬券の買い方

栗東留学の効果

りっとうりゅうがくのこうか

関東馬が関西のレースに出走するとき、レースの数週前から栗東トレセンに入厩し、栗東の施設で調教を積んでレースに臨むこと。2007年頃から取り入れる調教師が増え、ブラックエンブレム（秋華賞）、クィーンスプマンテ（エリザベス女王杯）、アパパネ（桜花賞・秋華賞）らがGI馬となった。費用や輸送などのリスクもともなうため、馬主の理解は欠かせない。

1. 栗東留学とは

栗東留学のメリット

　経験の浅い2・3歳馬や輸送に弱い馬のための滞在競馬（→198ページ）という狙いだけではない。**栗東トレセンでの調教は能力向上に効果がある**と考えられる。また、直後のレースでは結果が出せなくても、次走、次々走で好走するケースもあり、留学経験は無視できない。

騎手の栗東移籍

　東西の成績差ばかりが原因とはいえないが、騎手が所属先を美浦から栗東へ変更するケースもある（柴山雄一騎手、国分優作騎手、水口優也騎手ら）。吉田隼人騎手は美浦所属のまま、栗東へ拠点を移して以後、成績が上向いている。

2. 栗東所属馬の強さのヒミツ

なぜ関西馬は強いのか

　関西馬はなぜ強いのだろうか。その最大の要因は栗東の坂路（→254ページ）にあるといわれてきたが、次のような要因も考えられる。

調教厩務員制度の効果

　中央競馬では調教助手や騎手が騎乗して調教を行うが、厩務員でも資格を取得すれば調教に乗れる。そうした厩務員を**調教厩務員（持ち乗り厩務員）**という。調教助手や騎手より小回りが利くため、**1頭あたりの調教時間をより多く取れるメリットがある**。関西では1980年代に導入されたが、関東では労働組合の反発が強くてなかなか導入でき

ずにいた。それが調教用の坂路コース導入の遅れとともに、西高東低の一因になったといわれている。その後、関東では人数制限を設けて導入に踏み切り、調教時間の確保と調教内容の充実が図られている。

栗東トレセンは水がいい

栗東トレセンの**敷地全体に起伏が多く**、また地下水を汲み上げて供給している**水のおいしさも**、東西格差の一因といわれている。ちなみに美浦の水源は霞ヶ浦で、厩舎に業務用の大型浄水器を設置しているケースもある。

ローカル開催で地の利がある

栗東トレセンから小倉へは 7 時間半、新潟へは約 6 時間、中京へは 2 時間とかからずに行ける。美浦トレセンから小倉へは 19 時間もかかるため、特に**ローカル開催時は関西馬のほうが関東馬に比べてレースの選択肢が広い**。地理的な差も、関西馬の強さに一役買っている。

3. CHECK! 転機を迎えつつある栗東留学

栗東留学の効果が注目されたのは、2007 年。**栗東トレセンに滞在して桜花賞に出走したピンクカメオ（国枝栄厩舎）は、桜花賞 14 着 → NHK マイルカップ 1 着（17 番人気）と大変身**。以後、2010 年代半ばにかけて、栗東留学がおおいに注目された。近年は実施例が減ったが、環境の変化に敏感な馬には、一定の効果があるとみられる。

栗東留学で成果を挙げた主な馬

年	馬名	レース	調教師
2008	ブラックエンブレム	秋華賞①	小島茂之
	プロヴィナージュ	秋華賞③	
2009	マイネルキッツ	天皇賞春①	国枝栄
	クィーンスプマンテ	エリザベス女王杯①	小島茂之
2010	アパパネ	牝馬3冠	国枝栄
2011	ホエールキャプチャ	桜花賞② 秋華賞③	田中清隆
	アパパネ	エリザベス女王杯③	国枝栄
2012	アイムユアーズ	桜花賞③	手塚貴久
2013	アユサン	桜花賞①	手塚貴久
2014	ヌーヴォレコルト	秋華賞②	斎藤誠

栗東隆盛を支える坂路

りっとうりゅうせいをささえるはんろ

栗東は、トレセンとしての規模こそ美浦より劣る。だが、1985年11月に坂路コースが完成。これを機に「坂路の申し子」といわれた2冠馬ミホノブルボンなどの活躍もあり、坂路調教のノウハウを蓄積。関東との優劣関係が逆転した。スイミングプールやウッドチップコースの造成でも先行し、長く西高東低を維持している。

1. 東西トレセンの坂路コースを比較する

　関西馬の強さの源泉が坂路にあるとの認識から、栗東に遅れること8年後の1993年に美浦にも坂路が導入された。ところが栗東の坂路がほぼ直線で、全区間で勾配がつけられているのに対し、**美浦では南馬場の外周に沿って左回りに半周するコース形態**となっている。全長は美浦のほうが長いが、**直線部分の長さは栗東のほうが長い**。美浦は前半3分の1余りがほぼ平坦で勾配区間が短く、傾斜も緩い。しかも、**全体の高低差も美浦は18mで、栗東の32mの半分程度**。こうしたコース特性から、西高東低の流れを変えるに至っていない。

2. 逍遥馬道にも東西格差

逍遥馬道とは

　競走馬のクールダウンやリフレッシュを目的につくられた、樹林の中の散歩道。東西格差の要因に逍遥馬場の違いを指摘する調教師もいる。曲がりくねった逍遥馬道は坂路ほどではないが傾斜があるため、**軽い負荷がかかってトレーニング効果が得られる**。木々の中を蛇行して進むことで馬を飽きさせず、リラクセーション効果も期待できる。

逍遥馬道の東西に違い

　栗東の馬道は自然の地形を生かしているため、アップダウンが厳しくチップも深い。しかも、坂路に沿いながらトレセンを囲むように半周して距離も長い。人間でいえば連日山道を縦走しているようなもので、しっかり基礎体力がつく。それに対して、美浦は北馬場奥の森林をそのまま利用しているため、**クーリングダウン程度にしかならない**。

3. CHECK! 東西トレセンの坂路コース図を見てみよう

栗東トレーニングセンターの坂路コース（断面図）

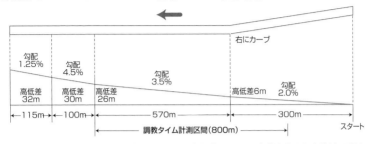

栗東トレセンの坂路コースは、全長1085mで高低差は32m。自然を生かした逍遙馬道を通って下ることで、適度な負荷とリラクセーション効果も期待できる。1985年に完成以来、栗東隆盛を支えてきた。

美浦トレーニングセンターの坂路コース（断面図）

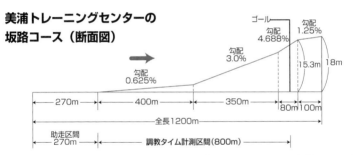

美浦トレセンの坂路コースは、全長1200mと栗東よりも長いものの、直線コースである栗東に対して、左回りにカーブしたコースとなっている。高低差は18mと栗東の半分ほどだ。そのため、2020～2023年にかけて坂路馬場の改造工事を実施し、高低差を栗東並みの33mとする予定。

美浦を栗東仕様に

　美浦トレセンでは2010年秋、南馬場の坂路後方にアップダウンのある逍遙馬場を2本造成した。1本は坂路を折り返す馬道で145m、もう1本は玉砂利道で117m。折り返し馬道には1.69mと3.23m、玉砂利道には1.66mと4.43mと、それぞれ2ヵ所の山が設けられ、**栗東並みの鍛錬効果が期待**されている。すぐに効果が出るとはかぎらないものの、関東馬反撃の起爆剤となるか、厩舎関係者の注目を集めている。

調教師も西高東低

ちょうきょうしもせいこうとうてい

勝利数で関西が関東を圧倒する西高東低がつづき、調教師の成績も西高東低が顕著となっている。JRAでは、JRA賞として毎年リーディングトレーナー（1年間にもっとも多くの勝ち鞍を挙げた調教師）を表彰している。ここ数年、リーディングトップ10位以内の半分以上を栗東所属の調教師が占めている。

1. 調教師の仕事

どのレースに出すかを決める

管理馬の能力や体調を考慮しながら、馬主と相談して出走計画を立てる。最終目標がGⅠなら臨戦過程のローテーションを、条件戦でも相手関係やレース条件を見きわめながら出走レースを選ぶ。最近は、地方競馬との交流レースや海外遠征まで視野に入れて考えるようになっている。

目標レースに合わせて調教する

目標のレースが定まったら、それに向けて馬の心身の状態を高めるため、いつ、どのコースで、どういう調教をするのか、馬のコンディションを見ながら進めていく。すべての管理馬に目を配り、万全の調教をほどこすためには、厩舎スタッフとのコミュニケーション能力も問われる。馬券検討においては、注目する馬が所属する厩舎の調教パターンを覚えておきたい。**いつもと違う調教をしてきたときは、勝負気配が濃厚とみていい。**

厩舎運営には経営センスが必要

調教師は、厩舎という会社を経営する責任者でもある。賞金として得た収入から厩務員や調教助手に給料を支払い、厩舎の修繕や改築などの設備投資も行う。よりよい成績を残すためにも、有能なスタッフを集めて厩舎の質を高めなければならない。ときにはお客さまである馬主へのサービスとして、潜在能力のある幼駒を探し出すために生産牧場へ出向くなど、人脈や相馬眼も求められる。

厩舎割当制度

　競馬会が調教師に、厩舎を貸しつける**内厩制度**の一種。JRAでは、原則として１年ごとに各トレセンの厩舎を貸しつける定期貸付で、１厩舎20馬房を基本としている。また、成績が優れた厩舎は査定により、管理馬房数を増やせる**メリットシステム**が導入されている。この制度は2010年に見直され、２年連続の加増が可能となった。また、成績不振を理由に馬房が削減されることもなくなっている。馬房はトレセン内の施設なので、しばらく出走する予定のない馬を放牧するなどして調整すれば、馬房数を超える馬を預かってもかまわない。海外では、競馬会の管轄外に厩舎を持つ**外厩制度**が主流となっている。

2. 外厩施設の活用

　かぎられた数の馬房を効率的に運用するため、JRAの管轄外で競走馬をトレーニングすることができる施設を活用する調教師が増えている。いわゆる外厩的な役割を果たすもので、たとえば、**疲労のたまった馬や故障馬を育成牧場に預け、レースに使える状態にして厩舎に戻す**。外厩施設はトレセンの近郊や交通の便のいいところに多い。

3. CHECK! 調教師の勝利数で東西を比較する

リーディングトレーナーのランキング上位10位

順位	2018			2019			2020		
1	西	藤原英昭	58	西	安田隆行	62	西	矢作芳人★◆	53
2	西	中竹和也	56	西	矢作芳人★	54	西	友道康夫☆	50
3	西	矢作芳人	54	東	堀　宣行	54	東	堀　宣行	48
4	東	藤沢和雄	52	西	中内田充正☆◆	48	西	安田隆行	46
5	東	堀　宣行	49	東	藤沢和雄	46	東	藤沢和雄	46
6	西	安田隆行	48	西	池江泰寿	45	東	国枝　栄	44
7	東	木村哲也☆◆	48	東	国枝　栄	44	西	杉山晴紀	42
8	西	池江泰寿	46	西	音無秀孝	43	西	音無秀孝	38
9	東	国枝　栄	45	西	松永幹夫	42	西	池江泰寿	38
10	西	音無秀孝	45	西	西村真幸	41	西	西村真幸	38

※★＝最多賞金獲得調教師、☆＝最高勝率調教師、◆＝優秀技術調教師、数字＝年間勝利数
※ ■■■■＝美浦（関東）所属。　※ JRAでの成績のみ。

上位10人中６～７人を栗東所属のトレーナー（調教師）が占める状況がつづいている。

若駒と高齢馬の考え方

わかごまとこうれいばのかんがえかた

競走馬は２歳からレースに出走できるが、２〜３歳時点では年齢による能力差が大きいため、３歳の夏頃までは同世代のみでレースを行う。また、これまで７、８歳の高齢馬は運動能力のピークを過ぎるケースが多いとみられてきたが、調教技術や医療技術の進歩もあり、競走生命が延びる傾向にある。

1. 年齢や世代による能力差

世代間の能力を見きわめる

　６月中旬から始まる３歳馬と４歳以上馬（古馬）との混合戦を検討するポイントは、３歳馬の成長力と古馬の体力・経験との優劣を見極めることにある。

　定量戦（→ 50 ページ）は当初、古馬の斤量（きんりょう）が重く設定されているため、３歳馬有利の傾向があるが、その差は３キロから次第に縮まっていく。**この条件は毎年同じなので、３歳馬が多く勝つとその世代はレベルが高いと考えてよい。**

別定戦の負担重量（牝馬は２キロ減）

距離	6月	〜8月	9月	10月	11月	12月
1000m〜1600m以下	53	53	54	55	56	56
1600m超〜2200m未満			53	55	55	55
2200m以上	52			54		

※10月以降の斤量は、開催ごとに決定される（上記の月は目安）。
※４歳以上は、57kg（牝馬は２kg減）。

層が厚い2015年生まれ

　現在の競馬番組では日本ダービーの翌週、安田記念の週から３歳馬と４歳以上馬との混合戦がスタートする。**それ以後、どの世代がより多く勝ったかを比べると、世代間の優劣が見えてくる。**

　１つの目安として、２・３歳限定戦を除くＧⅠの勝利数（障害レースを除く）を世代別に比較すると、近年の最強世代は９頭で 19 勝した 2009 年生まれ。ジェンティルドンナやゴールドシップの世代だ。これを更新する可能性があるのがアーモンドアイ、インディチャンプ

らの 2015 年生まれで、すでに 12 頭で 20 勝。2020 年は 14 レース
中 8 レースを制し、前後の世代を圧倒している（2020 年 12 月末現
在）。

高齢馬によるGⅠ勝利

　JRA におけるGⅠ勝利の最高馬齢は 8 歳で、2009 年に天皇賞・秋
とマイル CS を連勝したカンパニーが記録。1970 年にスピードシン
ボリが 7 歳で宝塚記念や有馬記念に勝った記録を、39 年ぶりに更新
した。牝馬では、2016 年にヴィクトリアマイル連覇を達成したスト
レイトガールの 7 歳が最高馬齢。GⅠ級としては、ワンダーアキュー
トが 2015 年、9 歳でかしわ記念（Jpn Ⅰ・船橋）を制した例がある。

高齢馬を狙うなら長距離かダート

　競走馬のピークは 4 歳秋とされるだけに、7 歳以上で現役をつづけ
る競走馬はかぎられる。**高齢馬はそれまでの経験値を生かしやすい、
長距離レースやダートレースに活路を求めるケースが多い**。よほどの
能力の持ち主でないかぎり、瞬発力勝負では若い馬に劣るからだ。

　たとえばステイヤーズ S（GⅡ・中山 3600 m）では、マイネルキ
ッツ（8 歳時）やトウカイトリック（10 歳時）が、ダイヤモンド S（G
Ⅲ・東京 3400 m）ではフェイムゲーム（8 歳時）がそれぞれ勝利し
た。過去には 5 ～ 12 歳馬のみ 9 頭が出走した 2018 年の万葉 S（OP・
京都 3000 m）で、8 歳のトミケンスラーヴァが勝ったこともある。

競馬豆知識　強かったオグリキャップ世代

　オグリキャップを代表とする 1985 年生まれ世代は、皐月賞をヤエノムテキ、
日本ダービーをサクラチヨノオー、菊花賞をスーパークリークが制した。オグリ
キャップのイメージばかりが印象的だが、ほかの世代との平地混合GⅠではオグ
リキャップの 4 勝（有馬記念 2 回、マイルチャンピオンシップ、安田記念）を筆
頭に、サッカーボーイ（マイルチャンピオンシップ）、スーパークリーク（天皇賞・
春秋）、バンブーメモリー（安田記念、スプリンターズ S）、ヤエノムテキ（天皇
賞・秋）などで 10 勝。さらに彼らがターフを去った後、ダイユウサクが 7 歳で
有馬記念を制してみせた。

新馬戦の狙い方

しんばせんのねらいかた

JRAでは競走馬が初めて出走する新馬戦を、メイクデビューと銘打って

ドラマ性をあおっている。新馬戦は、競走馬が生涯で初めて走るレースであり、しかもチャンスは1度だけ。負ければ、未勝利戦に回ることになる。将来の大器を見いだす楽しみはあるが、馬券の収支という点からはあまり手を出したくないレースだ。

1. 馬を見る目を養うレース

　新馬戦の出走馬は、レース経験がない。つまり、実績から能力を判断することができない。予想の材料としては、いつから調教を始めたか、調教時計を何本出したか、どの程度の時計が出ているかなどで、この程度の情報量では勝負しづらい。だが、見方を変えれば、**パドックで馬をよく見て馬券を買うには格好のレース**だ。自分の見る目を鍛えたり、将来性のある馬を探したりするなど、見ておいて損はないレースだと割り切ればいい。ただし、大金を投じるべきではない。

2. 調教時計は能力の目安

新馬戦は不確定要素の多いレース

　新馬戦の能力比較は、調教時計から推しはかるしかない。速い時計を出している馬は、能力があると判断できる。ただし、速い時計を出した馬が、平凡な時計しか出していない馬に負けることは珍しくない。**イレ込み、出遅れ、不利など、新馬戦は古馬のレースに比べて不確定要素が多い**ことを肝に銘じておこう。

◯ 調教で速い時計が出ている

　調教で水準の時計が出ていれば、デビューの準備が整ったと判断される。大切なのは直前追い切りのタイムが速いことではなく、一度でも速い時計を出しているかどうかだ。

　調教時計は調教コースの状態に左右されるが、**坂路なら53 〜 54秒台、ウッドチップコースなら67 〜 68秒台を一度は出しておきたい。**

追い方とコースにも注目

調教時計では、追い方にも注目したい。調教師の方針として馬なり調整主体の場合もあるが、一般的にはデビューまでに「一杯に追う」か、せめて「強めに追う」調教で、ある程度の時計を出している。ただし、ウッドコースの調教では、速いタイムでも内を回った場合は割り引く必要がある。

馬なりで、水準以上の時計を出していれば合格点。**全体の時計が遅くても最後の1ハロンが12秒5以下、それも馬なりで出せるようなら好仕上がりとみたい。**

併せ馬は相手に注目する

2020年の弥生賞を制したサトノフラッグを管理するのは、関東の名伯楽・国枝栄師。2019年10月のデビュー前、**厩舎の先輩であるカレンブーケドール、レッドローゼス、プロディガルサンら、堂々たるオープン馬と併せ馬を重ねていた。**これは期待の表れであり、馬自身の能力がともなわないとできない調教だ。

残念ながら、デビュー戦は出遅れと馬場の悪化もあって負けたが、次走で一変。3連勝目の弥生賞で、父子制覇を達成した。新馬戦は勝てる馬を探すのはもちろんだが、秘めた素質を見抜く場でもある。

3. 将来性を探るヒント

競馬はブラッドスポーツともいわれ、血統がいい馬は生まれたときから注目される。また、見栄えのする馬体で調教の動きがよければ、必然的に新馬戦でも期待が集まる。

関係者がクラシックを意識するような素質馬は、中央開催（東京・中山・京都・阪神）の芝1600〜1800mでデビューすることが多く、同じレースに集中しやすい。したがって、そうした期待馬のすべてが新馬勝ちできるわけではないし、新馬勝ちした馬がすべて大成するわけではない。たとえば、ドゥラメンテは単勝1.4倍の新馬戦で2着に敗れたが、2015年の2冠馬となった。一方、その新馬戦で勝ったラブユアマンは12戦2勝で終わった。ちなみに2001〜2010年のダービー馬10頭のうち、8頭はデビュー勝ちしている（例外はワンアンドオンリーとドゥラメンテ）。

外国人騎手の活躍

がいこくじんきしゅのかつやく

外国の競馬会に所属している騎手も、1ヵ月単位の短期免許を得ることで日本のレースに騎乗できる。外国馬の招待レースなどとは関係なく来日して騎乗する場合、中央・地方とも日本の調教師・馬主を引受人(ひきうけにん)としたうえで、通常とは別の臨時試験を行う。短期免許は1年間で最大3ヵ月、同時期に5人まで交付している。

1. 日本で活躍する海外のトップジョッキー

外国人騎手にとって魅力的な JRA

　JRA の短期免許制度は 1994 年に始まり、第1号はニュージーランドの女性騎手**リサ・クロップ**。レースの格や知名度では欧米が本場だが、JRA のレースには賞金が高額という特徴がある。そのため、腕に自信のある海外のトップジョッキーにとって、日本で騎乗する魅力は大きい。これまでに数多くの名手が来日。**2019 年の宝塚記念・有馬記念を勝ったリスグラシュー（D. レーン）**など、海外の一流ジョッキーがその腕を見せつけるレースも多い。

草分けはマイケル・ロバーツ

　南アフリカやイギリスで騎乗していた**マイケル・ロバーツ**は、1991 年のジャパンカップで初来日、1992 年にはイギリス・リーディングを獲得した。1995 年に短期免許を取得すると、2000 年まで毎年来日し、1998 年には朝日杯3歳S（現在の朝日杯フューチュリティS）をアドマイヤコジーンで勝ち、その翌日は盛岡（地方競馬）のダービーグランプリをナリタホマレで制してみせた。

古馬3冠を達成したオリビエ・ペリエ

　オリビエ・ペリエは、フランス出身の世界的名手。1995 ～ 2008 年に、14 年間連続で JRA の重賞(じゅうしょう)を、2000～2005 年には6年連続で GⅠ制覇の記録を持つ。2004 年にはゼンノロブロイで天皇賞・秋、ジャパンカップ、有馬記念という秋の古馬(こば)3冠を達成している。

JRA所属の外国人ジョッキーが誕生

外国人ジョッキーがJRAで騎乗するためには、短期免許を取得する必要があるが、2014年度から外国人騎手にも本免許受験の門戸が開かれた。この制度を利用したのが、クリストフ・ルメール騎手とミルコ・デムーロ騎手だ。2人の活躍に刺激され、その後も受験者が相次いでいるが、日本語の会話能力など合格のハードルが高く、2020年度時点でルメール騎手とデムーロ騎手以外の合格者は出ていない。

2. CHECK! 日本は外国人騎手に大人気

欧米の主要レースが終わる11月以降、各地域のトップジョッキーが来日してGⅠ戦線で大活躍を見せる。 2019年夏のワールドオールスタージョッキーズのために来日し、「美人すぎる騎手」と話題になったミカエル・ミシェル騎手は、JRAの通年免許の取得をめざして2020年春に南関東で騎乗。地方競馬の短期免許の最多勝利数記録を更新（30勝）した。将来、JRAでもその姿を見られるかもしれない。

短期免許で来日した外国人騎手の主な成績（JRAのみ）

騎手	GⅠ初勝利	主な成績	主な騎乗馬
M.ロバーツ	1998年	朝日杯3歳S	アドマイヤコジーン
O.ペリエ	2000年	有馬記念3連覇（2002～2004年） ジャパンC、天皇賞・秋など 短期免許最多のGⅠ 12勝	ゼンノロブロイ シンボリクリスエス
M.デムーロ	2003年	外国人騎手のダービー初制覇 皐月賞3勝、天皇賞・秋など10勝	ネオユニヴァース エイシンフラッシュ
C.ルメール	2005年	有馬記念、ジャパンC、 エリザベス女王杯など5勝	ハーツクライ カネヒキリ　ウオッカ
C.スミヨン	2010年	天皇賞・秋　ジャパンC エリザベス女王杯など	エピファネイア ラッキーライラック
C.デムーロ	2013年	桜花賞 阪神JF ホープフルS	アユサン ダノンファンタジー タイムフライヤー
L.ムーア	2013年	ジャパンC　天皇賞・秋 マイルCS　朝日杯FSなど	ジェンティルドンナ モーリス　サリオス
H.ボウマン	2017年	ジャパンC	シュヴァルグラン
J.モレイラ	2018年	エリザベス女王杯	リスグラシュー
W.ビュイック	2018年	マイルCS	ステルヴィオ
D.レーン	2019年	宝塚記念　有馬記念 ヴィクトリアM	リスグラシュー ノームコア
O.マーフィー	2019年	ジャパンC	スワーヴリチャード

※すべて、レース名は開催時のもの。

けっとうはせかいのきょうつうげんご

血統は世界の共通言語

今や競走馬の生産や売買に国境はなく、関係者は良血馬を求めて世界中のセールや牧場を訪ね歩く。競馬体系は国によって違うが、サラブレッドは血統という世界共通のデータで記録され、生産や売買の場での大きな判断材料となる。必ずしも勝ち馬予想に直結するものではないが、世界で今どんな血統が好成績を挙げているのか、ちょっと知るだけでも競馬の楽しみが増えるだろう。

1. サラブレッドの血統とは何か

サラブレッド

　サラブレッドとは thorough（完全に）、bred（改良されたもの）という意味。17 世紀にイギリスの在来牝馬に東洋から輸入したアラブ種の牡馬を交配したのがルーツ。その中から優秀な競走成績を残した牡馬を選んで種牡馬（→ 266 ページ）とし、より速く走れる馬をつくりつづけてきた。その改良の試みは現在もなお、世界中で行われている。競馬がブラッドスポーツ（血統のスポーツ）といわれるのは、こうした歴史的な理由による。ただし、血統をいくら詳細に検証してもレースの勝ち馬がわかるわけではない。**血統はその馬の個性を推理するときの、1つの手がかり**として楽しむといいだろう。

血統に注目する理由

　競馬ではしばしば**血統がいい**、**良血馬**、**短距離血統**、**長距離血統**といったコメントを耳にする。競馬新聞の出走馬名欄にも父馬、母馬、母の父馬が記されていて、競馬において血統が重要なファクターになっていることがわかる。血統とはその馬の先祖をさかのぼり、先祖の各馬が残したレース成績や繁殖成績を中心に、馬格や性格など競走馬にとって必要と思われる情報を集積したものといえる。

血統がいい

　実績のある種牡馬と、血統的に優れた牝馬との間に生まれた産駒のこと。母馬が血統的に優れているというのは、母親自身が一流の競走

馬だったり、その牝系（→ 268 ページ）から優秀な競走馬がたくさん出ている場合をいう。

血統登録のない競走馬はいない

　世界中のすべての競走馬は、血統が記録されている。逆にいうと、血統登録証明書を持たない馬は競走馬にはなれない。元祖は 1791 年にイギリスで発行された『ジェネラル・スタッド・ブック』で、以後各国で刊行された。日本では 1941 年に日本競馬会が出版し、現在はジャパン・スタッドブック・インターナショナルが管理している。2020 年には日本国内で、7281 頭に血統登録証明書が発行されている。現在は個体識別のため、仔馬のうちにマイクロチップを埋め込む処置が推進されている。

血統には父系と牝系がある

　父方の血統を父系、母方の血統を牝系という。競馬で血統を楽しむレベルなら、**父（サイヤー）**とその父系、母、**母の父（ブルードメア・サイヤー）**、母の母（祖母）、その母（3 代母）ぐらいまでの 14 頭を調べるのが一般的だ。どんなに詳しくても 5 代で十分だろう。

2. CHECK! 実際の血統表を見てみよう

コントレイルの血統表

牡　鹿毛　2017.4.1生　北海道新冠町　ノースヒルズ生産

		サンデーサイレンス　USA 青鹿毛　1986	Halo
父系 ➡	ディープインパクト 鹿毛　2002		Wishing Well
		ウインドインハーヘア　IRE 鹿毛　1991	Alzao
			Burghclere
牝系 ➡	ロードクロサイト　USA Rhodochrosite 芦毛　2010	Unbridled's Song 芦毛　1993	Unbridled
			Trolley Song
		Folklore 鹿毛　2003	Tiznow
			Contrive

ディープインパクト〜サンデーサイレンスとさかのぼるのが父系、ロードクロサイト〜フォークロアとさかのぼるのが牝系（母系）。血統表の記載に決まった形式はないが、上図ではカタカナ馬名＋国名表記があるのは輸入馬、アルファベット表記は外国馬。USA＝アメリカ、IRE＝アイルランド。数字は生年。

種牡馬のランキングを見る

しゅぼばのらんきんぐをみる

種牡馬は産駒の競走成績で評価される。その種牡馬の成績が、一目でわかるのがサイヤーランキングだ。一般的には、産駒の獲得賞金額によって順位付けされる。上位の種牡馬にはいい繁殖牝馬が集まり、ますます産駒が走るようになる。一方、下位の種牡馬は徐々に種付け頭数が減って、やがて消えてゆく。

1. さまざまな種牡馬

種牡馬とは

競走馬を生産するために、種付けをする牡馬。種牡馬になれるのは競走成績がきわめて優秀か、血統が高く評価されたごく一部のエリート。しかも、種牡馬になってからの競争も熾烈で、産駒の成績がふるわなければ即お役ご免だ。一方、人気種牡馬は年間200頭を超す種付けをこなす。

輸入種牡馬

外国から日本に輸入された種牡馬。生産者だけでなく、JRA（日本中央競馬会）、日本軽種馬協会などによって輸入される種牡馬もいる。

内国産種牡馬

日本で生産されて種牡馬となった馬。かつては輸入種牡馬の成績が圧倒的に優勢だったため、内国産馬を保護する目的で、内国産種牡馬の産駒だけが出走できるレースが設けられていた。

新種牡馬

その年、産駒を初めて出走させる種牡馬。また、その年に初めて種付けする種牡馬を初供用という。

2. さまざまな種牡馬のランキング

サイヤーランキングは種牡馬評価のものさし

サイヤーとは父、すなわち種牡馬のこと。その年に産駒が獲得した収

得賞金額がもっとも多かった種牡馬を**リーディングサイヤー**という。

ブルードメア・サイヤー

　母の父にあたる種牡馬のこと。リーディングサイヤーになるような種牡馬は、**母の父としても多大な影響力を発揮することが多い。**種牡馬として一世を風靡したサンデーサイレンス（2002年没）とその子ディープインパクト（2019年没）は、これからも母の父として絶大な影響力を発揮するだろう。

リーディングサイヤー・ランキング

　種牡馬を産駒の収得賞金順にランキングしたもの。中央競馬ではリーディングサイヤー・ランキング、2歳戦限定2歳種牡馬ランキング、ブルードメア・サイヤー・ランキング、ファーストクロップ・リーディングサイヤー（新種牡馬）などを公表している。

ファーストクロップ・サイヤー・ランキング

　その種牡馬の初産駒世代をファーストクロップという。その初産駒の成績を対象としたランキングで、種牡馬としての将来性を左右する。

3. CHECK! サイヤーランキングを見てみよう

JRAの2020年リーディングサイヤー（サラ系全馬、賞金順）

順位	種牡馬名	出走頭数	勝利頭数	勝利回数	賞金
1	ディープインパクト	472	184	257	79億5291万円
2	ロードカナロア	402	131	170	40億7260万円
3	ハーツクライ	317	103	136	30億5701万円
4	オルフェーヴル	284	72	106	24億9932万円
5	キングカメハメハ	232	79	101	23億2321万円
6	ルーラーシップ	349	96	122	22億5255万円
7	ダイワメジャー	272	72	90	19億9123万円
8	キズナ	244	87	111	17億4226万円
9	エピファネイア	228	54	71	16億105万円
10	ヘニーヒューズ	218	70	88	14億8157万円

※ ＝サンデーサイレンス系の種牡馬

詳細なランキングでは出走頭数、勝利頭数、出走回数、勝利回数、1出走あたりの賞金、1頭あたりの平均賞金、勝馬率なども掲載されている。

母のちから

ははのちから

牝系とは母方の血統のこと。母系、ファミリーともいう。母の母、さらに母の祖母へとさかのぼる血統をファミリーラインという。その中で特に活躍馬が多く出る優秀なファミリーを名牝系といい、その馬自身の競走成績がふるわなくても一流馬を出す可能性を秘めている。種牡馬と同じく海外の優秀な牝馬も数多く輸入されている。

1. 牝系という考え方

繁殖牝馬

種牡馬と交配して競走馬を産む牝馬を繁殖牝馬、もしくは肌馬という。競走成績が秀逸な牝馬は、繁殖牝馬としての期待も高いが、血統のいい牝馬はレース経験がなくても繁殖牝馬となることがある。不受胎（妊娠しない）、流産、死産などのリスクもあり、1頭の牝馬が送り出す競走馬の数はかぎられている。そのため、**牝馬の母としての能力は、個体ではなく牝系として評価**されている。

ファミリーで評価

血統は、まず父馬とその父系で評価される。一方、**牝系は母馬、祖母、曾祖母くらいまでとその子孫を含めた「ファミリー」の成績を吟味する**。なぜなら、種牡馬は毎年、複数頭に種付けするため、能力傾向を判断するサンプル（産駒数）が十分あるが、母馬は年に1頭しか産めない。そのため、同じ牝系を3〜5代さかのぼって検討するのだ。

たとえば、日本を代表する名馬にして名種牡馬としても一時代を築いたディープインパクトの母ウインドインハーヘアは、ダービー馬レイデオロの曾祖母である。つまり、両馬は同じファミリー出身なのだ。

兄弟姉妹は同母のみ

競走馬では、**同じ母親から生まれた馬同士のみを兄弟姉妹として扱う**。父親が同じでも、母親が違う場合は兄弟とはいわない。人気種牡馬は毎年100頭を超える産駒を出すため、それらを兄弟として扱っても意味がないからだ。父母ともに同じ場合を全兄弟、母だけが同じ

場合は半兄弟。母が同じで父が兄弟同士の場合を4分の3兄弟ということもある。

近親も母方で見る

母方の血統をたどって、だいたい5親等以内の関係にある馬。叔父・叔母、甥・姪、いとこなどと呼ぶ場合は、すべて母系つながりで考える。つまり、近親に活躍馬が多いファミリーは名牝系ということ。

日本の名牝系

日本競馬の草創期に輸入され、現在まで受け継がれた良質な牝系がある。代表例は1907（明治40）年に輸入されたフローリスカップを祖とする**シラオキ系**で、**スペシャルウィーク**や**ウオッカ**を輩出。一方、近年輸入され、着実に枝葉を広げている牝系もある。

2. CHECK! 優秀な牝系は多くの名馬を生み出す

代表的な名牝系　～シーザリオ系～

キロフプリミエール (Kirov Premiere) 1995年輸入
└ *シーザリオ*　2002　父スペシャルウィーク
　　　　　日米5勝　日米オークス　JRA最優秀3歳牝馬
　├ エピファネイア　2010　父シンボリクリスエス
　　　　　6勝　菊花賞、ジャパンカップ　種牡馬
　├ *ロザリンド*　2011　父シンボリクリスエス
　　└ オーソリティ　2017　父オルフェーヴル
　　　　　4勝　青葉賞、アルゼンチン共和国杯
　├ リオンディーズ　2013　父キングカメハメハ
　　　　　2勝　朝日杯FS　種牡馬
　├ グローブシアター　2014　父キングカメハメハ
　　　　　6勝　ホープフルS3着
　└ サートゥルナーリア　2016　父ロードカナロア
　　　　　6勝　皐月賞、ホープフルS

*馬名以下の数字は生年。
*産駒の成績は2020年12月末現在。
*斜体は牝馬。

1995年に輸入されたキロフプリミエールの娘シーザリオは、日米のオークスに勝った名牝。繁殖成績も素晴らしく、3頭のGⅠ馬の母となっている。孫世代からもGⅡ馬（オーソリティ）が出て、今後も発展しそうだ。

ベスト・ツゥ・ベストの配合
べすと・つぅ・べすとのはいごう

種牡馬と繁殖牝馬の組み合わせを、配合という。競馬の祖国イギリスでは、1番速い種牡馬と1番速い繁殖牝馬をかけ合わせるベスト・ツゥ・ベストを繰り返し、サラブレッドの改良を重ねてきた。これが生産の基本だが、馬格や性格、距離適性（→272ページ）なども、配合相手を選ぶときの大事な要素となる。

1. 配合の基礎知識

インブリード

　近親交配のこと。父系と母系の血統をそれぞれさかのぼり、**5代以内に同一馬が配合されている場合**をいう。その血統が持つプラスの特質を引き出すために行われるが、逆にマイナス面が強調されてしまうこともある。成功例は凱旋門賞を連覇した世界的名牝エネイブルで、英国の名種牡馬サドラーズウエルズの3×2※という強いインブリードを持つ。日本では、2017年シンザン記念の勝ち馬キョウヘイがサンデーサイレンスの3×3というインブリード馬として知られる。

アウトブリード

　異系交配のこと。父系、母系をさかのぼっても、**5代以内に同一馬が配合されていないケース**。血が濃くなりすぎることを防ぎ、別の血統の血を入れて活性化させることを目的とする。たとえば、サンデーサイレンス系で成功した種牡馬にはフジキセキ、マンハッタンカフェ、アグネスタキオン、ハーツクライ、ディープインパクトなど、5代目までに同一馬を持たないアウトブリード馬が多い。

奇跡の血量（＝18.75%）

　インブリードの1つ。父系の4代前と母系の3代前（またはその逆）に同じ馬（同配合馬）が交配されていることで、この血量を持つ馬に名馬が多いという経験則に由来する。理論上、競走馬は両親から50％ずつ、祖父母から25％ずつ、曾祖父母から12.5％ずつ、4代父母から6.25％の血を受け継ぐと考えられることから、**3代前と4代前**

※3×2とは、父系の3代前と母系の2代前に同一馬がいるインブリードという意味。

が同じなら **18.75%（12.5%＋6.25%）同じ血を持つことになる。**

　たとえば、無敗の３冠牝馬デアリングタクトはサンデーサイレンスの、３冠馬オルフェーヴルはノーザンテーストの４×３を持つ。

ニックス
　種牡馬と繁殖牝馬の父系の相性。相性がいいことを、「ニックスを持つ」などという。 ディープインパクトはストームキャット（キズナ、ラヴズオンリーユーなど）、フレンチデピュティ（ショウナンパンドラ、マカヒキ）などとニックスを持つ。

2. 2大種牡馬亡きあとの競馬界はどうなる?

ポストディープインパクト＆キングカメハメハの時代へ
　優秀な種牡馬のもとには優秀な繁殖牝馬が集まり、産駒が走ればますます人気が高まる。**これまでもノーザンテースト、サンデーサイレンス、ディープインパクトなどの大種牡馬が登場すると、生産者はこぞってその血を求めた。** ディープインパクトとキングカメハメハという２本柱亡きあと、トップサイヤーに名乗りを上げるのはどの種牡馬か。

◎ 非サンデーサイレンス（SS）系の種牡馬
　ロードカナロアとルーラーシップはキングカメハメハ産駒で、SS系種牡馬とのニックスを持つ（アーモンドアイ、キセキ）。ドゥラメンテもキングカメハメハ産駒だが、母の父が SS。大物を期待できるのは、輸入牝馬の産駒か、SS系との強いインブリードかもしれない。

◯ サンデーサイレンス（SS）のインブリード
　エピファネイアは母の父の父、モーリスは父の母の父が SS。つまり３代前に SS を持ち、インブリードしやすい血統構成が魅力。

◯ ディープインパクトの後継争い
　ディープインパクトの後継種牡馬はキズナ、リアルインパクト、ミッキーアイルなど数多いが、真打ちは「最後の大物」コントレイル。父譲りの走りと、祖父 SS と同じ青鹿毛が期待をふくらませる。

血統と距離適性の関係

けっとうときょりてきせいのかんけい

短距離に適性を持つ馬が多い血統を短距離血統、長距離に適性を持つ馬が多い血統を長距離血統という。あくまでも確率の問題だが、短距離で実績を上げた種牡馬の産駒は相対的に短距離で活躍する傾向にある。ただ、母親の血統にスタミナ色が濃ければ、ある程度の距離をこなせるケースもあるなど、絶対的なものではない。

1. 血統から距離適性を考える

短距離血統

ダッシュ力とスピード能力を伝える血統。仕上がりが早く、2歳戦から活躍することが多い。近年は**短距離戦が多い2歳戦から活躍できる競走馬へのニーズが高くなっている**。また、距離に融通性を持たせるため、スピードタイプの種牡馬×スタミナのある血統の繁殖牝馬という配合も好まれている。

長距離血統

距離が長いほど好走する、ステイヤータイプの産駒を多く出す血統。**晩成型**であることが多い。ヨーロッパで長く育まれた血統などが該当する。かつて多くの英国ダービー馬や凱旋門賞馬が日本に輸入されたが、活躍馬を出せず、種牡馬の墓場といわれた。英国トップサイヤーの**サドラーズウェルズ**の直仔種牡馬は日本では不振だが、**オペラハウス**を通じてテイエムオペラオーやメイショウサムソンを出した。

万能型

サンデーサイレンスの産駒は1200〜3200mのGIを制していて、こうした種牡馬は距離を問わない万能型といわれる。ただしサンデーサイレンス自身は短〜中距離向きの血統構成で、6〜10ハロン（1200〜2000m）で勝ったが、米3冠最後のベルモントS（12ハロン＝2400m）では8馬身差の2着に大敗した。つまり、自身の競走成績にかかわらず、**母系の能力を引き出すことに長けている種牡馬**がこのタイプとなる。

2. **CHECK!** 2020年・産駒の平均勝ち距離ランキング

長距離向きの種牡馬

順位	種牡馬名	芝平均	ダート平均	総合順位
①	ワークフォース	1745m	2300m	43
②	ダンカーク	2300m	1645m	33
③	ドリームジャーニー	1891m	2000m	34
④	ステイゴールド	2031m	1783m	14
⑤	ゴールドシップ	1958m	1793m	27
⑥	メイショウサムソン	1750m	2000m	49
⑦	エピファネイア	1920m	1730m	9
⑧	ディープインパクト	1835m	1800m	1
⑨	モンテロッソ	1914m	1689m	46
⑩	キングカメハメハ	1867m	1725m	5

※いずれもサイヤーランキング上位50の頭芝・ダートの平均勝ち距離から抽出。

①③はダートの勝利数が、②は芝の勝利数がそれぞれ少ないものの、①は英ダービー馬で芝の長距離は向く。③⑤の父は④で、同父のオルフェーヴル産駒も芝の長距離向き。⑤⑦⑧は菊花賞の、⑤⑥⑧は天皇賞・春の勝ち馬。⑨はドバイ・ワールドカップを勝っている。

短距離向きの種牡馬

順位	種牡馬名	芝平均	ダート平均	総合順位
①	サウスヴィグラス	1200m	1198m	20
②	ヨハネスブルグ	1200m	1347m	37
③	マツリダゴッホ	1388m	1280m	39
④	アドマイヤムーン	1327m	1350m	38
⑤	ヘニーヒューズ	1280m	1436m	10
⑥	スマートファルコン	1200m	1531m	36
⑦	パイロ	1200m	1566m	23
⑧	エンパイアメーカー	1200m	1592m	40
⑨	カレンブラックヒル	1486m	1308m	48
⑩	キンシャサノキセキ	1420m	1435m	11

※いずれもサイヤーランキング上位50頭の芝・ダートの平均勝ち距離から抽出。

①②⑥⑦⑧は芝の勝利数が少なく、ダートの短距離向き。①は地方競馬のリーディングサイヤー。③は有馬記念の、④はジャパンカップの勝ち馬だが、産駒は短距離志向。⑨はNHKマイルカップの勝ち馬、⑩は高松宮記念を連覇したスプリンター。

血統と芝・ダート適性の関係

けっとうとしば・だーとてきせいのかんけい

スピード優先の芝とパワーがモノをいうダートでは、要求される能力が違う。芝とダートのどちらが得意かは走り方や馬格などに左右されるが、血統的な影響も無視できない。地方競馬はほとんどがダートなので、地方競馬におけるサイヤーランキング上位の種牡馬は、おおむねダート適性が高いと判断できる。

1. 血統から芝・ダート適性を考える

芝向きの種牡馬を探す

2020年まで10年連続リーディングサイヤーに君臨する**ディープインパクト**は、勝ち鞍の約9割が芝。ほかには**ハービンジャー**、**ステイゴールド**、**エピファネイア**、**ジャスタウェイ**も芝向き。**オルフェーヴル**、**ルーラーシップ**、**ダイワメジャー**、**キズナ**は芝の勝ち鞍が6～7割。ハーツクライは長年、芝向きの成績を示してきたが、2020年はダートの勝利比率が増加した。キングカメハメハ、スクリーンヒーロー、ブラックタイドは芝・ダートがほぼ拮抗する万能型だ。

ダート向きの種牡馬を探す

ゴールドアリュール産駒の勝ち鞍は9割弱が、**クロフネ**も7割以上がダートだ。次いで**キンシャサノキセキ**、**ヘニーヒューズ**など。**サウスヴィグラス**、**パイロ**、**シニスターミニスター**、**カジノドライヴ**、**カネヒキリ**、**スマートファルコン**、**ケイムホーム**などはダート専用と覚えておこう。

ロードカナロアは芝の勝利率のほうが高いが、トータルの勝利数が多いため、ダートの勝ち鞍数も水準以上だ。

地方競馬で活躍している種牡馬

ほとんどがダートで競われる地方競馬で成績のよい種牡馬は、ダート適性が高いと考えられる。上位種牡馬は**サウスヴィグラス**、**ゴールドアリュール**、**パイロ**、**ヘニーヒューズ**、**シニスターミニスター**などで、JRAのダート種牡馬成績とほぼ共通する。

2. CHECK! 芝とダートの二刀流は可能!?

初ダート・初芝は使う側も半信半疑

　芝ばかり走っていた馬が初めてダートのレースに出走するのが**初ダート**、ダートばかり走っていた馬が初めて芝のレースに出走するのが**初芝**。成績が頭打ちの場合に、新たな適性を探る目的で出走させるケースが多いが、「血統面からこなせるはず」「ダートコースの調教で速い時計が出る」といった理由も考えられる。

　キャリアが浅い場合や条件戦では一変もあり得るが、古馬になってからの転身はむずかしいようで、関係者も「走ってみなければわからない」のが本音だろう。

16年ぶりの"二刀流王者"誕生!

写真1 モズアスコット (写真 JRA)

　2018年に安田記念を勝ったモズアスコットは、その後の成績が低迷したため、ダート路線に転向。2020年に根岸SとフェブラリーSを連勝し、芝とダートでGⅠ馬となった。芝ダートでのGⅠ制覇は史上4頭目で、2004年のアドマイヤドン（朝日杯FS、フェブラリーS）以来16年ぶりの快挙。モズアスコットの父フランケルは英国で14戦全勝した歴史的名マイラーだが、日本のダートへの適性はまったくの未知数。それだけに陣営の選択は見事というしかない。

芝GⅠ馬がダートに挑んだ1年

　GⅠに格上げされた2017年のホープフルSを勝ったタイムフライヤーだが、以後は凡走つづき。4歳夏に初ダートのエルムS（GⅢ）に出走するも、6着に終わった。それでもダートを使いつづけると2020年7〜8月、マリーンS（OP）とエルムSを連勝し、初ダートからちょうど1年後、エルムSでダート重賞を制した。母の父ブライアンズタイムは晩年にダート巧者を出したが、タイムフライヤーの父ハーツクライも似た傾向がある。9世代目のタイムフライヤーには、秘めたダート適性があったのだろう。

いま、せかいでいきおいのあるけっとう

今、世界で勢いのある血統

古今東西、名種牡馬(しゅぼば)は数多い。だが、種牡馬の種牡馬と呼ばれるほどの大種牡馬はセントサイモン、ノーザンダンサー、ミスタープロスペクターぐらいだろう。現在のサイヤーラインは、ノーザンダンサー系、ミスタープロスペクター系、日本で勢いのあるサンデーサイレンス系などに分けられる。

1. 覚えておきたいおもな大種牡馬

サンデーサイレンス（1986年生）　SS系

米2冠馬として来日し、1995～2007年のリーディングサイヤーとなった。2012年以後は、直仔の**ディープインパクト**がその座を継ぐ。**ここ数年は、主力が直仔世代から孫世代に移る過渡期となっている。**

ノーザンダンサー（1961年生）　ND系

1970年代に世界を席巻し、現在は**サドラーズウエルズ～ガリレオ系**、**ダンチヒ～デインヒル系**、**ストームキャット系**が主流。日本はノーザンテースト時代を経て、デインヒル系の**ハービンジャー**が活躍。

ミスタープロスペクター（1970年生）　MP系

1980年代のアメリカで台頭し、欧州のドバウィ系、米国のファピアノ系に活気。日本では、**キングマンボ～キングカメハメハ系**が育つ。

ヘイルトゥリーズン（1958年生）　HR系

サンデーサイレンスの父ヘイロー系とブライアンズタイムなどのロベルト系が残る。後者では、**スクリーンヒーロー～モーリス系**が有望。

ナスルーラ（1940年生）　Na系

世界的に繁栄したが、衰退した系統も多い。日本では**サクラバクシンオー、ジャングルポケットとその産駒ら**が最後の砦(とりで)。米国では一時衰退したが、エーピーインディ系が息を吹き返している。

2. CHECK! 世界のリーディングサイヤーの血統とは？

海外のリーディングサイヤーとその血統（2020年）

順位	英・愛	父系	北米	父系
1	ガリレオ	ND	イントゥミスチーフ	ND
2	ドバウィ	MP	アンクルモー	Na
3	ダークエンジェル	ND	カーリン	MP
4	コディアック	ND	マニングス	MP
5	ピヴォタル	ND	タピット	Na

　英愛リーディングを通算12回獲得した世界的な大種牡馬ガリレオでさえ、JRAの重賞勝ちはなく、日本ではなじみのない種牡馬名が並ぶ。実績があるのは、タピット（日本での産駒にフェブラリーS勝ちのテスタマッタ、ローズS勝ちのラビットラン）くらいだろう。理由には出走頭数の差もあるが、日本と海外とで競馬の質が異なるからである。

　ただし、母の父としてタピットがグランアレグリア（桜花賞ほか）、ピヴォタルがミッキーロケット（宝塚記念）を出すなど、一定の影響力はある。

3. 日本のリーディングサイヤーとその血統

　日本ではノーザンテースト（1982〜1992年）、サンデーサイレンス（1995〜2007年）、ディープインパクト（2012年〜）がそれぞれ長期間リーディングサイヤーの座を守ってきた。特にサンデーサイレンスの影響力は強大で、リーディングトップ10のうち直仔種牡馬が8頭を占めたこともある。

　現在の日本のリーディング上位種牡馬は、世界的に見ればヘイルトゥリーズン系とミスタープロスペクター系に含まれるが、実質的には日本独自のサンデーサイレンス系とキングカメハメハ系といってもよい。ただし、ディープインパクトとキングカメハメハは2019年に死亡しており、生産界は次世代のトップ種牡馬を模索している。

日本のリーディングサイヤーとその血統（2020年）

順位	種牡馬名	父	父系
1	ディープインパクト	サンデーサイレンス	SS系
2	ロードカナロア	キングカメハメハ	MP系
3	ハーツクライ	サンデーサイレンス	SS系
4	オルフェーヴル	ステイゴールド	SS系
5	キングカメハメハ	キングマンボ	MP系

※2020年12月末現在。

レーティングとランキング
れーてぃんぐとらんきんぐ

レーティングとは、レースで示した各競走馬のパフォーマンスを数値化したもの。単位はポンド。レーティングを用いて複数の馬を順位付けしたものをランキング、個々のレースにおける上位4頭のレーティングの平均値をレースレーティングという。

1. 世界と日本をつなぐものさし

レーティングで馬の能力を比べる

日本競馬の歴史は約150年ほど。それは300年を超える伝統を有する欧州競馬の背中を追いつづけた歴史でもある。1980年代に競馬の国際化が急速に進むと、**競走馬の能力のものさしとしてレーティングという考え方が取り入れられる**ようになった。公的機関だけでなく、競馬雑誌などが独自にレーティング評価を行っているケースもある。

ワールドサラブレッドランキング

世界のトップホースを順位付けするもので、国際ハンデキャッパー会議で決定され、IFHA（国際競馬統括機関連盟）が発表する。年に数回更新され、レーティング上位50頭についてはJRAのホームページなどで見ることができる。

世界と勝負するための目安は127以上

ワールドサラブレッドランキングは、かつてインターナショナル・クラシフィケーション（1977～2003年）、ワールド・サラブレッド・レースホースランキング（2004～2007年）という名称で行われていた。

全期間における最高レーティングは、ダンシングブレーヴ（英国）が1986年に記録した141。日本馬では、1999年の凱旋門賞で2着になったエルコンドルパサーの134。ただし、旧名時代の評価が高すぎるとして見直す動きがあるなど、議論がつづいている。

2006年の凱旋門賞3着失格のディープインパクトは127（2006年）、2012・13年の凱旋門賞2着のオルフェーヴルは129（2013年）。

2014年のドバイ・デューティフリーに勝ったジャスタウェイは130で、日本馬として初めて2014年にランキングトップとなった。

2. CHECK! 歴代の名馬を比較できるランキング

ワールドサラブレッドランキング（2015〜2020年）

年	世界最高（国）		日本馬（全体順位）	
2015	アメリカンファラオ（米）	134	エイシンヒカリ（8）	123
2016	アロゲート（米）	134	エイシンヒカリ（5） モーリス（5）	127
2017	アロゲート（米）	134	キタサンブラック（9）	124
2018	クラックスマン（英） ウィンクス（豪）	130	アーモンドアイ（11）	124
2019	クリスタルオーシャン（英） エネイブル（英） ヴァルトガイスト（英）	128	リスグラシュー（5）	126
2020	ガイヤース（英）	130	アーモンドアイ（10）	124

※2020年は、11月8日発表時点のもの。　※数字の単位はポンド。

3. JRA独自のランキングもある

JRAではその年のレースをレーティングで評価し、出走した馬をランクづけした **JPNサラブレッドランキング**を発表している。

JPNサラブレッドランキングのトップ馬（2015〜2020年）

年	2歳		3歳		4歳上	
2015 年度	リオンディーズ	116	ドゥラメンテ	121	エイシンヒカリ	123
			ノンコノユメ	114	コパノリッキー	117
2016 年度	サトノアレス	115	サトノダイヤモンド	122	エイシンヒカリ モーリス	127
			ラニ	113	アウォーディー コパノリッキー	118
2017 年度	ダノンプレミアム	117	レイデオロ	121	キタサンブラック	124
			エピカリス	113	コパノリッキー	118
2018 年度	アドマイヤマーズ	116	アーモンドアイ	124	レイデオロ	123
			ルヴァンスレーヴ	118	ゴールドドリーム	117
2019 年度	サリオス	116	サートゥルナーリア	120	リスグラシュー	126
			クリソベリル	118	インティ ゴールドドリーム	117
2020 年度	ダノンザキッド	116	コントレイル	124	アーモンドアイ	124
			カフェファラオ ダノンファラオ	112	クリソベリル	119

※同年度の上が芝、下がダート。　※数字の単位はポンド。

強すぎて速すぎたサラブレッド

サイレンススズカ／宝塚記念

これまで何頭も"速い馬"を見てきた。"強い馬"も見てきた。でも、こんなにも"速くて強い馬"はいなかった。1998年の宝塚記念の勝ち馬サイレンススズカである。

1997年の２月にデビューしたこの馬は、初戦勝ちのあと、いきなり２戦目に皐月賞トライアル・弥生賞（GⅡ）に挑戦した厩舎の期待馬だった。もちろん、それだけの素質馬でもあった。

しかし、前へ前へと行きたがる激しすぎる気性が災いし、逃げて大バテすることもしばしばで、大成するには時間がかかった。本格化は５歳（現在の４歳）になってからのことである。

明け５歳の２月、バレンタインS（OP）で６戦ぶりに４勝目を上げ、きっかけをつかむと、つづく中山記念（GⅡ）、小倉大賞典（GⅢ）、金鯱賞（GⅡ）を難なくモノにし４連勝、その勢いで宝塚記念に挑んできたのだった。その宝塚記念、単勝オッズ2.8倍の１番人気に支持された理由は、４連勝の勢いもさることながら、４連勝目の金鯱賞があまりに速くて強かったからである。

金鯱賞で刻んだ驚異の
ラップで堂々の１番人気

当時の金鯱賞2000mのラップを紹介しよう。前半の1000mを58秒１で飛ばしたにもかかわらず、後半の1000mを59秒７でまとめて逃げ切ったのだ。58秒１といえばまるで短距離戦のようなハイラップ。どの馬もついて来なかったし、いや、ついて来られなかったというべきだろう。

逃げるサイレンススズカと後続との差は広がるばかりで、最後の４コーナーを回るときには４、５馬身の差がついていただろうか。直線に入ってもサイレンススズカの脚色に衰えはなく、残り400m地点から200mまでの１Fは11秒７の速さ。これでまた後続との差は広がり、ゴールしたときには大差（時計差１秒８）がついていた。掲示された時計は１分57秒８、従来の記録を０秒４も短縮する、驚異的なレコードだった。手綱をとったレース後の武豊の言葉を聞くと、もう一度驚かされる。

「これまで乗った中では今日が一番折り合ってくれた。道中のペースも速いなんて思いませんでしたよ。

最後も肩ムチを入れた程度、まだまだ余裕がありました。58キロを背負っての2000mでこれだけ走るんですから、距離はもう少し延びても大丈夫。今日の内容なら、たとえどんな馬が相手でも負けなかったんじゃないでしょうか」

宝塚記念はこの金鯱賞から１Ｆ延長されての2200m。この距離にもかかわらず、またまた前半の1000mを58秒６で飛ばしたサイレンススズカ。ＧＩ戦で相手が強化されたこともあり、さすがに大差勝ちとはいかず、２着ステイゴールドに４分の３馬身まで詰め寄られたが、まったく危なげなし。日刊ゲンダイの本紙を担当していた、私の「サイレンススズカが逃げ切る」のタイトルそのままの完勝だった。レースが終わった直後、見たままに強いサイレンススズカを実感したが、記録を調べるとラスト２Ｆめが金鯱賞のそれよりさらに速い11秒２だったではないか。改めて「強くて速すぎる、これじゃあ、他馬はとてもじゃないがついて来られっこない」と。

圧倒的なパフォーマンスに抱いた次走への確信

長い記者（予想）生活のなかで、幾度となく逃げ馬に◎を打ってきたが、この宝塚記念のサイレンススズカほど自信をもっての◎はなかった

し、安心してレースを見られたことはない。これほどまでに速さを持続させられるサラブレッドは初めて。まるで、サイボーグのよう──。

1998年の夏を越したサイレンススズカは２つ目のＧＩ天皇賞・秋を目指して始動する。その前哨戦、毎日王冠1800mに宝塚記念以来３ヵ月ぶりに姿を見せたのだが、驚くなかれ今度は前半の1000mを57秒７ときた。もちろん、相手馬８頭はとうていついていくことはできないし、離れた２番手を進んだランニングゲイルは直線大失速（勝ち馬と１秒６差）の９頭立て７着。こんな、いってみれば殺人ラップを刻みながら、サイレンススズカは後続のエルコンドルパサー、グラスワンダーのＧＩ馬に影も踏ませない２馬身半差、抑えてのゴールだから恐れ入る。ちなみにラスト３Ｆのラップは11秒６、11秒４、12秒１。馬なりで５Ｆを57秒台で飛ばし、なおかつこの上がり、相手馬たちが並びかけることさえできなかったのもむべなるかな、もはや、３週間後の天皇賞を待つばかり。

サイレンススズカが天皇賞・秋でどれほどのラップを刻み、どんなパフォーマンスで２着馬に何馬身差をつけるのか。誰もがそれをイメージ、確信し、レースを心待ちにしていたのに、1998年11月１日、府中の森に魔物が棲んでいようとは──。

忘れられない
魔の４コーナー手前

いつも通りにスタートと同時にハナに立ったサイレンスの４Ｆは45秒8、５Ｆは57秒4。これまで以上のハイラップで飛ばす姿を、今も忘れることができない。この１分後には堂々の逃げ切りを果たしていたはずのサイレンススズカが、にわかに体勢を崩し、武豊が立ち上がって止めようとしたのが４コーナーの手前である。

まさかの左手根骨粉砕骨折。「おそらくひどい骨折だとは思いますが、あとは無事を祈るだけです」の武豊の願いも届かず、予後不良（安楽死処分）となってしまった。「痛い」と訴えることもできず、「助け」を求めることもできず、こうべをたれて４コーナーにたたずむサイレンススズカに、思わず涙したのは決して私ひとりではないだろう。速くて強すぎた、あの前脚を叩きつけてのピッチ走法が命取りになったのか。サイレンススズカに合掌!!

そのサイレンススズカに教えられたことがある。この馬のように速くて強い逃げ馬を狙い撃つときの相手馬、つまり２、３着は決まって差し、追い込み馬であるということ。サイレンススズカがハイペースで追いかけてきた馬をバテさせてくれるからである。できるかぎりペースを落とし、後続が来れば少しペースアップし、来なければさらにペースダウンし、そういう一般的な逃げ馬を狙う場合はダンゴ状態で直線を迎え、えてして決め手勝負になりがちだから、先行、追い込みのどちらにも２、３着のチャンスがあると考えなければならないのに、である。

阪神11R	第39回宝塚記念（GI）						（芝2200m・良・13頭）	
着順	枠番	馬番	馬　名	重量	騎　手	タイム着　差	調教師	単勝人気
1	⑧	⑬	サイレンススズカ	58.0	南井克巳	2:11.9	橋田満	①
2	④	④	ステイゴールド	58.0	熊沢重文	3/4	池江泰郎	⑨
3	④	⑤	エアグルーヴ	56.0	武豊	クビ	伊藤雄二	③
4	①	①	ゴーイングスズカ	58.0	芹沢純一	1 3/4	橋田満	⑩
5	③	③	メジロドーベル	56.0	吉田豊	クビ	大久保洋吉	⑥
6	⑤	⑦	シルクジャスティス	58.0	藤田伸二	ハナ	大久保正陽	⑦
7	⑥	⑧	ローゼンカバリー	58.0	横山典弘	1 3/4	鈴木康弘	④
8	⑤	⑥	サンライズフラッグ	58.0	安田康彦	1/2	安田伊佐夫	⑤
9	⑧	⑫	テイエムオオアラシ	58.0	福永祐一	1/2	二分久男	⑪
10	⑦	⑩	ミッドナイトベット	58.0	松永幹夫	3/4	長浜博之	⑧
11	②	②	メジロブライト	58.0	河内洋	1 1/4	浅見秀一	②
12	⑦	⑪	ユーセイトップラン	58.0	幸英明	4	音無秀孝	⑫
13	⑥	⑨	ホウエイコスモス	58.0	古川吉洋	大差	宮徹	⑬

ハロンタイム／12.7-10.8-11.1-12.1-11.9-12.1-12.5-12.4-12.8-11.2-12.3
上がりタイム／4F　48.7　−　3F　36.3
単勝280円　複勝170円　500円　180円　馬連4590円　枠連880円

なぜディープは飛ばなかったのか!?

ハーツクライ、ディープインパクト／有馬記念

　1968年に私はこの世界（ダービーニュース社）に飛び込み、以後、ずっと欠かさず有馬記念を生で見てきた。思い出は数え切れないほどあるが、あまりにもショッキングだったのは、2005年の有馬記念である。

　2005年といえば、前年の12月にデビューしたあのディープインパクトが無傷の7連勝で3冠を達成した年だが、私はこのディープの2戦目・若駒S（OP）を見たその直後に、あまりの脚力のすさまじさに、"今後、ディープインパクトが日本で負けることはない"と、思わず断言してしまったほど。

　そのディープインパクトがその年の有馬記念で2着に負けてしまったから、第50回の有馬記念は忘れられない。"ね、競馬に絶対はないでしょう"と、勝ち馬ハーツクライの単勝を片手に誇らしげに私に話しかけたやつもいた——。

　でも、今でも私は"競馬に絶対はある"と思っている。そう思えるレースがなければ、いや、そう見きわめられる馬、レースを見つけたくてこの仕事をつづけているといったほうがいい。

パドックで見たいつもと違うディープの姿

　第50回グランプリ有馬記念のパドックでのこと、「鈴木さん、ディープはどうですか」との問いに、「いいんじゃないですか」と答えながら、「文句なし」といえない自分がいた。その原因はどこにあったのだろう。体重の440キロがデビュー（452キロ）以来の最低だったからなのか、下調べで通常の最終追い切り日に併せ馬を行いながら、レース前々日に再調教したからなのか——。いずれにせよ、いつもとは違うディープがあのパドックにいた。

　4角3番手、ルメールの早めのスパートでハーツクライがディープインパクトの末脚を封じ込んだと、翌日の新聞でルメールの好騎乗が多く報じられた。ディープの不敗伝説が消えたそのときのショックは、今でも私の中に鮮明に残されている。でも、相手馬、相手騎手の好騎乗くらいで負けてしまうような、ディープはそんな次元の馬ではないのだ。出走のたびに"競馬に絶対はない"を否定し、"絶対のV"を信じ、それを実

現させてきた馬、それがディープインパクトなのである。

それならなぜ、それほどのディープが15戦３勝馬でしかないハーツクライごとき（失礼）に負けてしまったのか。それは"いつもとは違う"ディープにあったのだと思う。言葉を変えていえば"体調不良"。つまり、持てる力を100％発揮できなかったためだ。

ディープが上がり３Ｆを 34秒６でしか走れないなんて

この有馬記念におけるディープの走りは、それまでと比べていかにも動けていない。過去７戦をすべて差し、追い込みで決着をつけてきたことはご承知の通り。上がり３Ｆは最遅でも34秒１、必要があれば33秒１で上がってきたのがディープなのだ。

この最遅の記録で走っていれば、それでもディープは有馬記念を勝っていた。ハーツクライとの着差はたったの半馬身、せめて34秒１の上がりなら簡単に捉えられたはず。それが、武豊の言う「飛ぶような走り」がウソのよう。この日はこれまでの最遅記録ですら走れず、34秒６の上がりにとどまってハーツクライの後塵を拝することに。実力を出し切らないでの結果……。

競馬において実力を100％発揮で

きない、その理由にはレース中の不利、出遅れなどが挙げられるが、その多くは体調不良がほとんど。有馬記念におけるディープは体調そのものに問題があった――、それ以外に敗戦の理由が私には考えられない。10月23日の菊花賞からディープは１ヵ月以上も調教時計を出していない。出していないのではなく、出せなかったのだろう。菊花賞3000ｍの初めての長丁場を３分４秒６、上がり33秒３の激走の疲れのせいである。この時点で、管理する池江泰郎調教師に有馬記念出走が頭にあったかどうか。これは私の想像だが、生涯一度の皐月賞、日本ダービー、菊花賞のクラシックならともかく、有馬記念は翌年もある、師は"休養"に傾いていたのではなかろうか。それほどクラシック３冠を戦い抜いた疲労が蓄積されていたに違いない。

無敗の３冠馬ディープインパクトが出走するとしないとでは、有馬記念の盛り上がりが違う。ディープ不在では馬券だって売れない。もちろん私の想像でしかないが、これを危惧したJRAがディープサイドに出走してほしいとの要請をしていたのではあるまいか。

サラブレッドは１年を通して 絶好調ではいられない

いずれにしても有馬記念に向けて

ディープが本格的に始動したのは、菊花賞から1ヵ月が過ぎた11月下旬になってからのことである。6Fからの初時計は、11月24日で84秒5－40秒2。12月に入ると1、8、14、17日と6Fから時計を出し、そして、最終追い切りが21日の83秒0－39秒2－11秒6の併せ馬。これでレースに臨むのかと思いきや、23日に再び82秒5－38秒7－12秒4を出す異例さ。万全を期したといえば聞こえはいいが、体調に問題がなければレースの前々日に再度の追い切りなど考えにくい。

私はそんな体調不安をチラッと考えてはいたが、「もう日本では負けることはない」と断言したディープである。迷わず◎を打ったし、レース当日は心躍らせてパドックへ向かった。それから先は、冒頭から述べてきた通り。2着に負けた大ショックのあとにもらった教訓は、"ディープインパクトほどの馬でも体調が整わなくてはレースを勝つことはできない""サラブレッドは1年を通して絶好調ではいられない"ということだ。そういえばこのディープ、もう1つの敗走も遠征当初にノドの疾患うんぬんがいわれた凱旋門賞(仏・3着→のちに失格)だった。

したがって、レースを検討するにあたっては、まずは出走各馬の体調チェックが大切。それには前走からの調教期間、調教内容に目を配ることである。

中山9R　第50回有馬記念（GI）　（芝2500m・良・16頭）

着順	枠番	馬番	馬　名	重量	騎手	タイム 着差	調教師	単勝 人気
1	⑤	⑩	ハーツクライ	57.0	C.ルメール	2:31.9	橋口弘次郎	④
2	⑧	⑯	ディープインパクト	55.0	武豊	1/2	池江泰郎	①
3	⑦	⑭	リンカーン	57.0	横山典弘	1 1/4	音無秀孝	⑥
4	②	④	コスモバルク	57.0	五十嵐冬樹	1 1/4	田部和則	⑩
5	⑦	⑬	コイントス	57.0	北村宏司	1/2	藤沢和雄	⑯
6	④	⑦	ヘヴンリーロマンス	55.0	松永幹夫	クビ	山本正司	⑧
7	①	②	サンライズペガサス	57.0	田中勝春	1 1/4	石坂正	⑨
8	②	③	ゼンノロブロイ	57.0	K.デザーモ	クビ	藤沢和雄	②
9	④	⑧	グラスボンバー	57.0	勝浦正樹	1/2	尾形充弘	⑪
10	③	⑤	スズカマンボ	57.0	安藤勝己	クビ	橋田満	⑦
11	⑧	⑮	デルタブルース	57.0	O.ペリエ	3/4	角居勝彦	③
12	⑤	⑨	タップダンスシチー	57.0	佐藤哲三	1 3/4	佐々木晶三	⑤
13	⑥	⑫	ビッグゴールド	57.0	柴田善臣	2	中尾正	⑬
14	⑥	⑪	オペラシチー	57.0	中舘英二	クビ	佐々木晶三	⑭
15	⑧	⑯	オースミハルカ	55.0	川島信二	1/2	安藤正敏	⑫
16	①	①	マイソールサウンド	57.0	本田優	3	西浦勝一	⑮

ハロンタイム／7.0-11.4-11.7-12.1-12.9-13.0-12.2-11.8-12.0-12.3-12.0-11.4-12.1
上がりタイム／4F　47.8　－　3F　35.5
単勝1710円　複勝260円　120円　330円　馬連750円　馬単3320円
3連複2970円　3連単3万500円

JRAの
歴代高額配当をチェック！

▶WIN5（トップ3）

	配当	年月日	的中馬番	人気順	的中票数
①	481,783,190円	2021.01.11	13-2-14-9-7	④⑤⑭③⑤	1
②	471,809,030円	2019.02.24	6-5-13-17-1	②⑮⑫⑪⑤	1
③	433,907,040円	2020.02.02	3-10-2-8-11	⑨①⑭③③	1

▶3連単（トップ3）

	配当	年月日	場名R	レース名	頭数・人気順
①	29,832,950円	2012.08.04	新潟5R	メイクデビュー	17／⑭⑫⑩
②	27,929,360円	2015.09.21	中山1R	2歳未勝利	15／⑪⑨⑮
③	22,946,150円	2017.12.03	中京7R	3歳以上500万円下	16／⑮⑥⑭

▶3連複（トップ3）

	配当	年月日	場名R	レース名	頭数・人気順
①	6,952,600円	2006.09.09	中京3R	3歳未勝利	16／⑬⑫⑧
②	5,508,830円	2017.12.03	中京7R	3歳以上500万円下	16／⑮⑥⑭
③	3,345,390円	2012.04.07	中山2R	3歳未勝利	15／⑪⑭⑥

▶馬単・馬連・ワイド・単勝・複勝（最高額配当）

	配当	年月日	場名R	レース名	頭数・人気順
馬単	1,498,660円	2006.09.09	中京3R	3歳未勝利	16／⑬⑫
馬連	502,590円	2006.09.09	中京3R	3歳未勝利	16／⑬⑫
ワイド	129,000円	2017.12.03	中京7R	3歳以上500万円下	16／⑭⑮
単勝	56,940円	2014.04.26	福島8R	4歳以上500万円下	16／⑯
複勝	16,110円	2010.06.26	福島2R	3歳未勝利	16／⑯

▶重賞3連単（トップ5）

	配当	レース	年	勝馬	頭数・単勝人気
①	20,705,810円	ヴィクトリアマイル	2015	ストレイトガール	18／⑤⑫⑱
②	10,982,020円	秋華賞	2008	ブラックエンブレム	18／⑪⑧⑯
③	9,739,870円	NHKマイルカップ	2007	ピンクカメオ	18／⑰①⑱
④	7,002,920円	桜花賞	2008	レジネッタ	18／⑫⑮⑤
⑤	5,137,110円	東海S	2008	ヤマトマリオン	16／⑬⑯②

※2020年末現在。

第 5 章

勝負を分ける
馬券の買い方

Contents

あいてかんけいをみきわめる

相手関係を見きわめる

勝ち馬予想とはいうなれば、出走馬の能力と調子の比較だ。1頭の馬の能力がどうこうではなく、一緒に走る馬たちのどの部分をどう比べるかが大切になる。強い馬が勝つのは当たり前だが、レースの距離やコースなどによって、強い馬の基準は変わってくる。したがって、勝ち馬券をつかむためには、出走する各馬の能力をしっかりと見きわめて、比べることが第一歩だ。

1. 能力評価の着眼点

能力評価の着眼点

　競走馬の能力評価とは、その馬がレースごとに積み上げてきた評価の集大成を客観的に把握すること。具体的な要素としては、レース内容（実績やレースの内容）と馬体（→ 156 ページ）、歩様（→ 166 ページ）、走る姿勢、気性（→ 170 ページ）、血統（→ 264 ページ）、馬齢について検討する。

　まずは単純に多くの勝ち鞍を挙げている馬は能力が高いと考える。つまり実績だ。また、勝機を確実にモノにできる勝負強さ、不利があっても好走できる安定性も大切。1 着・2 着が多いなどの数字に注目だ。

◯ 当該レースの距離や馬場で実績を上げている

　同じ距離や馬場で高い実績があるということは、確実にその馬の能力を示している。勝てる可能性の裏付けがあるということだ。

◯ 4着以下がない

　たとえば、これまでの成績が 4 戦 2 勝、2 着 1 回、3 着 1 回（2・1・1・0）の馬は能力が高く、まだ底を見せていないと推測できる。キャリアが浅いとはいえ、4 着以下がない点は積極的に評価すべき。さらに出走を重ねても、なお 4 着以下がない馬は超一流馬だ。

◯ 格上馬を侮るな

　たとえば、3 勝クラス（1600 万円以下）では、2 勝クラス（1000

万円以下）を勝ち上がったばかりの馬と、3勝クラスで好走歴のある馬や重賞・オープンのレースに格上挑戦したことのある馬が対戦する場合がある。斤量差（→50ページ）や仕上がり（→158ページ）を考慮するのはもちろんだが、高い水準の競走で好走した実績馬（＝格上馬）を軽く扱うと痛い目にあう。持ちタイム（→60ページ）は格下馬のほうが速くても、格は無視できない。時計は能力判断の重要なものさしだが、競馬における能力は時計だけで決められない。

○ 強い相手に勝ち負け

　過去に戦った相手が強いかどうかは、馬柱の成績などから察しがつく。同じオープン特別戦でも、重賞実績のある馬などが出ていれば相手は強い。たとえば、結果が3着であっても、1・2着馬が飛び抜けて強い馬なら3着は好走。次走にこの2頭ほどの馬がいなければ、前走を評価していい。

　また、出走馬の多くが同条件の別の2つのレースに出走していた場合、どちらのレースに価値があるかといえば、より強いと思われる馬がそろったレースのほうがレベルは高いと考えられる。

2. **CHECK!** 相手をものさしにする

2020年4回中山8日11R　秋風S（3勝クラス・芝1600右外）

着順	馬番	馬名	性齢	人気	斤量
1着	⑦	インターミッション	牝3	7	53
2着	⑬	オールイズウェル	牡4	3	57
3着	⑫	ロフティフレーズ	牝5	9	55

　1番人気ウイングレイテストはGⅡニュージーランドT3着、NHKマイルC7着と実績は上位だが、5ヵ月の休養明けでプラス14キロ。2番人気フォルコメンは中山芝（2・1・0・2）で、同条件で2着があったが、4ヵ月半の休み明け。3番人気オールイズウェルは休養前に1勝・2勝クラスを連勝した上がり馬。同じく3ヵ月半の休み明けだったが、3歳時にGⅢ毎日杯、GⅡ京都新聞杯に出走した経験があり、2着に入った。

　勝ったのは7番人気のインターミッション。中山芝1600mのアネモネS（L）を勝ち、2ケタ着順ながら桜花賞、オークスにも出走。4ヵ月半の休み明けで、プラス12キロ（414キロ）で出走。この体重増はほぼ成長分で、オープン好走の実力を見せつけた。3着ロフティフレーズは3ヵ月の休み明けだった前走で12着に大敗して人気を落としていたが、3勝クラスへの格上げ初戦を含めて、同クラスで2回の3着があった。

　1番人気馬ウイングレイテストにも1着馬と同じオープンクラスの好走歴があったが、プラス14キロに加えて、久々で息が持たず、3番手から下がって10着に終わった。格上両馬の仕上りの差が、明暗を分けた結果といえる。

馬券の種類を知る
ばけんのしゅるいをしる

馬券とは一般的な呼称で、正しくは勝馬投票券、馬券を買うことを勝馬投票という。馬券で勝つ＝予想的中ではあるが、当たって損した経験を持つ人も多いはず。つまり、的中率だけでなく、回収率を高めることが求められる。その回収率を高めるには、どの勝馬投票券を買うかが大切になる。

1. 馬券の購入方法

JRA の馬券は**全国 10 ヵ所の競馬場、35 ヵ所のウインズ（場外勝馬投票券発売所）、2 ヵ所のライトウインズ、5 ヵ所のエクセル（→ 235 ページ）のほか、電話投票、インターネット投票で購入できる**。馬券は 100 円単位で買えるが、ウインズによっては 500 円単位、1000 円単位のところもある。競馬場やウインズでは、マークカードに購入内容を記入して購入する。JRA には緑（基本）、青（ながし）、赤（ボックス・フォーメーション）、ライトカード、クイックカード、ＧＩカードの 6 種類のマークカードがある。

2. 馬券の種類

馬券選びが収支を変える

JRA の馬券の種類は右の表にある通り。どの馬を買うかはもちろんだが、どの券種でいくら買うかも、的中率や回収率を大きく左右する。

写真1　馬単

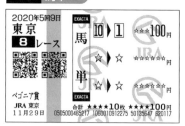

馬券には買ったレースの開催日やレース名、購入した券種や馬番、枠番、購入金額などが記載されている。

写真2　応援馬券

同じ馬の単勝と複勝を同時に買うと、「がんばれ！」と印字された応援馬券となる。緑（基本）のマークカードで購入できる。

馬券の種類を覚えよう

馬券の種類		内　容
単勝（単勝式馬券）		1着、つまり勝ち馬を当てる。もっともシンプルな馬券。
複勝（複勝式馬券）		3着以内（7頭立て以下の場合は2着以内）に入る馬を当てる。単勝に比べて的中しやすいが、配当はおおむね単勝の3分の1程度。
連複（連勝複式馬券）	枠連（枠番連勝式）	1・2着馬の枠番号の組み合わせを当てる。同一枠内に2頭以上が入っている場合は、どの馬が入っても的中となる。9頭立て以上のレースで発売される。
	馬連（馬番連勝式）	1・2着馬の馬番号の組み合わせを当てる。
	ワイド（拡大馬番連勝式）	1～3着のうちの2頭の馬番号の組み合わせを当てる。1着と2着、1着と3着、2着と3着のいずれの組み合わせでも的中となる。
	3連複	1～3着の3頭の馬番号の組み合わせを当てる。
連単（連勝単式馬券）	馬単	1・2着馬の馬番号を順番通りに当てる。
	3連単	1～3着馬の馬番号を順番通りに当てる。
応援馬券		単勝式と複勝式の馬券を同時に購入できる馬券。馬券には馬名とともに、「がんばれ!」と印字される。
WIN5		JRAが指定する5つのレースの1着馬を当てる。

かつては馬券＝枠連だった。現在は上記のように多くの券種が売られており、中でも高額配当が魅力の3連単の人気がもっとも高いようだ。

写真3　3連単

高額配当が魅力で、人気が高い3連単。的中させることはかなりむずかしい。

3. 馬券の買い方

ながす・ながし ⇨写真5

　1つの馬番（枠番）を軸にして、相手となりそうな馬番（枠番）との組み合わせを何点か買うこと。軸にした馬番（枠番）から、すべての馬番（枠番）を買うことを**総ながし**という。

抜け目

　軸を決めてながすときに、特定の馬番（枠番）を買わないこと。

ボックス買い ⇨写真6

　馬番（枠番）を3つ以上選び、それらの組み合わせをすべて買うこと。馬連（枠連）の場合は3つ選べば3通り、4つ選べば6通り、5頭選べば10通りになる。馬単の場合は、それぞれその倍。

タテ目

　たとえば①－②、①－③を買ったときの②－③のこと。

フォーメーション ⇨写真7

　3連単で1着馬、2着馬、3着馬をそれぞれ指定して買うこと。

写真4　基本の買い方

単勝・複勝なら1頭、馬単・馬連・枠連・ワイドなら2頭、3連単・3連複なら3頭を選んで購入する買い方。

写真5　ながし馬券

軸を決めて、そこから相手を数頭選ぶ買い方。確実に勝つ、もしくは2、3着には来るという自信がある馬がいるときに有効だ。

写真6　ボックス買い

馬番（枠番）を3つ以上選ぶ買い方。選んだうち、どの馬が来ても的中となるが、馬連や3連単では買い目が多くなりやすい。

写真7　フォーメーション

3連単で1、2、3着に入る馬をそれぞれ指定する買い方。ある程度の順位予想ができていれば、ボックスで買うよりも効率的だ。

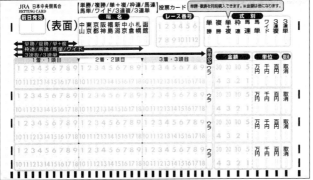

写真8　マークカード

競馬場やウインズなどにあるマークカード。現在は緑（基本）、青（ながし）、赤（ボックス・フォーメーション）、ライトカード、クイックカード、GIカードの6種類がある。

WIN5

WIN5は2011年に登場した馬券で、JRAが指定する5レースの1着馬を当てるもの。的中者がいない場合や払戻金が6億円を上回った場合の残額は、キャリーオーバーとして次回に回される。つまり、払戻金は100円に対して最高6億円となる。インターネット投票のほか、競馬場やウインズではUMACA投票（キャッシュレス投票サービス）で購入できる。一部または全部をコンピューターに選んでもらう投票も可能。原則として毎週日曜に発売され、インターネット投票なら土曜の19時30分から購入できる。

まーくかーどをつかいわける

マークカードを使い分ける

馬券は、競馬場やウインズに用意されているマークカードを塗りつぶして買う。マークカードには、緑、青、赤、ライト、クイック、GIの6種類がある。単勝と複勝は緑のカードとライトカードのみ。枠連は緑、青、赤ボックス、赤フォーメーションのどれでも買えるが、赤ボックスはゾロ目が買えないので注意しよう。

1. 3つのカードを使いこなす

基本は緑のカード

　各式別を1点ずつマークして購入する。表面・裏面各4点、合計8点まで購入できる。1点ずつ金額を指定できるので、**特定の買い目の金額を多くしたり、買い目ごとに金額を変えたりしたいとき**にも使える。青と赤のカードは、すべての買い目を同額ずつ買うことになる。

ながしは青のカード

　軸にする馬（枠）を決めて、そこから何頭（枠）かの組み合わせを買うながしの場合はこのカードを使うと便利だ。連複ながしと連単ながしが裏表になっていて、どちらか片面しか使用できない。3連複と3連単の軸1頭ながし、軸2頭ながし、連単ながしにはマルチがある。

使いこなしたい赤のカード

　ボックス面とフォーメーション面がある。重複した買い目は、自動的に省かれる。

簡単に買えるライトカード

　緑の基本カードをベースにつくられたもので、文字が大きく、配色が濃くて見やすい。しくみは、緑の基本カードと同じ。

お任せで買えるクイックカード

　コンピューターに馬番号・組み番号の選択をお任せする「JRAクイックピック投票」で使用する。応援馬券やUMACA投票は不可。

当週のGIレース専用のGIカード

　場名・レース番号・前日発売をマークしなくても、当週に実施されるGIレースの馬券が買える。緑のカードと同じく1点ずつ購入する。

6種類のマークカードと買える券種

カード	単勝	複勝	枠連	馬連	ワイド	馬単	3連複	3連単	応援
緑	○	○	○	○	○	○	○	○	○
青	×	×	○	○	○	○	○	○	×
赤	×	×	○	○	○	○	○	○	×
ライト	○	○	○	○	○	○	○	○	×
クイック	○	○	○	○	○	○	○	○	×
GI	○	○	○	○	○	○	○	○	○

2. 馬連・馬単を赤のカードで買う

ボックス

　「枠番・馬番」の欄に購入する馬番をマークする。馬単のボックス買いは同じ頭数の馬連ボックスの2倍になり、買い目が多くなる。

フォーメーション

　「1着・1頭目」「2着・2頭目」の欄に購入する馬番をマークする。たとえば、馬単で軸馬を絞り切れなくても1枚のカードで購入できる。1着と予想した馬が3頭、2着はあるかもしれないと思う馬がさらに3頭いたら、1着欄、2着欄それぞれの馬番をマークすればいい。

3. 3連複を赤のカードで買う

ボックス

　「枠番・馬番」欄に3頭以上をマークする。買い目の点数は馬連・ワイドと同じ。3連単ボックスの買い目は、3連複ボックスの6倍。

フォーメーション

　1〜3着欄のそれぞれに1頭以上をマークする。3つの欄で3頭以上違う馬がマークされていなければならない。「1着・1頭目」「2着・2頭目」に1頭、「3着・3頭目」に1・2着とは異なる数頭をマークすれば、軸2頭のながしと同じ考え方、買い方になる。

単勝・複勝・枠連を買う

たんしょう・ふくしょう・わくれんをかう

馬券は勝ち馬、すなわち1着馬を当てるのが原点といってもいい。オッズの高い連勝式に比べると、単勝や複勝はつまらなく感じるかもしれない。だが捨てたものではない。たとえば、連勝式で200円ずつ5点買い、10倍の馬券が当たると払い戻しは2000円で、1000円のプラス。これは単勝オッズ2倍の馬を1000円買うのと同じことだ。

1. 単勝の買い方

馬単や3連単の訓練にもなる

100円で応援馬券や記念馬券を買うというファン心理はよくわかる。だがそれはそれとして、単勝を中心とした勝ち馬予想は、**馬単や3連単馬券を読み切るための訓練になる**。軸馬を絞る習慣があれば、馬単や3連単の買い目を絞りやすいのだ。

△ 1本かぶり

1番人気の馬への投票数が圧倒的に多く、人気を独占している状態を1本かぶりという。単勝オッズは2倍以下で、新聞では◎が集中する。強い馬が圧倒的なパフォーマンスを見せて勝つのは競馬の王道だが、ビッグレースであればあるほど、大本命馬に騎乗するジョッキーにもプレッシャーがかかる。また、ほかの騎手も大本命馬を目標にレースを組み立てるため、勝つためには二重三重のハードルを乗り越えなければならない。

写真1　単勝

1着になる馬を当てる単勝。とてもシンプルな馬券だが、馬単や3連単を買う際に軸馬を絞るための練習になる。

それで勝っても低配当なので、馬券的な妙味は薄い。**単勝馬券で儲けるコツの1つは本命馬を外すこと**だろう。もし大本命馬が負ければ、上位人気馬が勝っても好配当となる可能性がある。

2. 複勝の買い方

人気薄を狙う

複勝の配当はおおむね単勝の3分の1程度で、1倍台も少なくない。その代わり、人気薄の穴馬を発見したときは、馬連やワイドを何点も買うよりも、複勝1点買いが奏功することもある。何といっても**的中確率は、馬券の中で1番高い**からだ。

写真2　複勝

2020年5回9日
東京
8レース

複勝

4 アルコディオーサ
☆☆☆100円

ペゴニア賞
JRA 東京
11月29日
0505000464912 1020010858093 20135640 620117

合計 ★★★★10枚 ★★★★100円

3着（7頭立て以下の場合は2着）以内に入る馬を当てる複勝。的中率は全馬券の中で一番高いが、配当はおおむね低い。

✕ 人気馬

当たりやすいぶん、儲けの幅は非常に薄い馬券。人気馬の複勝は元返し（1.0倍）だってあり得る。複勝を買うなら人気は無視。**気配がよくて、展開の利が見込める馬を狙うべきだ。**

3. 枠連の買い方

中央競馬はそもそも6枠制連勝単式だったが、その後、8枠制連勝複式馬券に転換し、1着・2着（枠）でも2着・1着（枠）でも的中とした。それまではハズレだった裏目でも的中というのが、連勝式のセールスポイント。単式時代より枠を2つ増やしたことで、賭けの魅力も温存された。かつては馬券といえばこの枠連のことを意味し、同枠に入った馬の好走（代用品）に助けられた往年のファンは少なくない。しかし、馬連の登場でシェアは大幅に下がっている。**多頭数競馬で予想を絞り切れない場合などで一考の余地があるが、**勝ち馬の予想という点からは意味がない。迷ったときは、買わないほうがいいだろう。

写真3　枠連

2020年5回9日
東京
8レース

枠連

1-8 ★★★100円

★-★ ★★★★★ 円

★-★ ★★★★★ 円

ペゴニア賞
JRA 東京
11月29日
0505000464973 1030010713022 30135641 620117

合計 ★★★★10枚 ★★★★100円

馬番ではなく、枠番で買う。狙った馬と同じ枠の違う馬が来ても的中となる点が、馬番で買う馬券との大きな違い。

馬連か馬単か

うまれんかうまたんか

馬連は枠連の同枠取り消し問題、たとえば大本命馬が直前に出走を取り消しても、同枠に別の馬が残っているかぎり、払い戻しは受けられないという問題を解決するために導入された馬券だ。馬連は順番は関係なく、1・2着に入る馬を当てる。その馬連につづき、1・2着馬を順番通りに当てる馬単が発売された。

1. 馬連と馬単の違い

　馬連の買い目の裏表を両方買うのが馬単。つまり、馬単の買う点数は馬連の2倍になる。その代わり、馬単の配当は馬連の2倍程度になる。**どちらを買うべきかの1つの目安は、軸馬の信頼度だ。**1着は固いと思う軸馬がいるなら馬単、2着までは確実に入るだろうと思える馬から買うなら馬連となる。

　しかし、1番人気馬に人気が集中するほど、馬単と馬連の配当差は小さくなる。そのため、**人気が1頭に集中している場合は、馬連で勝負するという手もある。**同じ予算で倍の点数が買え、人気馬が2着になった場合の保険にもなるからだ。

2. 馬連・馬単の買い方

緑のカード

　緑のマークカードでは、「1着・1頭目」「2着・2頭目」の欄から1頭ずつ選び、買い目を1つ1つ記入する。表面4点、裏面4点で合計8点まで、また馬単では「馬単のみ・ウラ」をマークすると倍の16点まで購入できる。1点ごとに金額を指定できるので、**特定の買い目を厚くできる。**

青のカード

　「軸」の欄に軸馬の馬番をマークし、「相手」の欄に相手の馬番をマークする。総ながしは「全通り」をマークすればいい。すべての相手に対して同額の買い方になる。馬単では勝つと思う馬を1着づけ（1

着ながし）、善戦して2着を確保できると思う馬を2着づけ（2着ながし）にできる。1〜2着には必ず来ると思うなら「マルチ」をマークすれば、1着ながし、2着ながしを同時に購入できる。

赤のカード

　ボックスで「枠番・馬番」の欄に購入する馬番をマーク。購入金額はすべて同額。馬単ボックスは、同じ頭数の馬連ボックスの2倍の買い目になる。フォーメーションは、「1着・1頭目」「2着・2頭目」の欄に購入する馬番をマークする。購入金額はすべて同額。**馬単で軸馬を絞り切れないときは、このカードが便利。**

3.　CHECK! 人気馬に懸念材料があるなら馬単をチョイス

　1レースの予算を決めている場合、馬単の1点あたりの購入金額は馬連の半分となる。馬単と馬連の配当差は人気馬が勝つほど小さくなるので、**人気馬が勝つと予想するなら馬連、人気薄が勝つと予想するなら馬単で狙いたい。**

2020年3回東京2日11R　第70回安田記念（GI）

着順	馬番	馬名	性齢	人気	単勝オッズ
1着	⑪	グランアレグリア	牝4	3	12.0
2着	⑤	アーモンドアイ	牝5	1	1.3
3着	⑥	インディチャンプ	牡5	2	7.0

馬連⑤⑪ 6.5倍 2番人気 ／ 馬単⑪⑤ 28.4倍 9番人気

　予算2000円として、人気のアーモンドアイから馬連⑤⑥、⑤⑪を1000円ずつ買うか、アーモンドアイの中1週のローテーションを懸念して"負け"も考えて、馬単の⑤⑥と⑥⑤、⑤⑪と⑪⑤を500円ずつ買うか。どちらも同じ予算で選んだ馬も同じだが、買い方が異なる。

　結果は⑪⑤⑥の順で、払戻金は馬連6500円（1000円×6.5倍）、馬単1万4200円（500円×28.4倍）で、馬単のほうが得。もしアーモンドアイが勝っていたら⑤⑪は3600円（500円×7.2倍）、⑤⑥は1850円（500円×3.7倍）にしかならない。人気馬に不安材料がある場合、馬単で狙ってみたい。

ワイドの妙味
わいどのみょうみ

ワイドとは選んだ馬のうち、2頭が3着以内に入れば的中となる馬券。枠連や馬連で狙った馬が3着になり、さんざん悔しい思いをしてきたファンにとっては待望の馬券だった。実際の売り上げはあまり伸びてはいないが、枠連や馬連に比べても的中率は高いため、場合によっては有用な選択肢となる。

1. ワイドの特徴

　3頭を選んでボックス買いした場合、馬連なら的中しても1通りのみだが、ワイドなら3通り全部が的中になる可能性がある。ただし、的中しやすいだけに配当は馬連よりも低い。おおよそ馬連のオッズが10倍以下なら馬連の2分の1〜2.5分の1程度、30倍程度なら3分の1程度、万馬券なら4分の1〜5分の1程度になるのが目安だ。

2. ワイドの買い方

　使用するマークカードは、特定の買い目の金額を厚くするなら緑のカード。軸馬が決まっているなら「ながし」の青のカード、ボックス・フォーメーションなら赤のカードを活用しよう。ボックスの買い目の数は、馬連ボックスと同じだ。

　もし5頭をボックス買いする場合、馬連でも3連複でもワイドでも買い目は同じ10通りとなる。**3頭で固いというなら3**

写真1　ワイド

選んだ2頭が両方とも3着以内に入れば的中となる。3頭以上のボックスで購入した場合、選んだ馬が1〜3着を占めれば3点的中になるため、おもわぬ好配当をゲットできることもある。

連複を、配当は低めでも的中が優先ならワイドを選ぶといいだろう。人気薄が1頭絡めば、ワイドでも好配当が期待できる。

3. CHECK! 人気薄を絡めた予想なら馬連よりワイド

　3頭をボックス買いした場合、馬連なら的中は必ず1通りだけだが、ワイドなら2通り、あるいは3通りすべてが的中する可能性がある。

2020年2回阪神6日11R　第80回桜花賞（GI）

着順	馬番	馬名	性齢	人気	単勝オッズ
1着	⑨	デアリングタクト	牝3	2	4.2
2着	⑰	レシステンシア	牝3	1	3.7
3着	③	スマイルカナ	牝3	9	35.5

　上位3頭③⑨⑰のボックスで、馬連、ワイドをそれぞれ100円ずつ買った場合を考えてみよう。

　馬連⑨⑰は11.1倍、ワイド⑨⑰は4.9倍で、ワイドは馬連の5割以下の配当でしかない。ワイドでは、人気薄の③が絡んだ③⑨の28.8倍、③⑰の24.8倍も的中となり、払い戻しは3点合計で5850円。馬連のみの払い戻し1110円との差は、4740円にもなる。つまり、3頭以上のボックスでワイドを買えば、3点とも的中する可能性がある。

　問題は③スマイルカナのような、3着以内に飛び込んでくる穴馬を見つけられるかどうかだ。③スマイルカナのような人気薄が絡めば、③⑨、③⑰の2点だけ買ったとしても、ワイドの的中合計額は5360円で、馬連のみを大きく上回る。

写真2 デアリングタクト

16年ぶり、史上7頭目の無敗の桜花賞馬となったデアリングタクトは、つづくオークスと秋華賞を制し、史上初無敗の3冠牝馬になった。

（写真　JRA）

人気薄を狙うなら３連複

にんきうすをねらうならさんれんぷく

人気馬が２頭いて、馬連・馬単の配当があまり期待できない場合でも、

３着に人気薄が滑り込めば好配当が期待できるのが特徴。また、軸馬が３着でも的中となるので、馬連が外れた際の保険としても使える。固い軸馬がいて、穴としておもしろい馬が２～３頭いるときなどに活用したい券種だ。

1. ３連複の買い方

買い方によってカードを使い分ける

特定の買い目を厚くするなら緑のカード、**青のカードでは軸１頭ながし、軸２頭ながしが選択できる**。ボックスは赤のカードで、３連複ボックスの６倍が３連単ボックスの買い目となる。フォーメーションも赤のカードで、１～３着の３つの欄で

写真1　３連複

2020年5回9日
東京
8レース

3連複

1-4-10 ＊＊＊100円

ベゴニア賞
JRA 東京
11月29日

合計 ＊＊＊＊10枚 ＊＊＊＊100円
0505000465084 1080010885492 80135646 620117

上位３頭に来る馬を当てる３連複。順番は関係ない。狙う馬の人気を考えて、馬連・馬単との使い分けを考えたい。

３頭以上違う馬がマークされていなければならない。「１着・１頭目」「２着・２頭目」に１頭、「３着・３頭目」に１・２着とは異なる数頭をマークすれば、軸２頭のながしと同じ考え方、買い方になる。

軸１頭・２頭ながしの考え方

軸１頭ながしは、３着までに入る可能性が高い１頭を軸とし、３着までに入るであろう相手を複数頭選ぶ。買い目の点数は、相手馬を馬連ボックスで買った場合と同じになる。

一方、**軸２頭ながしは、軸１頭ながしよりも買い目の点数を絞れるのがメリット**だ。相手が５頭の場合、軸１頭では10点買いになるが、軸２頭なら５点ですむ。ただし、**軸２頭を選ぶということはワイドを１点で的中させるのと同じで、さらに相手となる３頭目も的中させる**ということになる。

2. **CHECK!** 3連複が馬連の保険となるケース

　5頭ボックスで買う場合、3連複と馬連の買い目の点数は同じになるので、軸馬の自信度によって使い分けるとよい。**3連複の最大のメリットは、軸馬が3着でも的中になることだ。**

2020年2回阪神4日11R　第64回大阪杯(GⅠ)

着順	馬番	馬名	性齢	人気	単勝オッズ
1着	⑤	ラッキーライラック	牝5	2	4.1
2着	⑫	クロノジェネシス	牝4	4	5.2
3着	⑧	ダノンキングリー	牡4	1	3.8

馬連⑤⑫　11.1倍／3連複⑤⑧⑫　13.5倍

　逃げ馬不在の中、先手をとった1番人気のダノンキングリーは牝馬2頭に差されて3着。ダノンキングリーからの馬連、馬単はハズレ馬券となったが、3連複は1350円。**このように人気の軸馬が3着になっても、的中馬券となるのが3連復の魅力だ。**

2020年2回東京3日11R　第27回青葉賞(GⅡ)

着順	馬番	馬名	性齢	人気	単勝オッズ
1着	③	オーソリティ	牡3	3	4.3
2着	⑦	ヴァルコス	牡3	4	12.4
3着	①	フィリオアレグロ	牡3	1	2.6

馬連③⑦　26.4倍／3連複①③⑦　21.9倍
(参考)馬連①③ 6.4倍　①⑦ 18.0倍

　2020年のダービートライアルである青葉賞の1番人気は、共同通信杯(GⅢ)3着のフィリオアレグロ。上がり最速の末脚でいったん先頭に立ったが、外から伸びたオーソリティ、ヴァルコスにかわされ、3着に終わった。①フィリオアレグロを軸にした馬連と馬単は全滅だが、3連復は2番人気で2190円ついた。**3連復が馬連の保険になる好例といえる。**

3連単向きのレースを知る

さんれんたんむきのれーすをしる

1～3着馬を着順通りに当てる3連単を的中させることは、かなり至難の業で、買い目も多くなりがちだ。出走馬の能力が接近していて買い目が絞りにくければ、わざわざ3連単を買う必要はない。収支プラスをめざすなら、3連単を買うレース、買わないレースを明確に選ぶべきだ。

1. 特定の買い目を厚くするなら緑のカードを使う

　特定の買い目を厚めにしたいなら、緑のカードを使う。1着から3着までを1頭ずつマークしていく。1枚で買える点数は、表面・裏面の各4点で最大8点。買い目の金額を選べ、1点ずつマークするので全体的な購入金額もわかりやすい。基本の買い方だ。

2. 軸馬を決めてながすなら青のカード

軸1頭を決めてながす（連単ながし軸1頭）

　軸馬を1頭とその着順（1着か2着か3着か）を決めて、軸馬からながす方法。選ぶ相手は複数選べて、相手の着順は問われない。たとえば、軸馬を1着に決めて相手を6頭選んだとすると、買い目数は30通りとなる。

　また、「マルチ」にマークを入れると、軸馬と相手の順位が入れかわってもいいという意味になる。的中確率は上がるが、軸1頭・相手6頭の場合、買い目は3倍の90通りと大幅に増えてしまう。

軸2頭を決めてながす（連単ながし軸2頭）

　軸として選んだ2頭の着順を決めて、そこから相手を選ぶ方法。買い目の点数は絞れるが、軸1頭に比べて的中させるのはむずかしくなる。**オーソドックスな考え方としては、1・2着を固定したながし。1・**2着はコレという馬を1頭ずつ決めた上で、3着に来る相手を複数選ぶわけだが、これは馬単を的中させた上に3着馬を当てるという高難易度の馬券となる。

3. マルチを上手に活用して的中率を上げる

軸と相手の順位が入れかわっても的中となるマルチ

　マルチは軸と相手の着順が入れかわった買い目をすべて押さえるので、的中する確率は高くなるが、買い目も増える。**軸1頭ならその軸馬が、軸2頭なら軸馬2頭が1〜3着以内に入ることが必須条件**。そのうえで、相手に選んだ馬が3着以内に来れば的中となる。馬単の裏目を押さえる感覚に近い。ボックスとの違いは、軸として選んだ馬が必ず1〜3着に来なければならず、1〜3着が相手だけで決まるとハズレ馬券だということ。

連単ながし軸1頭マルチ

　3着までには確実に入ると思われる軸馬を1頭選んで、複数の相手にながす。**信頼できる軸馬がいると思ったレース向き**だ。難点は相手に選ぶ頭数次第で、買い目が多くなること。

連単ながし軸2頭マルチ

　軸馬を2頭決めるむずかしさはあるが、買い目を絞れるメリットがある。「強いと思われる馬が2頭いるが、どちらかが3着になる可能性がある」「この2頭は3着には必ず来る」という予想の際には検討したい。買い目は、相手が1頭増えるごとに6通りずつ増えていく。

3連単ながしの点数と買い目数

相手マーク数		1	2	3	4	5	6	7	8	9
買い目数	軸1頭		2	6	12	20	30	42	56	72
	軸1頭マルチ		6	18	36	60	90	126	168	216
	軸2頭	1	2	3	4	5	6	7	8	9
	軸2頭マルチ	6	12	18	24	30	36	42	48	54

相手マーク数		10	11	12	13	14	15	16	17
買い目数	軸1頭	90	110	132	156	182	210	240	272
	軸1頭マルチ	270	330	396	468	546	630	720	816
	軸2頭	10	11	12	13	14	15	16	
	軸2頭マルチ	60	66	72	78	84	90	96	

1・2着固定にすれば、買い目点数はかなり絞れる。ただし、それは馬単を当てた上で、3着も的中させるということ。やはり、3連単を的中させるのは簡単なことではない。

4. ボックスは買いすぎに注意する

3連単ボックスはどんなに多くても6頭まで

　狙う馬を3頭以上選んで、すべての組み合わせを買う方法。買い目の点数がかなり多くなるのが難点。**常識的には4〜5頭、多くてもせいぜい6頭ボックスまでだ。** 7頭だと210通りにもなってしまい、これでは並みの万馬券でも元が取れない。

　もし、単純に人気馬3頭と穴馬2頭のボックスで買っているなら、次に述べるフォーメーションの考え方を活用して点数を絞ったほうがいいだろう。抜け目の恐れはあるが、買いすぎは禁物だ。

3連単ボックスの点数と買い目

マーク	3点	4点	5点	6点	7点	8点	9点	10点
買い目	6	24	60	120	210	336	504	720
マーク	11点	12点	13点	14点	15点	16点	17点	18点
買い目	990	1320	1716	2184	2730	3360	4080	4896

5. 買い目を絞ることができるフォーメーション

上位候補の評価が明確ならフォーメーション向き

　まず、出走馬の中から3着には来ないと予想される馬を消去していくと何頭かが残る。残った中に1着に来る可能性のある馬、1・2着は無理だが3着までには来る可能性が高い馬がいるとしよう。こういう場合は、違う着順欄に同じ馬をマークできるフォーメーションが便利だ。

　たとえば、軸と考える馬と2番手評価の馬を1〜3着欄に、3番手評価の馬を2〜3着に、さらに3着候補をもう1頭追加するという買い方ができる。つまり、**1着①②、2着①②③、3着①②③④と買ったなら8通り**となる。なお、**同じ4頭をボックスで買うと24通り**だ。このようにフォーメーションは、買い目を絞るのに適している。難点は、買い目の点数がわかりにくくなることだろう。

6. **CHECK!** 連単ながし(マルチ)とフォーメーションを比較する

　たとえば5頭を選択し、軸1頭に4頭をながすマルチ、1着4頭、2着4頭、3着5頭のフォーメーションで、ともに買い目が36通りになる場合で比較すると次のようになる。

[連単ながしマルチの買い目]

①－②③④⑤（36通り）
軸馬が1着の場合＝①－②③④⑤－②③④⑤
軸馬が2着の場合＝②③④⑤－①－②③④⑤
軸馬が3着の場合＝②③④⑤－②③④⑤－①

　この場合は、①が最低でも3着に来ることが的中の条件。**信頼できる軸馬がいるときはこちらがいい。**

[フォーメーションの買い目]

①②③④－①②③④－①②③④⑤（36通り）

　①②③④は1～3着のどこでもいい。⑤はほかの4頭よりも能力が劣り、よくても3着までという予想だ。これだと①～④の4頭のうち2頭が4着以下に落ちても、的中する可能性が残る。⑤が1・2着に飛び込んで外れた場合は悔しさ倍増だが、5頭ボックスでは買い目は倍近い60通りになってしまう。**軸馬はどれだけ信頼できるか、上位候補の力が拮抗(きっこう)した馬が何頭いるかなどで、連単ながし・フォーメーション・ボックスを使い分けよう。**

1着まではないが2着はある、2着は厳しいが3着は来るかもしれないなど、能力や調子の比較・検討ができていれば、フォーメーションは有効。買い目を絞ることができる。

進化するJRAの馬券
しんかするじぇいあーるえーのばけん

JRAの売上金額はおよそ2兆8800億円（2019年実績）。ピーク時の4兆円（1997年）には及ばないものの、2020年の新型コロナウイルス感染症の流行で無観客開催がつづいても、売上はあまり落ちなかった。その背景には、さまざまなアイデアで競馬ファンをとり込もうとするJRAの戦略がある。

1. 自分なりの馬券スタイルを持とう

　競馬の醍醐味はいかに回収率を高めるか、つまり少ない投資でより多くのリターンを得ることにある。**軸馬を決めて予想するのが一般的だが、できればパドックや返し馬で当日の調子を確認し、オッズを確認して勝負する馬券を決めよう。**予想がいい線をいっていたのに、券種や買い目の問題で的中を逃すことは珍しくない。

　1日のだいたいの予算額を決め、負けたらすっぱりあきらめることも大事。ダラダラ買いは負けを大きくするだけだ。未勝利戦もＧⅠも配当のしくみは同じなので、予想に自信が持てるレースに、資金を集中しよう。

2. JRAのサービスを知ろう

UMACA投票

　専用のICカード「JRA-UMACA」で入金、投票、出金ができる馬券レス・キャッシュレスサービス。競馬場やウインズの登録受付ブースで入会し、カードの発行を受けられる。UMACAがあればWIN5や海外競馬の馬券を、競馬場やウインズで買えるようになる。

スマッピー投票

　QRコードを作成し、専用の発売機にかざすだけで馬券が購入できるスマートフォン専用サービス。JRAの全レースを購入できるが、WIN5や海外競馬の馬券は購入できない。**マークカード7枚分の情報を登録できるスマッピー投票**と、**1枚分の情報のみ登録できるスマッピー投票ミニ**がある。

3. JRAで海外競馬を楽しもう

　JRAでは、日本馬が出走する海外のレースの馬券を発売している。最初に発売されたのは2016年の凱旋門賞（フランス）で、マカヒキが出走した（14着）。以後、これまでにイギリス、アメリカ、香港、ドバイ、オーストラリアなどのGIレースが対象となり、2019年には年間で21レースが発売された。

　海外馬券を買えるのは、競馬場・ウインズのUMACA投票か、ネット投票（即PAT、A-PATのみで、JRAダイレクトでは買えない）、スマッピー投票のみとなっている。

　発売されるのは単勝、複勝、馬連、ワイド、馬単、3連複、3連単の7種類で、枠連、WIN5の発売はない。日本と違い、馬番とゲート番号が異なるので、投票の際は間違わないように気をつけよう。

　また、独立プール方式（日本国内の売上でオッズを算定）を採用しているため、日本馬が人気を集めてオッズを下げやすい。**日本のオッズと現地のブックメーカーのオッズが大きく異なることもあり、外国馬同士で決まるとかなりの高配当になることもある。**

2019年12月8日 シャティン 香港ヴァーズ（GI）芝2400m

着順	馬番	馬名	国	JRAオッズ	現地オッズ
1着	②	グローリーヴェイズ	日本	5.5（3番人気）	17〜21
2着	⑪	ラッキーライラック	日本	5.3（2番人気）	7.5〜10
3着	①	エグザルタント	香港	2.0（1番人気）	2.2〜2.3
4着	⑩	ディアドラ	日本	6.1（4番人気）	6.5〜7.0

［JRA払戻金］
馬連②⑪　　18.2倍　　馬単②⑪　　　　31倍
3連複①②⑪16.4倍　　3連単②⑪①　101.2倍

2019年の香港ヴァーズは日本馬が1・2・4着に入ったが、3頭ともJRAオッズよりも現地オッズのほうが高かった。JRAの海外馬券販売では、日本馬が人気を集めやすいことがわかる。

ア

脚を余す　能力を発揮し切れずにレースが終わってしまうこと。ペース判断や位置取りのミスなどで差し・追い込み馬が届かないケースなどをいう。

脚をためる　楽なペースで走ってスタミナの消耗を避け、末脚を温存すること。

息を入れる　おもに逃げ馬に使う言葉。レース中に意識的にペースを落とし、ラストスパートのための余力をため込むこと。

育成牧場　若駒に競走馬としての基礎的訓練や調教を行う牧場。デビューまでの育成のほか、現役馬の休養・調整、入厩頭数を調整する外厩としても使われる。

行ったきり　逃げ馬がそのまま勝ってしまうこと。逃げ切り、行ったままともいう。2着馬も逃げた馬について行った場合は、「行った行ったのレース」という。

上積み　デビュー初戦や休養明け初戦など、1度レースを使って状態が向上すること。

おいでおいで　逃げた馬が、他馬をまったく問題にせずに楽勝すること。

大駆け　実績のない馬、格下と見られていた馬が想定以上の能力を発揮すること。

オーバーシード　野芝が枯れる秋以降、野芝の上に洋芝の種を蒔くこと。コースを保護し、冬でも緑の芝生の上でレースが可能になる。

カ

飼い葉　競走馬の食料。濃厚飼料（穀類＝エン麦など、ヌカ類、マメ類、油粕など）、粗飼料（牧草の乾し草・青草）、添加物（ビタミン剤など）に分けられる。

かかる　スタートしてゆっくり行こうとする騎手に対し、馬の行きたい気持ちが先行して速く走ってしまうこと。スタミナを消耗して失速することが多い。

確定　着順が決定すること。着順掲示板の到達順位が点滅から点灯にかわり「確」の字と赤ランプ（または赤地に白抜きの「確定」の文字）がともる。

勝ち負け　レースで勝てそうな仕上がりのいい状態。「勝ち負けになる」などという。

脚部不安　屈腱炎や球節炎（球節の炎症）、フレグモーネ、裂蹄（蹄のひび割れ）など、脚部の炎症や病気で調教が行えない状態。休養・放牧を余儀なくされる。

競走除外　出走予定馬が、装鞍所に入った後の病気や事故で出走を取り消すこと。

屈腱炎　前脚の屈腱に起こる炎症。エビハラ、エビともいう。能力への影響が大きいうえに治療期間が長引き、引退に追い込まれることも少なくない。

首の上げ下げ　ゴール板での着差が非常にきわどく、首を前方に伸ばしているかどうかで勝敗が分かれること。

クラシック　3歳馬による5大レース。桜花賞・皐月賞・オークス（優駿牝馬）・ダービー（東京優駿）、菊花賞の5つ。秋華賞は含まれない。

骨折　骨にひびが入ったり折れたり

すること。単純な骨折や剥離骨折は治療の余地があるが、複雑骨折で治療に時間がかかるとほかの脚の負担が大きくなり、蹄葉炎（蹄の炎症）を起こす。テンポイントの死因は骨折による蹄葉炎。

転がし あるレースの払戻金の全額を次のレースにつぎ込み、的中したらさらに次のレースにつぎ込む馬券の買い方。1レースでも外すと1円も残らない。

再騎乗 落馬・競走中止した騎手が馬とともに落馬地点に引き返し、再び競走をつづけること。レースを続行するためにはこうしなければならない。JRAでは禁止されている。

笹針 筋肉疲労でうっ血した患部に針を刺し、新陳代謝を促す針治療。使う針の形が笹の葉に似ていることからこう呼ばれる。

3冠馬 3歳5大クラシックのうちの皐月賞・ダービー・菊花賞を制した馬。過去8頭が達成（セントライト、シンザン、ミスターシービー、シンボリルドルフ、ナリタブライアン、ディープインパクト、オルフェーヴル、コントレイル）。桜花賞・オークス・秋華賞（以前はエリザベス女王杯）の牝馬3冠は6頭（メジロラモーヌ、スティルインラブ、アパパネ、ジェンティルドンナ、アーモンドアイ、デアリングタクト）が達成している。

仕掛ける 騎手が馬にスパートさせること。手綱をしごいたりステッキ（ムチ）を入れたりしてペースを上げるように促す。

失格 着順を取り消されること。進路妨害、薬品・薬剤の使用、レース前後の検量で差が1キロ超、不正行為などが理由になる。

しぶとい 後続につかまりそうになった逃げ・先行馬がなかなか抜かせないこと。あるいは叩き合いの末に勝つこと。

斜行 斜めに走ること。脚色がいっぱいで苦しい場合と、気性やクセで斜行する場合がある。進路妨害や事故の原因となるため、騎手は注意義務を怠ったとして戒告、騎乗停止などの対象になる。（内に）ささる、（外に）ふくれる、もたれる、ヨレるなどと使い分けられる。

出走取り消し 出馬投票から装鞍所に入るまでの間に、急な疾病などで出走を取りやめること。採決委員が許可する。

馴致（じゅんち） 若駒に競馬に出るための訓練を施すこと。ブレーキングともいう。具体的には馬具の装着、人を乗せる、ゲートからの発馬などがある。

勝負がかり 狙ったレースを絶対に勝つ意気込みで仕上げてくること。

勝負どころ 3〜4コーナーの中間付近でレースのペースが上がり、勝敗に直結する地点。

審議 競走中の走行妨害、落馬や競走中止などで、他馬との因果関係を判断する必要があるなどの場合、採決委員が着順掲示板の「審」の文字と青ランプを点灯させる。審議内容と結果についてアナウンスがある。

ステークス　本来は馬主同士が賞金を出し合って、その賞金を取り合うレースのこと。JRAでは特別登録料を付加賞として配分するスタイルで残っている。

ズブい　騎手が手綱をしごいたりステッキを入れたりしないと、レースの流れについていけないこと。

ズブズブ　先行していた馬が馬群に沈んでいく状態。元は競輪用語。

騸馬（せんば）　去勢された馬。能力はあるが、気性が悪くて成績の上がらない牡馬が、去勢によって走るようになることもある。

ソエ　管骨瘤（前脚の管骨の上にできるコブ）やそのほかの管の炎症の総称。急激・過度の調教、装蹄の不具合などが原因で発症し、若駒に多く見られる。

外枠発走　ゲート内で暴れたり立ち上がったりして他馬に影響を及ぼしそうな馬を、もっとも外側のゲートから発走させること。

ソラを使う　走行中に集中力を欠く状態。他馬と並んで競り合っているうちはいいが、先頭に立つと気を抜いてスピードが落ち、結果的に着順を下げてしまう。

タ

叩き合い　ゴール前で激しく競り合うこと。騎手も必死で鞭を入れて手綱をしごく。

地方競馬　地方競馬全国協会（NAR）が管轄する競馬で、主催者は都道府県および政令指定都市・特別区。JRA（日本中央競馬会）とは別組織だが、現在は交流レースが行われている。

中間　レースとレースの間のこと。「この中間は順調」などと使う。

手前　左脚を前に出して走るのが左手前、右脚を前に出して走るのが右手前。同じ手前で走りつづけると疲れるので、左回りならコーナーで左手前、直線で右手前に変えるのが一般的だが、逆の場合を逆手前という。

テン　最初。テン乗りは初めてその馬に騎乗すること。テンが速いはスタートダッシュがいい、テンから追うはスタート直後から追うことをいう。

ナ

長手綱　騎手が手綱を緩めて走らせている状態。

流れ込む　レース中の位置取りがほとんど変わらず、そのままゴールすること。

2頭出し　同じ厩舎、または同じ馬主の馬が同じレースに2頭出てくること。

二の脚　脚色が一杯になった後でもう一度伸び脚をみせること。スタートダッシュはそれほどでもないが、追われて伸びる馬は「二の脚が速い」などという。

日本調教馬　外国で生まれて日本で調教された馬が海外で出走するとき、日本産馬と区別してこう呼ぶ。タイキシャトル、エルコンドルパサーなど。

熱発　疲労やストレスで通常よりも体温が上がり、発熱すること。

年度代表馬　その年のJRAを代表する活躍馬。報道関係者の投票で選ばれるJRA賞の、各部門の受

賞馬の中から選ばれる。

ノド鳴り 喘鳴症ともいう。喉頭口の神経が麻痺して呼吸のたびに「ヒューヒュー」「ゼイゼイ」などの音が聞こえる疾患。湿度が高い日のほうが走りやすい。重症化すると手術が施されるが、ときには引退に追い込まれる。

ハ

8大競走 クラシック5大競走に春秋の天皇賞、有馬記念を加えた8レース。歴史があって格の高いレースとして認識されている。

パトロールビデオ 競馬場のコーナーの監視塔から撮影したレースビデオ。進路妨害などで失格や降着があった場合は、当該箇所の映像が放映される。

ハミ 馬にかませる棒状の馬具。乗り手はこれに手綱をつないで馬を制御する。

鼻出血(びしゅっけつ) 競走中の馬は口で呼吸できないので鼻出血を起こすと、大敗することもある。習慣性になりやすいため、発症すると一定期間出走停止になる。

フレグモーネ 皮下組織に発生する急性の化膿症。抗生物質の投与と安静が第一。

放馬 騎手を振り落として逸走してしまうこと。

本格化 成績が停滞気味だった競走馬が、期待通りの能力を発揮し始めること。

マ

前がふさがる 直線で馬群から抜け出そうとしたときに、他馬に進路をふさがれること。

前残り 逃げ・先行馬が残ること。またはそのレース展開をいう。

まくる 馬群の後方から一気に先頭に立ち、そのままゴールまで粘り切る乗り方。

持ったまま 騎手が特にアクションを起こさない走りぶり。馬なり。

物見する 何かに驚いて立ち止まったり横に跳んだりする動作。パドックで何かに気を取られて立ち止まったり、レース中に芝の切れ目やハロン棒の影に驚いたときなどに起こる。

揉まれる レース中に馬群の中に包まれて思うように走れない状態。精神的に弱い馬は走る気をなくしてしまう。

ヤ ラ ワ

予後不良 レースや調教中の故障の症状が重く、安楽死の処置がとられること。

落鉄 蹄鉄が外れて落ちること。あるいは釘が緩んで外れかけている状態。裸足で走るようなもので、敗因になることも多い。

ラチ 競馬場の馬場の柵。内側が内ラチ、外側が外ラチ。

レース巧者 条件や展開、ペースなどの要素に左右されず、レースの流れに乗って安定した成績を残せる馬。

裂蹄 蹄の疾患の一種で、蹄が割れて亀裂が入った状態。寒くて乾燥する冬場に発症しやすい。重症の場合は休養を余儀なくされる。

惑星馬 出走馬中の主力馬ではないが、展開やペース次第で馬券に絡む可能性がある馬のこと。穴馬。

さくいん

318

おわりに

　私は大学4年のとき、高校の教師になるつもりでいた。しかし、3週間の教育実習を経て、その資格を取得したにもかかわらず、1度も教壇に立つことなく競馬の世界に飛び込んでしまった。そのいきさつはともかく、これまで教師にならなかったことへの後悔は一度もない。人に「競馬の仕事は君の天職」といわれるまでもなく、私は今も競馬にぞっこんである。

　昨今、「活字離れ」がいわれている。新聞社はもちろんのこと、雑誌社、出版社は売り上げを伸ばすのに四苦八苦し、それどころか現状維持もままならないと聞く。容易に新刊本は出せないそうだ。
　そんなご時世に「池田書店」さんから、「鈴木さん、また競馬の本を出してもらえませんか」「もっといい競馬の本を出しませんか」との有難い誘いをいただいた。「この活字離れのときに」と驚き、そのあとに喜びが来たことはいうまでもない。
　結果としてお引き受けした理由の第一は、真っ先に私に声をかけてくださった「池田書店」への意気である。第二に、私に不足している部分を補ってくれるスタッフを用意していただいたこと。そして、第三は私のGI秘話（コラム）というか、つたない経験話を書かせていただくことの承諾が得られたことである。

　教師になるのも忘れてこの世界に飛び込み、長く仕事をさせていただいてきた私だが、誇れるものといったら馬（競馬）への情熱くらい。でも、その情熱だけは、人さまに勝てることはなくても、負けることはもっとないとの思いがある。情熱だけで勝負してきたといってもいい。その情熱をこの本にすべてぶつけ、そして出来上がった『競馬の教科書』を、その後の競馬界の歩みに合わせて改訂版という形で改めてお届けできることにさらなる喜びを感じている。

　なお、表紙の「仮想ダービー」の出馬表は初版時に6頭だった3冠馬が8頭に増えたため、出走馬の取捨に大いに迷わされた。もちろん、表に載せられなかった思い入れ馬のほうがはるかに多いのは、今回も同じである。
　コントレイルに◎、ディープインパクトに○を打ったのは、ディープインパクトを超えるのはコントレイルだという可能性を強く感じているからだ。ナリタブライアンは3歳時限定ながら、ケタ違いの破壊力を評価して▲とした──。さて、みなさんはこのダービー、どの馬が勝つと、どの馬に勝たせたいとお思いですか。

　　　　　　　　　　　　　　　　　　　　　　　　鈴木和幸

●著者紹介　**鈴木和幸**（すずき　かずゆき）

昭和43年青山学院大学を卒業後、ダービーニュース社に入社。50年日刊現代に創刊と同時に入社、競馬部で取材にあたる。53年から本紙予想を担当、競馬部デスクを務め、平成15年に退社。フリーとなる。現在、競馬評論家。

ダービーニュース時代には、土曜日のメインレースの予想をして7週連続的中記録を打ち立てた。また、日刊現代本紙予想では、58年にその日の全レースを的中させるパーフェクト予想を達成。日刊紙・夕刊紙の本紙では初の快挙だった。

現在はオフィシャルブログを通して予想記事を配信するなど、自身の会員向けに予想を提供している。

著書に『競馬◎はこう打つ』（日本文芸社刊）、『距離別・コース別・競馬場別　勝ち馬徹底研究』（ぱる出版刊）などがある。

鈴木和幸オフィシャルブログ　http://blog.livedoor.jp/suzuki_keiba/

執筆協力	四條たか子	競馬新聞協力	勝馬
編集協力	パケット	写真・取材協力	日本中央競馬会
デザイン	高橋デザイン事務所	校正	有限会社堀江制作
組版	株式会社ウエイド／原田あらた		聚珍社
イラスト	角愼作		
	studio see		
撮影協力	堀内陸		

本書は当社既刊「勝ち馬がわかる競馬の教科書」に新たな情報を加え、リニューアルしたものです。

勝ち馬がわかる
競馬の教科書　改訂版

著　者	鈴木和幸
発行者	池田士文
印刷所	凸版印刷株式会社
製本所	凸版印刷株式会社
発行所	株式会社池田書店

〒162-0851　東京都新宿区弁天町43番地
電話 03-3267-6821（代）/ 振替 00120-9-60072

落丁、乱丁はお取り替えいたします。

© Suzuki Kazuyuki 2021, Printed in Japan
ISBN978-4-262-14467-2

23027009